GESPRÄCHSFÜHRER ZUR BIBEL

ALTES TESTAMENT

Teil 2

Da redeten die miteinander,
die den HERRN fürchteten,
und der HERR merkte auf und hörte.

Maleachi 3,16

Mack Thomas

Gesprächs-führer zur Bibel

Einstiegsfragen und Anregungen
zu jedem Kapitel des
Alten Testaments (2)
(Psalmen - Maleachi)

Folgende Anmerkungen finden Sie als Anhang zum Gesprächsführer zur Bibel:

Zu diesem Buch:

- EINEN LEITFADEN FÜR DAS STUDIUM BIBLISCHER THEMEN
  in der Gruppe oder allein
- EINEN ZEITPLAN
  für das Alte Testament (Psalmen – Maleachi)

Als Anhang zum Alten Testament, Teil 1:

- EINEN ZEITPLAN
  für das Alte Testament (1. Mose – Hiob)

Und als Anhang zum Neuen Testament:

- EMPFEHLUNGEN
  für eine effektive Gruppenarbeit
- GEBETE UND VERHEISSUNGEN
  der Heiligen Schrift als Hilfe und Ermunterung
  für das Bibelstudium in der Gruppe oder allein

Bibelzitate nach der Revidierten Elberfelder Übersetzung

ISBN 3-89436-148-4

Thomas, Mack:
Gesprächsführer zur Bibel – AT, Teil 2
Titel des amerikanischen Originals: The Complete Bible Discussion Guide

Übersetzung: Eva Weyandt, Rösrath
Satz: Enns Schrift & Bild, Bielefeld
Umschlaggestaltung: E. Platte, Wuppertal
Druck: Ebner Ulm
Printed in Germany

Inhaltsverzeichnis

Vorwort

Der amerikanische Autor Mack Thomas hat diesen Gesprächsführer zur Bibel Howard G. Hendricks gewidmet, der mit seinem Werk »Living by the book« (Bibellesen mit Gewinn) entscheidende Impulse zu einem neuen und gewinnbringenden Bibellesen und -studieren gegeben hat. Dieses Buch steht daher ganz im Geist der Anregungen, die Howard Hendricks zum Bibellesen gibt.

Der Leser wird schon beim ersten Durchblättern den Wert dieses Werkes erahnen, den es für sein persönliches Bibellesen haben kann. Ohne selbst große Vorkenntnisse zu besitzen, kann man anhand der Fragen und Anregungen leicht einen Zugang zu den Texten der Bibel finden. Aus den ersten Ergebnissen und Einsichten heraus ergeben sich dann ganz von selbst tiefergehende Fragen und Untersuchungen, die man eigenständig weiterverfolgen kann.

Ziel dieses Werkes ist es, für den Einsteiger im Bibelstudium einen leichten Zugang und eine Gesprächsgrundlage zu bieten. Ein Schwerpunkt bildet dabei die praktische Anwendung des Bibeltextes im persönlichen Leben des einzelnen. Es geht also nicht um den Entwurf einer lückenlosen Theologie, sondern um die grundlegende und systematische Begegnung mit dem Alten und Neuen Testament, die später je nach Möglichkeit durch andere Lektüre und tiefergehendes Studium noch erweitert werden kann.

Leiter von Gesprächsgruppen, Bibel- und Hauskreisen, Jugendgruppen usw. bekommen mit dem Gesprächsführer ein Werkzeug an die Hand, mit dem sie mühelos ein systematisches und gewinnbringendes Bibellesen initiieren können. Immer wiederkehrende Fragen z. B. zu jedem Kapitel oder bei Beginn eines Buches sind als Kopiervorlagen gestaltet, damit man ohne großen Aufwand ein Arbeitsblatt zur Verfügung stellen kann. Wir empfehlen, sich zu den jeweiligen kapitelbezogenen, individuellen Fragen und Anregungen ebenfalls Arbeitsblätter zu gestalten, damit man schriftlich die Ergebnisse und Einsichten des Gesprächs festhalten kann. Je nach Ermessen kann man auf verschiedene Weise den Einstieg finden, entweder anhand der Standardfragen oder anhand bestimmter ausgewählter Fragen zur Textanalyse (WAS STEHT IM TEXT?). Wir empfehlen, bei jedem Treffen Arbeitsphasen einzuplanen, in denen die Teilnehmer individuell am Text arbeiten können und ihre Ergebnisse anschließend in der Gruppe vortragen und diskutieren. Der Gesprächsleiter sollte viel Freiraum zum Austausch geben und selbst dann eingreifen, wenn das Gespräch neue Impulse braucht oder auf einen neuen Gegenstand gerichtet werden sollte. Zur Vorbereitung auf das Gespräch empfehlen wir, sämtliche Fragen und Anregungen zunächst selbst zu bearbeiten und danach die Vorgehensweise festzulegen. Hilfreich ist es an manchen Stellen, sich selbst zusätzliche Vertiefungsfragen zu überlegen und ggf. ins Gespräch einzubringen. Für weitere Anregungen zum Bibellesen und Studieren empfehlen wir das Buch von Howard G. Hendricks, »Bibellesen mit Gewinn« (Christliche Verlagsgesellschaft, Dillenburg 1996).

Wir wünschen jedem, der anhand dieses Gesprächsführers das Wort Gottes besser kennenlernen oder andere dazu anleiten will, viel Segen und Gelingen, damit Gottes Wahrheiten im persönlichen Leben besser umgesetzt werden und zu der von Gott beabsichtigten Veränderung führen.

Der Verlag

Dillenburg, im Juni 1999

Über den Autor

Mack Thomas fand zum ersten Mal Gefallen daran, die Bibel zu studieren, als er als neugeborener Christ an einem Bibelgesprächskreis der Navigatoren an der Universität von Missouri teilnahm, wo er einen Abschluß im Studiengang Journalismus erwarb. Nach einer dreijährigen beruflichen Tätigkeit als Reporter einer Tageszeitung begann er für verschiedene christliche Verlage zu schreiben und Bücher und Bibelstudienkurse herauszugeben, darunter auch ein Werk von Howard Hendricks, dem Autor von »Bibellesen mit Gewinn«.

145% vergrößern = DIN A 4

FRAGEN, DIE SIE SICH VOR DER BEARBEITUNG EINES *JEDEN KAPITELS* STELLEN SOLLTEN:

1. Das Ziel des Bibelstudiums ist, Gott *besser kennenzulernen*. Was sagt dieses Kapitel über das Wesen und die Persönlichkeit Gottes aus?

2. Gott hat mir die Bibel gegeben, damit sie mein Leben verändert. Welche Dinge in bezug auf meine Gewohnheiten oder meinen Charakter fallen mir während der Bearbeitung dieses Kapitels ein, die der Korrektur bedürfen?

3. Welches sind in diesem Kapitel ...
   - die Schlüsselverse, Schlüsselsätze, Schlüsselwörter?
   - Die Schlüsselpunkte oder Prinzipien – *und wie wirken sie in meinem Leben?*

4. Erkenne ich in diesem Kapitel ...
   - Anweisungen, denen ich gehorchen sollte?
   - Verheißungen, auf die ich mich berufen kann?
   - Wertmaßstäbe, nach denen ich mich richten sollte?

5. Welche Überschrift würde ich diesem Kapitel geben (drei bis sechs Wörter), die mir hilft, seine Aussage zu behalten?

Die beste Vorbereitung für die Bearbeitung der einzelnen Kapitel:
Lesen Sie das Kapitel ... lesen Sie es noch einmal ... und lesen Sie es noch einmal.

KOPIERVORLAGE 2

145% vergrößern = DIN A 4

FRAGEN, DIE SIE SICH VOR DER BEARBEITUNG DER *EINZELNEN BÜCHER* STELLEN SOLLTEN:

1. Wenn Sie das Buch bereits kennen, welches sind Ihre Lieblingsstellen darin?

2. Wenn Sie nur dieses Buch in der Bibel kennen würden oder zur Verfügung hätten, was würden Sie darin über Gott erfahren?

3. Welche *Arten* der biblischen Literatur fallen Ihnen bei der Bearbeitung dieses Buches auf? (Vielleicht möchten Sie sich die unterschiedlichen Typen, wie sie nachfolgend aufgelistet sind, noch einmal in Erinnerung rufen.)

   - Poesie
   - historische oder biographische Erzählung (ein Bericht über Personen oder Ereignisse)
   - Lehren oder Predigten
   - Gesetze oder Bündnisvereinbarungen
   - Gleichnisse (Kurzgeschichten und Wortbilder mit einer moralischen Aussage)
   - Sprüche (kurze Weisheiten)
   - Prophezeiungen (Aussagen von Gott über die Gegenwart oder Zukunft)

4. Welches sind die wichtigsten Unterteilungen dieses Buches?

5. Können Sie herausfinden, *wer* dieses Buch geschrieben hat, *wann* und *für wen* es geschrieben wurde?

6. Können Sie aus dem, was Sie bei der Bearbeitung dieses Buches herausfinden, erkennen, was der Autor erreichen wollte?

7. Welches Kapitel dieses Buches ist Ihrer Meinung nach das Schlüsselkapitel – das Kapitel, das die Bedeutung des gesamten Buches am besten zusammenfaßt, widerspiegelt oder aufschließt?

8. Welche Art von Antworten, Richtlinien und Schlußfolgerungen sind Ihrer Meinung nach in diesem Buch zu finden?

9. Welche Überschrift (vier bis sechs Wörter) würden Sie diesem Buch geben, die den Inhalt und seine Bedeutung am besten zusammenfaßt?

10. Was würde Gott Ihrer Meinung nach antworten, wenn Sie in den Himmel kommen und ihn fragen würden: »Warum hast du dieses Buch der Bibel hinzugefügt?«

PSALMEN*

Überblick

(Besprechen Sie diese Überblicksfragen sowohl zu Beginn Ihrer Bearbeitung der Psalmen als auch, nachdem Sie alle einhundertfünfzig Psalmen besprochen haben. Es könnte sein, daß Ihre Antworten vollkommen anders ausfallen, nachdem Sie sich sehr intensiv mit den Psalmen auseinandergesetzt haben.)

Einstieg: Überlegen Sie, was es heißt, ehrlich und transparent vor Gott zu sein. Welche Hindernisse müssen nach Ihrer Erfahrung überwunden werden, bevor wir so vor Gott stehen können?

Was steht im Text?

1. Überfliegen Sie die ersten beiden Verse der folgenden Psalmen: 5, 17, 28, 57, 61, 88, 102, 116, 130, 142. Welches Thema kommt in jedem dieser Psalmen vor, und was sagt dies über das Wesen dieses Buches aus?
2. Suchen Sie das Wort heraus, das in dem ersten Vers von jedem der folgenden Psalmen wiederkehrt: 1, 32, 41, 112, 119 und 128. Wie würden Sie diesen Schlüsselbegriff im Buch der Psalmen mit eigenen Worten definieren?
3. Dieses Buch wurde vor Tausenden von Jahren zusammengestellt und in fünf Teile aufgeteilt (Buch eins bis Buch fünf). Jedes dieser fünf »Bücher« endet mit einem Lob. Sehen Sie sich diese fünf verschiedenen Aussagen des Lobes genau an (in 41,14; 72,18-19; 89,53; 106,48 und 150,6). Was sollen wir nach dem, was Sie in diesen Versen lesen, in bezug auf das Lob Gottes verstehen?
4. Sehen Sie sich auch auf Seite 10 die Liste mit Fragen an, die Sie sich vor der Bearbeitung der einzelnen Bücher stellen sollten.

Das Wesentliche erfassen

5. Welche wichtigen Aspekte des Wesens Gottes wiederholen sich in den folgenden Versen: 86,15; 103,8; 111,4; 116,5 und 145,8. Welches dieser Attribute sollten wir in der heutigen Zeit besser verstehen, und warum ist das so wichtig für uns?

Anmerkung: * Die Versangaben folgen der Verszählung der Revidierten Elberfelder Übersetzung. Bei anderen Übersetzungen muß ggf. die Versangabe jeweils der dortigen Zählung angepaßt werden. (Je nach Übersetzung wird die Einleitung eines Psalm als Vers gezählt oder nicht.)

Für das Leben heute

6. Das Buch der Psalmen ist unter den verschiedensten Überschriften zusammengefaßt worden: »Wie wir beten können«, »Das Liederbuch Israels«, »Das Buch der Anbetung und des Lobes« und »Ehrlich sein vor Gott«. Andere beschrieben die Psalmen als »Gottes Empfehlung für eine ihm wohlgefällige Gemeinde«. Welche Antworten, Richtlinien und Lösungen versprechen Sie sich auf diesem Hintergrund von der Bearbeitung der Psalmen?
7. Wenn Sie bedenken, *wer Gott ist* und dann *was die Bibel ist*, wie würden Sie auf einer Skala von eins bis zehn Ihren Wunsch einschätzen, die Psalmen besser zu verstehen (eins = überhaupt kein Interesse, zehn = sehr großes Interesse)?
8. Wie würde nach dem, was Sie in Psalm 86,11 lesen, Ihr persönliches Gebet lauten, das Sie während der Bearbeitung dieses Buches sprechen würden?

Psalm 1

Einstieg: Welche Bilder fallen Ihnen ein, wenn Sie an das Wort *gesegnet* denken?

Was steht im Text?

1. Was genau *tut* der gesegnete Mensch, und was *tut* er nicht? Wie würden Sie diese Dinge in eigenen Worten erklären?
2. Lesen sie die letzte Zeile von Vers drei und diskutieren Sie die folgende Aussage: Der hier versprochene Reichtum ist größer und reicher als ein großes Bankkonto.
3. Wie würden Sie die Warnung in den Versen 4-6 in eigenen Worten wiedergeben?
4. Welches ist Ihrer Meinung nach das *Schlüsselwort,* der *Schlüsselbegriff* oder der *Schlüsselsatz* in jeder Strophe dieses Psalms? (In den meisten Bibelausgaben ist das Strophenende durch eine Freizeile zwischen den Versen gekennzeichnet.)

Das Wesentliche erfassen

5. Was möchte Gott uns Ihrer Meinung nach durch diesen Psalm in bezug auf das klarmachen, was *falsch* ist und was *richtig*?
6. Wie kann man nach dem, was in diesem Psalm zu lesen ist, am ehesten glücklich werden?

Für das Leben heute

7. Sehen Sie sich an, was zu Beginn des Verses 6 über die Beziehung zwischen dem Herrn und dem Gerechten ausgesagt wird. Beschreiben Sie so umfassend wie möglich, was diese Aussage Ihnen persönlich bedeutet.
8. In Philipper 4,8 heißt es: »Übrigens, Brüder, alles, was wahr, alles, was ehrbar, alles, was gerecht, alles, was rein, alles, was liebenswert, alles, was wohllautend ist, wenn es irgendeine Tugend und wenn es irgendein Lob gibt, das erwägt!« Welche Denkanstöße können Sie in diesem Kapitel finden, die Ihnen als *wahr, ehrbar, gerecht, rein, liebenswert,* als *Tugend* und *Lob* ins Auge fallen?
9. In Sprüche 2,1-5 lesen wir von dem aufrichtigen Menschen, der sich nach Weisheit und Verständnis sehnt und der in den Schriften danach sucht, als wäre es ein vergrabener Schatz. Ein solcher Mensch, sagt Salomo, wird die Furcht des Herrn verstehen. Welche »vergrabenen Schätze« würden Sie gern in diesem Buch finden, die Ihnen zeigen, wie Gott und seine Weisheit wirklich sind? Wie würden Sie diesen Wunsch in eigenen Worten formulieren?

Psalm 2

Was steht im Text?

1. Welche Situation ist in den Versen 1-2 beschrieben? Treffen wir eine solche Situation auch heute noch an?
2. Welche Aspekte des Wesens Gottes sind in den Versen 4-6 beschrieben?
3. Wer ist der in Vers 6 erwähnte König?
4. Wer ist der Sprecher in den Versen 7-8?
5. Welche Zusagen macht Gott in den Versen 8 und 9?
6. Welche Anweisungen werden in den Versen 10-12 an irdische Herrscher weitergegeben?
7. Suchen Sie in jeder Strophe dieses Psalms ein *Schlüsselwort,* einen *Schlüsselbegriff* oder einen *Schlüsselsatz.*

Das Wesentliche erfassen

8. In Matthäus 6,33 trägt Jesus uns auf, zuerst nach dem Reich Gottes und seiner Gerechtigkeit zu trachten. Was sagt dieser Psalm über das Reich Gottes aus?
9. Stellen Sie sich vor, Sie würden sich im Tempel in Jerusalem aufhalten, als der zwölfjährige Jesus hört, wie dieser Psalm von den jüdischen Schriftgelehrten

vorgelesen und ausgelegt wird. In Lukas 2,46 lesen wir, daß er auf diese Lehrer hörte und ihnen Fragen stellte. Welche Verse aus diesem Psalm würden den jungen Jesus wohl besonders beeindruckt haben? Welche Fragen würde er gestellt, welche Kommentare würde er Ihrer Meinung nach abgegeben haben?

Für das Leben heute

10. Sehen Sie sich in Vers 11 noch einmal das Gebot an, das den irdischen Herrschern gegeben wird. Falls Gott diese Worte an Sie richten würde, was würde er Ihrer Meinung nach ganz praktisch damit meinen? Was bedeutet es für Sie, sich Gott so zu nähern?

Zur Vertiefung

Vergleichen Sie Vers 7 mit Hebräer 1,5-6 und Vers 9 mit Offenbarung 12,5 und 19,15. Inwiefern wird in den Psalmen das Leben und der Dienst Jesu Christi, des Messias, vorausgesagt?

Psalm 3

Was steht im Text?

1. Lesen Sie als Hintergrundinformation zu diesem Psalm, was in 2. Samuel 15-17 über das Leben Davids berichtet wird.
2. Von welchen Ängsten und Sorgen spricht David in diesem Psalm?
3. Wie würden Sie Davids Bitten an Gott zusammenfassen?
4. Suchen Sie in jeder Strophe dieses Psalms einen *Schlüsselbegriff* oder einen *Schlüsselsatz*.

Das Wesentliche erfassen

5. Welches ist der Grund für Davids Zuversicht in den Versen 6-7?
6. In der Bibel wird David beschrieben als ein »Mann nach dem Herzen Gottes« (siehe Apostelgeschichte 13,22 und 1. Samuel 13,14). Was können wir diesem Psalm in bezug auf Davids Herzenseinstellung entnehmen? Welches sind seine Wünsche, seine Sehnsüchte, seine Ziele?
7. Geben Davids Worte in diesem Psalm sein *Herzens*wissen wieder und nicht nur sein *Kopf*wissen? Wenn ja, was gibt Ihnen Grund zu dieser Annahme?

Psalm 4

Was steht im Text?

1. Wie würden Sie Davids Bitte an Gott in diesem Psalm zusammenfassen?
2. Was ist der Grund für Davids Zuversicht in Vers 9?
3. Suchen Sie in jeder Strophe dieses Psalms ein *Schlüsselwort*, einen *Schlüsselbegriff* oder einen *Schlüsselsatz*.

Das Wesentliche erfassen

4. Welche Hilfestellung gibt uns dieser Psalm für das Beten in schwierigen Situationen?

Für das Leben heute

5. Falls dieser Psalm das letzte Kapitel aus der Bibel wäre, das Sie vor Ihrem Tod lesen würden, welche Worte würden Ihnen im Gedächtnis hängenbleiben, wenn Sie sich von der Erde verabschieden?

Psalm 5

Was steht im Text?

1. Wie würden Sie Davids Bitte in diesem Psalm zusammenfassen?
2. Welches Versprechen gibt David in diesem Psalm?
3. Suchen Sie in jeder Strophe dieses Psalms ein *Schlüsselwort*, einen *Schlüsselbegriff* oder ein *Schlüsselsatz*.

Das Wesentliche erfassen

4. Formulieren Sie in eigenen Worten, welche wichtigen Erkenntnisse in bezug auf Gottes Wesen und Persönlichkeit in den Versen 5-7 weitergegeben werden.
5. Welche Hilfestellung gibt uns dieser Psalm für das Beten in schwierigen Situationen?
6. Welche Überschrift würden Sie jedem der Psalmen 1-5 geben, nachdem Sie sich eingehend damit befaßt haben? (Diese Übung kann Ihnen helfen, sich auf die Ihrer Meinung nach wesentliche Botschaft eines jeden Psalms zu konzentrieren.)

7. Welche Hinweise finden Sie in den Psalmen 1-5 darauf, daß vollkommene Ehrlichkeit und Offenheit in unseren Gebeten Gott wichtig ist?

Für das Leben heute

8. Was sagt dieser Psalm über die tägliche Begegnung mit Gott aus? Inwiefern kann dies einem neubekehrten Christen helfen?
9. Überfliegen Sie die Psalmen 1-5 und suchen Sie den Vers oder den Abschnitt, der Ihren eigenen geistlichen und emotionalen Zustand zum jetzigen Zeitpunkt am besten beschreibt.

Psalm 6

Einstieg: Was fällt Ihnen ein, wenn Sie das Wort *Gnade* hören?

Was steht im Text?

1. Worum genau bittet David Gott in diesem Psalm?
2. Suchen Sie in jeder Strophe dieses Psalms nach einem *Schlüsselwort*, einem *Schlüsselbegriff* oder einem *Schlüsselsatz.*

Das Wesentliche erfassen

3. Welches sind die wichtigsten Gründe für Davids zuversichtliche Vorhersage in Vers 11?
4. Wie würden Sie nach dem, was Sie in diesem Psalm lesen, Davids Beziehung zu Gott beschreiben?
5. Lesen Sie Vers 5 und diskutieren Sie die folgende Aussage: Von Gottes Standpunkt aus bedeutet, sich an ihn zu *erinnern,* ihn zu *preisen*. Wenn wir Gott nicht preisen, dann haben wir ihn mehr oder weniger vergessen.

Für das Leben heute

6. Denken Sie an die Zusage in 1. Johannes 1,9: Gott wird uns vergeben und von aller Ungerechtigkeit reinigen, *wenn wir ihm unsere Sünden bekennen*. Welcher Teil dieses Psalms könnte uns als Vorbild dienen für das Bekenntnis unserer Sünden?
7. Falls Sie einen Teil oder diesen ganzen Psalm zu einer Beschreibung Ihrer gegenwärtigen Haltung Gott gegenüber umformulieren sollten, wie würden Sie beginnen? Wie würde »Vers 1« in Ihrem persönlichen »Psalm 6« lauten?

Psalm 7

Was steht im Text?

1. Welches sind Davids Ängste in diesem Psalm?
2. Was wissen Sie über Davids Leben, das Ihnen hilft, seine in diesem Psalm ausgedrückten Gefühle zu verstehen?
3. In Matthäus 6,33 trägt Jesus uns auf, zuerst nach dem Reich Gottes und seiner Gerechtigkeit zu trachten. Was sagt dieser Psalm Ihrer Meinung nach über die Gerechtigkeit Gottes aus?
4. Welche Bitten spricht David in diesem Psalm aus?
5. Welches Versprechen gibt David am Ende dieses Psalms?
6. Suchen Sie in jeder Strophe dieses Psalms ein *Schlüsselwort*, einen *Schlüsselbegriff* oder einen *Schlüsselsatz*.

Das Wesentliche erfassen

7. Wie würden Sie nach dem, was Sie in diesem Psalm lesen, in eigenen Worten Davids Erkenntnis in bezug auf die Persönlichkeit und das Wesen Gottes beschreiben?
8. Überlegen Sie, wie ausgeprägt Ihr Wunsch ist, Gott besser kennenzulernen, und stellen Sie sich die folgende Frage: Welche Dinge, die in diesem Psalm in bezug auf Gott geoffenbart sind, möchte Gott mir zum gegenwärtigen Zeitpunkt in meinem Leben noch deutlicher machen?

Psalm 8

Was steht im Text?

1. Welche Taten Gottes anerkennt David in diesem Psalm? Was zählt er auf, das Gott bereits getan hat?
2. Was fragt David Gott in Vers 5?
3. Beachten Sie das Lob, mit dem dieser Psalm sowohl beginnt als auch endet. Wie würden Sie dieses Lob in eigenen Worten ausdrücken?
4. Suchen Sie in jeder Strophe dieses Psalms ein *Schlüsselwort*, einen *Schlüsselbegriff* oder einen *Schlüsselsatz*.

Das Wesentliche erfassen

5. Was meint David Ihrer Meinung nach mit dem Wort *Name* in den Versen 2 und 10?
6. Welche Wörter oder Begriffe in diesem Psalm sagen in erster Linie etwas über den *Plan* und das *Ziel* Gottes für sein Volk?
7. Welche Wörter oder Begriffe in diesem Psalm sagen in erster Linie etwas über Gottes *Wesen* aus?
8. Was möchte Gott uns durch diesen Psalm Ihrer Meinung nach in bezug auf die Erde und unsere Umwelt klarmachen?
9. Was möchte Gott uns durch diesen Psalm in bezug auf uns Menschen klarmachen?
10. Diskutieren Sie die folgende Aussage: Es ist unmöglich zu verstehen, wer der Mensch ist, bis man versteht, wer Gott ist.
11. Wie würden Sie nach dem, was Sie in diesem Psalm lesen, die folgende Aussage vervollständigen: »Ich weiß, daß Gott ein Gott der Liebe ist, weil er ...«
12. Stellen Sie sich vor, Sie würden sich im Tempel in Jerusalem aufhalten, als der zwölfjährige Jesus hört, wie dieses Buch von den jüdischen Schriftgelehrten vorgelesen und ausgelegt wird. Welche Verse aus diesem Psalm würden den jungen Jesus wohl am meisten beeindruckt haben? Welche Fragen würde er Ihrer Meinung nach gestellt, welche Kommentare abgegeben haben?

Für das Leben heute

13. Beantworten Sie die folgenden Fragen auf der Grundlage dessen, was Sie in diesem Psalm gelesen haben: Wer ist Gott? Wer bin ich?

Psalm 9

Was steht im Text?

1. Suchen Sie in jeder Strophe dieses Psalms ein *Schlüsselwort*, einen *Schlüsselbegriff* oder einen *Schlüsselsatz*.
2. Was nimmt sich David in Vers 2 und 3 dieses Psalms vor?
3. Jesus trägt uns auf, zuerst nach dem Reich Gottes und seiner Gerechtigkeit zu trachten (Matthäus 6,33). Welche Aussagen macht dieser Psalm über das Reich Gottes und seine Gerechtigkeit?

Das Wesentliche erfassen

4. Stellen Sie sich vor, Sie würden David beim Schreiben dieses Psalms über die Schulter sehen. Wie würde er Ihrer Meinung nach antworten auf Ihre vorsichtig gestellte Frage: »David, wofür bist du Gott heute besonders dankbar?«
5. Was möchte uns Gott Ihrer Meinung nach in den Versen 8-10 in bezug auf sich selbst klarmachen?
6. Welches ist der Grund für Davids zuversichtliche Worte in Vers 19?

Für das Leben heute

7. Würden Sie sagen, daß das, was David sich in den ersten beiden Versen dieses Psalms vornimmt, auch Ihren Vorsätzen entspricht?

Psalm 10

Was steht im Text?

1. Suchen Sie in jeder Strophe dieses Psalms ein *Schlüsselwort*, einen *Schlüsselbegriff* oder einen *Schlüsselsatz*.
2. Was möchte Gott uns Ihrer Meinung nach durch diesen Psalm in bezug auf das klarmachen, was *falsch* ist und was *richtig*?
3. Welches sind die Gründe für die Zuversicht des Gottlosen in den Versen 2-11?
4. Welche Prophezeiung wird in Vers 16 gegeben?
5. Jesus trägt uns auf, zuerst nach dem Reich Gottes und seiner Gerechtigkeit zu trachten (Matthäus 6,33). Was sagen die Verse 16-18 Ihrer Meinung nach über das Reich Gottes aus?

Das Wesentliche erfassen

6. Welche Überschrift würden Sie jedem der Psalmen 6-10 geben, nachdem Sie sich ausführlich mit ihnen beschäftigt haben?
7. Welche Hinweise finden Sie in den Psalmen 6-10 darauf, daß Gott vollkommene Ehrlichkeit und Offenheit in unseren Gebeten wichtig ist?

Für das Leben heute

8. Überfliegen Sie die Psalmen 6-10 und suchen Sie den Vers oder Abschnitt heraus, der Ihren eigenen geistlichen und emotionalen Zustand zum jetzigen Zeitpunkt am besten beschreibt.

Psalm 11

Einstieg: Haben Sie in der Vergangenheit schon einmal in großer Gefahr geschwebt?

Was steht im Text?

1. Welche Prophezeiung gibt David in Vers 6? Und wie begründet er diese Prophezeiung im nachfolgenden Teil des Psalms?
2. Suchen Sie in jeder Strophe dieses Psalms ein *Schlüsselwort*, einen *Schlüsselbegriff* oder einen *Schlüsselsatz*.

Das Wesentliche erfassen

3. Welche wichtigen Erkenntnisse in bezug auf das Wesen und die Persönlichkeit Gottes gibt David nach dem, was Sie in diesem Psalm lesen, weiter?
4. Wie würden Sie nach dem, was Sie in diesem Psalm lesen, die Frage beantworten: Wo ist Gott?
5. Sehen Sie sich noch einmal an, welchen Rat David am Ende von Vers 1 bekommt (und die Gründe für diesen Rat in den Versen 2 und 3). Würden Sie sagen, daß dieser Rat in Vers 1 ein guter Rat ist? Erklären Sie Ihre Antwort.

Für das Leben heute

6. Welches Versprechen wird am Ende von Vers 7 gegeben? Können Sie das bestätigen?
7. Stellen Sie sich vor, ein gläubiger Freund befindet sich in großen Schwierigkeiten und würde zu Ihnen sagen: »Ich bin so entmutigt und niedergeschlagen durch das, was mir passiert ist. Was soll ich nur tun?« Wie könnte dieser Psalm Ihnen helfen, ihm eine sinnvolle Antwort zu geben?

Psalm 12

Was steht im Text?

1. Worum genau bittet David Gott in diesem Psalm?
2. Welches Versprechen gibt Gott in Vers 6?
3. Suchen Sie in jeder Strophe dieses Psalms ein *Schlüsselwort*, einen *Schlüsselbegriff* oder einen *Schlüsselsatz*.

Das Wesentliche erfassen

4. Welches ist der Grund für Davids zuversichtliche Worte in Vers 8?
5. Welche wichtigen Erkenntnisse vermittelt uns dieser Psalm in bezug auf das Wesen und die Persönlichkeit Gottes?

Psalm 13

Was steht im Text?

1. Welche Fragen stellt David Gott in den Versen 2-3?
2. Wie würden Sie Davids Ängste beschreiben?
3. Welchem Vorsatz faßt David in Vers 6?
4. Suchen Sie in jeder Strophe dieses Psalms ein *Schlüsselwort*, einen *Schlüsselbegriff* oder einen *Schlüsselsatz*.

Das Wesentliche erfassen

5. Wie würden Sie nach dem, was Sie in diesem Psalm lesen, Davids Beziehung zu Gott beschreiben?

Für das Leben heute

6. Falls Sie einen Teil oder diesen ganzen Psalm zu einer Beschreibung Ihrer gegenwärtigen Haltung Gott gegenüber umformulieren sollten, wie würden Sie beginnen? Wie würde »Vers 1« in Ihrem persönlichen »Psalm 13« lauten?

Zur Vertiefung

Inwiefern haben auch Sie schon einmal die Ängste durchlebt, die David in den ersten Versen dieses Psalms beschreibt?

Psalm 14

Was steht im Text?

1. Welche Frage stellt David in diesem Psalm?
2. Suchen Sie in jeder Strophe dieses Psalms ein *Schlüsselwort*, einen *Schlüsselbegriff* oder einen *Schlüsselsatz*.

Das Wesentliche erfassen

3. Was sagt Vers 2 über das Wesen und die Persönlichkeit Gottes aus?
4. Welche Erkenntnisse hat David in bezug auf Gottes Plan und Ziel für sein Volk?
5. Wie hat Gott auf Davids Sehnsucht in Vers 7 reagiert?

Zur Vertiefung

Lesen Sie in Römer 3,9-23, wie Paulus eine wichtige Aussage zur Erlösung durch einen Auszug dieses Psalms begründet. Welche anderen Teile dieses Psalms stützen die Lehre des Paulus?

Psalm 15

Was steht im Text?

1. Der erste Satz dieses Psalms scheint mit der Anbetung Gottes zusammenzuhängen, während der letzte Satz mehr auf die Art, wie wir unser Leben führen, zuzutreffen scheint. Wie sollte sich unsere Anbetung im Alltag gestalten?
2. Sehen Sie sich an, wie in den Versen 2-5 das Leben eines rechtschaffenen Menschen beschrieben wird. Geht es hier vorwiegend um *innere* Dinge, um *äußere* Dinge oder sogar um eine Verbindung beider?

Das Wesentliche erfassen

3. Sehen Sie sich Davids gewagte Aussage in der letzten Zeile dieses Psalms an. Was meint David Ihrer Meinung nach damit, und wie ist er zu einer solchen Schlußfolgerung gekommen?

Für das Leben heute

4. Lesen Sie sich in den Versen 2-5 noch einmal die Richtlinien für ein rechtschaffenes Leben durch. Welcher Druck von außen hindert uns manchmal daran, uns an diese Richtlinien zu halten?
5. Welche der Richtlinien in den Versen 2-5 ist für Sie besonders schwer zu befolgen?
6. Was bedeutet es Ihrer Meinung nach, im Alltag ein solcher Mensch zu sein, wie er im letzten Satz dieses Psalms beschrieben wird?
7. Es heißt, »das Herz des Menschen würde nichts mehr verabscheuen wie Ver-

änderung«. Welche Aussagen dieses Psalms – Aussagen, die Veränderungen in Ihrem Leben notwendig machen würden – rufen in Ihnen ein Zögern und Widerstand hervor?

Psalm 16

Was steht im Text?

1. Worum bittet David Gott in diesem Psalm?
2. Was nimmt sich David in diesem Psalm vor?
3. Welche Verse in diesem Psalm scheinen Ihnen vor allem das Herz Jesu Christi widerzuspiegeln?
4. Suchen Sie in jeder Strophe dieses Psalms ein *Schlüsselwort*, einen *Schlüsselbegriff* oder einen *Schlüsselsatz*.

Das Wesentliche erfassen

5. Was beeindruckt Sie nach dem, was Sie in Psalm 16 lesen, besonders an Davids Beziehung zu Gott?
6. Wie gestaltet sich Ihrer Meinung nach ganz praktisch, was David in Vers 8 sagt: den Herrn vor Augen haben?
7. Was meint David Ihrer Meinung nach mit dem Ausdruck »Weg des Lebens« in Vers 11?
8. Falls Sie aus der Bibel nur Vers 11 dieses Psalms zur Verfügung hätten, was würden Sie ihm in bezug auf den Himmel entnehmen?
9. Denken Sie, daß Davids Worte in diesem Psalm sein *Herzens*wissen wiedergeben und nicht nur sein *Kopf*wissen? Wenn das so ist, wie begründen Sie Ihre Meinung?
10. Stellen Sie sich vor, Sie würden sich im Tempel in Jerusalem aufhalten, als der zwölfjährige Jesus hört, wie dieser Psalm von den jüdischen Schriftgelehrten vorgelesen und ausgelegt wird. Welche Verse dieses Psalms würden ihn wohl besonders beeindruckt haben, und welche Fragen würde er Ihrer Meinung nach gestellt, welche Kommentare abgegeben haben?
11. Welche Überschrift würden Sie jedem der Psalmen 11-16 geben, nachdem Sie sie gründlich studiert haben?
12. Welche Hinweise finden Sie in den Psalmen 11-16 darauf, daß vollkommene Ehrlichkeit und Offenheit in unseren Gebeten Gott wichtig sind?

Für das Leben heute

13. Wie häufig sprechen Sie ein Gebet, das dem ähnlich ist, das David in Vers 1 spricht?
14. In Philipper 4,8 heißt es: »Übrigens Brüder, alles, was wahr, alles, was ehrbar, alles, was gerecht, alles, was rein, alles, was liebenswert, alles, was wohllautend ist, wenn es irgendeine Tugend und wenn es irgendein Lob gibt, das erwägt!« Welche Denkanstöße können Sie in Psalm 16 finden, die Ihnen als *wahr, ehrbar, gerecht, rein, liebenswert,* als *Tugend* und *Lob* ins Auge fallen?
15. Überfliegen Sie die Psalmen 11-16 und suchen Sie den Vers oder Abschnitt heraus, der Ihren eigenen geistlichen und emotionalen Zustand zum jetzigen Zeitpunkt am besten beschreibt.

Zur Vertiefung

Lesen Sie noch einmal Vers 10. Schlagen Sie nun gemeinsam Apostelgeschichte 13,32-37 auf und lesen Sie, wie Paulus auf die prophetische Erfüllung dieses Verses in Christus hinweist. Was wäre passiert, wenn sich diese Prophezeiung nicht erfüllt hätte – wenn der Leib Christi tatsächlich im Grab verwest wäre?

Psalm 17

Einstieg: Kennen Sie Menschen, die Sie als *gerecht* bezeichnen würden?

Was steht im Text?

1. Worum bittet David Gott in diesem Psalm?
2. Suchen Sie in jeder Strophe dieses Psalms ein Schlüsselwort, einen Schlüsselbegriff oder einen Schlüsselsatz.

Das Wesentliche erfassen

3. Sehen Sie sich Davids gewagte Aussage in Vers 3 an. Welches sind die Gründe dafür, daß er diese Behauptung aufstellt?
4. Sehen Sie sich auch seine Worte im letzten Vers dieses Psalms an. Wie kommt David zu dieser Schlußfolgerung?
5. Denken Sie an die Beschreibung Davids (in Apostelgeschichte 13,22 und 1. Samuel 13,14) als einen »Mann nach dem Herzen Gottes«. Was sagt dieser Psalm über Davids Herzenshaltung aus? Welches sind seine Wünsche und seine Sehnsüchte?

Für das Leben heute

6. Welchen Vers dieses Psalms möchte Gott Ihnen Ihrer Meinung nach besonders ans Herz legen?

Psalm 18

Was steht im Text?

1. Dieser Psalm ist auch in 2. Samuel 22, am Ende des Berichts über Davids Leben, zu finden. Tragen Sie zusammen, was Sie noch über Sauls Konflikt mit David wissen.
2. Suchen Sie in jeder Strophe dieses Psalms ein *Schlüsselwort*, einen *Schlüsselbegriff* oder einen *Schlüsselsatz*.
3. Wie würden Sie in eigenen Worten die *Handlung* dieses Psalms ab Vers 5 beschreiben?
4. Was denkt Gott nach dem, was Sie in diesem Psalm lesen, von David?
5. Welchen Vorsatz faßt David am Ende dieses Psalms?

Das Wesentliche erfassen

6. Was ist Ihrer Meinung nach die »Gerechtigkeit«, von der David in den Versen 21 und 25 spricht? Wie kann ein Mensch diese Gerechtigkeit bekommen?
7. Wie genau »zeigt« sich das in den Versen 26-27 beschriebene Verhalten Gottes?
8. Was ist Ihrer Meinung nach wichtiger für David: Gottes *Wesen* oder das, was er tut, um David zu helfen? Antworten Sie auf der Grundlage dieses Psalms und begründen Sie Ihre Antwort.
9. Was ist nach dem, was Sie in diesem Psalm lesen, David das Wichtigste im Leben?
10. Stellen Sie sich vor, Sie würden sich im Tempel in Jerusalem aufhalten, als der zwölfjährige Jesus hört, wie dieser Psalm von den jüdischen Schriftgelehrten vorgelesen und ausgelegt wird. Welche Verse dieses Psalms würden ihn wohl besonders beeindruckt haben, und welche Fragen würde er Ihrer Meinung nach gestellt, welche Kommentare abgegeben haben?
11. Welche Überschrift würden Sie den Psalmen 17 und 18 geben?
12. Welche Hinweise finden Sie in den Psalmen 17 und 18 darauf, daß vollkommene Ehrlichkeit und Offenheit in unseren Gebeten Gott wichtig sind?

Für das Leben heute

13. Treffen die Worte in Vers 29 auch auf Sie zu? Wenn ja, auf welche Weise hat Gott dies für Sie getan?
14. In Römer 15,4 erinnert uns Paulus daran, daß die alttestamentlichen Schriften uns Geduld und Ausharren, aber auch Trost und Ermutigung geben können. Inwiefern werden die Psalmen in Ihrem Leben dieser Beschreibung gerecht? Inwiefern kann dieses Buch Ihr Bedürfnis nach *Ausharren* und *Ermutigung* erfüllen?
15. Überfliegen Sie die Psalmen 17 und 18 und suchen Sie den Vers oder Abschnitt heraus, der Ihren eigenen geistlichen und emotionalen Zustand zum jetzigen Zeitpunkt am besten beschreibt.

Psalm 19

Einstieg: Erinnern Sie sich noch, welche Gedanken und Fragen Sie über den Himmel gehabt haben?

Was steht im Text?

1. Welche *Botschaft* verkünden die Himmel in den ersten Versen, und aus welchem *Grund* gibt Gott diese Botschaft an uns weiter?
2. Welche unterschiedlichen Begriffe werden in den Versen 8-10 verwandt, um Gottes Wort zu beschreiben?
3. Welches Ziel oder welcher Wunsch herrscht nach dem, was Sie in Vers 14 lesen, in Davids Herzen vor?
4. Gott spricht nach dem, was wir in diesem Psalm lesen, auf vielfältige Weise zu uns. Wie?
5. Suchen Sie in jeder Strophe dieses Psalms ein *Schlüsselwort*, einen *Schlüsselbegriff* oder einen *Schlüsselsatz*.

Das Wesentliche erfassen

6. Denken Sie an die Beschreibung Davids (in Apostelgeschichte 13,22 und 1. Samuel 13,14) als einen »Mann nach dem Herzen Gottes«. Welche wichtigen Dinge sagt dieser Psalm über Davids Herzenshaltung? Welches sind seine Wünsche und Sehnsüchte?
7. Inmitten der Liste mit den Vorzügen des Wortes Gottes finden wir in Vers 10 einen Begriff, der die Furcht des Herrn beschreibt. Warum wird dieser Begriff hier verwandt?

8. Sehen Sie sich Vers 2 noch einmal an. Wie würden Sie die »Herrlichkeit Gottes« definieren? Und warum sollen wir wissen, was das bedeutet?

Für das Leben heute

9. Sehen Sie sich in den Versen 8-12 noch einmal die aufgelisteten Vorzüge der Gebote Gottes an. Welches hat für Sie die größte Bedeutung?
10. Welche *Reaktion* erwartet Gott nach dem, was Sie in diesem Psalm lesen, von uns, wenn wir sein Wort lesen?

Zur Vertiefung

Vergleichen Sie Vers 11 mit 1. Petrus 2,2 und überlegen Sie, was diese Verse über Ihren Hunger auf Gottes Wort sagen. Behalten sie Vers 14 im Hinterkopf, wenn Sie auch Epheser 4,29 und 5,4; Kolosser 3,8 und Matthäus 12,36-37 lesen. Diskutieren Sie auf der Grundlage dieser Verse und anderer Bibelstellen die folgende Aussage: Gottes Richtlinien und Anforderungen an das, was wir sagen (unsere äußere Haltung), treffen ebenso auf unsere Gedanken zu (unsere innere Haltung).

Psalm 20

Was steht im Text?

1. Suchen Sie in jeder Strophe dieses Psalms ein *Schlüsselwort*, einen *Schlüsselbegriff* oder einen *Schlüsselsatz*.

Das Wesentliche erfassen

2. Lesen Sie die zweite Hälfte von Vers 2. Inwiefern bietet Gottes Name Schutz?
3. Was ist der Grund für die Freude in Vers 6?
4. Woher weiß David das, was er in Vers 7 sagt?
5. Welche Verse dieses Psalms würden den jungen Jesus im Tempel zu Jerusalem wohl besonders beeindruckt haben, und welche Fragen würde er wohl gestellt, welche Kommentare abgegeben haben?

Für das Leben heute

6. Wenn Gott diesen Psalm nur für Sie geschrieben hätte, welche Wörter oder Ausdrücke hätte er wohl unterstrichen und aus welchem Grund?

Psalm 21

Was steht im Text?

1. Suchen Sie in jeder Strophe dieses Psalms ein *Schlüsselwort*, einen *Schlüsselbegriff* oder einen *Schlüsselsatz*.
2. Wofür ist David in diesem Psalm besonders dankbar?
3. Welche Prophezeiung gibt David in den Versen 9-13?

Das Wesentliche erfassen

4. Wie würden Sie nach dem, was Sie in diesem Psalm lesen, Davids Beziehung zu Gott beschreiben?

Für das Leben heute

5. Ist das, was David in Vers 3 zu Gott sagt, auch Ihre eigene Erfahrung? Können auch Sie das sagen?

Psalm 22

Was steht im Text?

1. Suchen Sie in jeder Strophe dieses Psalms ein *Schlüsselwort*, einen *Schlüsselbegriff* oder einen *Schlüsselsatz*.
2. Welche Bitten werden in diesem Psalm an Gott gerichtet?
3. Welcher Vorsatz wird in Vers 23 gefaßt?
4. Welche Prophezeiung wird in den Versen 27-32 gegeben? Wann wird sich diese Prophezeiung erfüllen?

Das Wesentliche erfassen

5. Was sagt dieser Psalm in bezug auf das *Wesen* und den *Dienst* Jesu Christi aus?
6. Welche wichtigen Erkenntnisse in bezug auf die Persönlichkeit und das Wesen Gottes gibt David in den Versen 4-5 weiter?
7. Jesus fordert uns auf, zuerst nach dem Reich Gottes und seiner Gerechtigkeit zu trachten (Matthäus 6,33). Was wird in den Versen 26-32 über das Reich Gottes gesagt? Und was über die Gerechtigkeit Gottes?

8. Welche Überschrift würden Sie jedem der Psalmen 19-22 geben?
9. Welche Hinweise finden Sie in den Psalmen 19-22 darauf, daß Gott vollkommene Ehrlichkeit und Offenheit in unseren Gebeten wichtig ist?

Für das Leben heute

10. Überfliegen Sie die Psalmen 19-22 und suchen Sie den Vers oder Abschnitt heraus, der Ihren eigenen geistlichen und emotionalen Zustand zum jetzigen Zeitpunkt am besten beschreibt.
11. Welchen Vers in diesem Psalm möchte Gott Ihnen wohl besonders ans Herz legen?

Zur Vertiefung

Im Neuen Testament wird dieser Psalm sehr viel häufiger zitiert als jeder andere. Nehmen Sie sich die Zeit, lesen Sie Matthäus 27,27-46 und überlegen Sie, welche Prophezeiungen aus Psalm 22 dort erfüllt sind. Verfahren Sie ebenso mit Johannes 19,23-30 und Hebräer 2,11-12.

Psalm 23

Einstieg: Wie lange kennen Sie Psalm 23 schon? Welche Eindrücke hat dieser Psalm bei Ihnen hinterlassen?

Was steht im Text?

1. Da dieser Psalm den meisten Menschen bekannt ist, versuchen Sie doch einmal, ihn vollkommen umzuformulieren, wobei Sie möglichst wenig Worte des Originals verwenden sollten (ausgenommen Wörter mit vier Buchstaben und weniger). Vielleicht übernimmt jeder aus der Gruppe eine Zeile des Psalms.
2. Was genau tut Gott für David?
3. Welche der folgenden Begriffe hatte David Ihrer Meinung nach in erster Linie im Sinn, als er diesen Psalm schrieb: Gottes Schutz, Gottes Führung oder Gottes Trost? Erklären Sie Ihre Antwort.
4. Suchen Sie in jeder Strophe dieses Psalms ein *Schlüsselwort*, einen *Schlüsselbegriff* oder einen *Schlüsselsatz*.

Das Wesentliche erfassen

5. Woher weiß David, was er in Vers 4 sagt?
6. Wie kommt David zu der Schlußfolgerung in Vers 6?
7. Wie würden Sie Davids grundlegende *Haltung* im Leben beschreiben?
8. Warum war es David so wichtig, daß Gott sich wie ein Hirte um ihn kümmerte?
9. Wie würden Sie nach dem, was Sie in diesem Psalm lesen, die folgende Aussage vervollständigen: »Ich weiß, daß Gott ein Gott der Liebe ist, weil er ...«

Für das Leben heute

10. Überlegen Sie, welcher der folgenden Personen dieser Psalm besonders helfen wird und aus welchem Grund: a) einem Menschen, der sich als Versager fühlt, b) einem Menschen, der mit übermäßigem Stolz und Ichsucht zu kämpfen hat, c) einem Menschen, der sich nach tieferer Verbindung zu Gott sehnt.
11. Falls Sie nur diesen Psalm aus der Bibel zur Verfügung hätten, wie könnten Sie damit einem neubekehrten Christen helfen a) zu leben und b) zu sterben?
12. Wenn Gott diesen Psalm nur für Sie geschrieben hätte, welche Wörter oder Ausdrücke hätte er wohl unterstrichen, und warum?
13. Lesen Sie den ganzen Psalm noch einmal durch und fassen Sie zusammen, was David über seine Beziehung zu Gott ganz sicher weiß. Haben auch Sie diese Gewißheit?

Zur Vertiefung

Lesen Sie nach, wie Jesus in Johannes 10,11-18 und in Offenbarung 7,17 als unser Hirte dargestellt wird. Wie würden Sie die Bedeutung dieser Passagen anhand der Begriffe und Bilder aus Psalm 23 erweitern?

Lesen Sie auch die folgenden Stellen, um zu sehen, inwiefern sie das Bild Gottes als unser Hirte erweitern: Psalm 74,1-2 und 77,20 und Jesaja 40,10-11.

Psalm 24

Was steht im Text?

1. Suchen Sie in jeder Strophe dieses Psalms ein *Schlüsselwort*, einen *Schlüsselbegriff* oder einen *Schlüsselsatz*.
2. Welche Fragen stellt David in diesem Psalm?

3. Jesus trägt uns auf, zuerst nach dem Reich Gottes und seiner Gerechtigkeit zu trachten (Matthäus 6,33). Was wird in diesem Psalm über das Reich Gottes gesagt?
4. Inwiefern können Sie die Verse 7-10 als eine Darstellung Christi sehen?

Das Wesentliche erfassen

5. Welche wichtigen Erkenntnisse in bezug auf die Persönlichkeit und das Wesen Gottes gibt David in diesem Psalm weiter?
6. Was möchte Gott uns in den Versen 1-2 in bezug auf die Erde und unsere Umwelt klarmachen?
7. Wie würden Sie ganz praktisch definieren, was David in der ersten Zeile von Vers 4 meint?
8. Welches sind die Voraussetzungen für den Empfang des in Vers 5 versprochenen Segens? Lesen Sie die Vers 5 unmittelbar vorausgehenden und nachfolgenden Verse.
9. Welche Verse dieses Psalms würden den zwölfjährigen Jesus wohl besonders beeindruckt haben, wenn er im Tempel in Jerusalem gehört hätte, wie dieser Psalm von den jüdischen Schriftgelehrten vorgelesen und ausgelegt wird. Welche Fragen würde er wohl gestellt, welche Kommentare abgegeben haben?
10. Sehen Sie sich Vers 1 noch einmal an und diskutieren Sie die folgende Aussage: Es ist unmöglich, die richtige Einstellung zur Erde zu haben, ohne die Herrschaft Gottes darüber anzuerkennen.

Für das Leben heute

11. Lesen Sie noch einmal die Fragen, die David in Vers 3 stellt, und die Antworten, die darauf gegeben werden. Wie sollten Sie sich nach dem, was dieser Abschnitt aussagt, darauf vorbereiten, in Gottes Gegenwart zu kommen?

Zur Vertiefung

Vergleichen Sie die Verse 3-6 mit Psalm 15. Inwiefern stützen sich diese Abschnitte gegenseitig?

Psalm 25

Was steht im Text?

1. Welche Bitten richtet David in diesem Psalm an Gott?
2. Welche Versprechen werden dem Menschen, der Gott fürchtet, in den Versen 12-14 gegeben?
3. Suchen Sie in jeder Strophe dieses Psalms ein *Schlüsselwort*, einen *Schlüsselbegriff* oder einen *Schlüsselsatz*.

Das Wesentliche erfassen

4. Welches genau ist die Basis für Davids zuversichtliche Aussagen in den Versen 3 und 15?
5. Wie würden Sie nach dem, was Sie in diesem Psalm lesen, Davids Beziehung zu Gott beschreiben?

Für das Leben heute

6. Welcher Vers dieses Psalms ist Ihnen in Ihrer gegenwärtigen Situation besonders wichtig? Warum?
7. In Philipper 4,8 heißt es: »Übrigens, Brüder, alles, was wahr, alles, was ehrbar, alles, was gerecht, alles, was rein, alles, was liebenswert, alles, was wohllautend ist, wenn es irgendeine Tugend und wenn es irgendein Lob gibt, das erwägt!« Welche Denkanstöße können Sie in diesem Kapitel finden, die Ihnen als *wahr, ehrbar, gerecht, rein, liebenswert,* als *Tugend* und *Lob* ins Auge fallen?

Psalm 26

Was steht im Text?

1. Worum bittet David Gott in diesem Psalm?
2. Sehen Sie sich an, was David in den Versen 1-8 über sich sagt. Ist dies Stolz oder Demut? Erklären Sie Ihre Antwort.
3. Was nimmt sich David am Ende dieses Psalms vor?
4. Suchen Sie in jeder Strophe dieses Psalms ein *Schlüsselwort*, einen *Schlüsselbegriff* oder einen *Schlüsselsatz*.

Das Wesentliche erfassen

5. Denken Sie an die Beschreibung Davids als einen »Mann nach dem Herzen Gottes«. Was sagt dieser Psalm über Davids Herzenshaltung? Welches sind seine Sehnsüchte und Vorsätze?

Für das Leben heute

6. Sehen Sie sich noch einmal an, was David in den Versen 1-8 über sich sagt. Welche dieser Aussagen können auch Sie über sich machen?

Psalm 27

Was steht im Text?

1. Worum genau bittet David Gott in diesem Psalm? Wonach sehnt er sich, wofür betet er?
2. Welche drei persönlichen Beschreibungen gibt David in Vers 1 für Gott?
3. Welche Prophezeiung wird in Vers 5 gegeben?
4. Suchen Sie in jeder Strophe dieses Psalms ein *Schlüsselwort*, einen *Schlüsselbegriff* oder einen *Schlüsselsatz*.

Das Wesentliche erfassen

5. Was meint David wohl, wenn er in Vers 1 sagt, daß der Herr sein *Licht* ist?
6. Wie würden Sie Davids Beziehung zu Gott beschreiben, so wie sie sich Ihnen in diesem Psalm darstellt?
7. Welches ist Ihrer Meinung nach der Grund für die Zuversicht Davids in Vers 13?
8. In Vers 14 werden wir aufgefordert, stark zu sein. Wie würden Sie diese Kraft beschreiben? Wie würden Sie jemanden beschreiben, der in dieser Beziehung stark ist?
9. Von welcher Art des *Wartens* spricht David in Vers 14?
10. Welche Überschrift würden Sie jedem der Psalmen 23-27 geben?
11. Welche Hinweise finden Sie in den Psalmen 23-27 darauf, daß Gott vollkommene Ehrlichkeit und Offenheit in unseren Gebeten wichtig ist?

Für das Leben heute

12. Sehen Sie sich die Verse 1-3 noch einmal an. Welches sind im Augenblick Ihre größten Ängste im Leben?

13. In Vers 14 fordert David uns auf, *auf den Herrn zu harren*. In welchen wichtigen Bereichen Ihres Lebens *harren* Sie im Augenblick auf den Herrn?
14. Welche wichtigen Dinge erbitten Sie im Augenblick von Gott und erwarten Sie von ihm in der Zukunft?
15. Überfliegen Sie die Psalmen 23-27 und suchen Sie den Vers oder Abschnitt heraus, der Ihren eigenen geistlichen und emotionalen Zustand zum jetzigen Zeitpunkt am besten beschreibt.

PSALM 28

Einstieg: Welche Gebetserhörungen haben Sie bereits erlebt?

WAS STEHT IM TEXT?

1. Suchen Sie in jeder Strophe dieses Psalms ein *Schlüsselwort*, einen *Schlüsselbegriff* oder einen *Schlüsselsatz*.
2. Welches ist Davids größte Sorge in Vers 1?
3. Welche Vorsätze faßt David in diesem Psalm?
4. Sehen Sie sich an, welchen Ort David am Ende von Vers 2 erwähnt. Was erfahren Sie in 2. Mose 26,33-34 über diesen Ort?

DAS WESENTLICHE ERFASSEN

5. Inwiefern kann uns dieser Psalm zeigen, wie wir beten sollen, wenn wir in ernsthaften Schwierigkeiten sind?

FÜR DAS LEBEN HEUTE

6. Wie stark spiegelt Vers 7 Ihre eigene Erfahrung mit Gott zum gegenwärtigen Zeitpunkt Ihres Lebens wider im Vergleich zu einer anderen Zeit in der Vergangenheit? Nehmen Sie eine Skala von eins bis zehn als Bewertungshilfe (eins = weniger als je zuvor, zehn = sehr viel mehr als je zuvor).

ZUR VERTIEFUNG

Sehen Sie sich noch einmal den Ort an, den David in Vers 2 erwähnt. Was erfahren Sie in 1. Könige 6,16 und 8,6-9; 2. Chronik 3,8-14, Hesekiel 41,3-4 und vor allem in Hebräer 9,3-9 und 10,19-22 über diesen Ort?

Psalm 29

Was steht im Text?

1. Welche beiden Gaben von Gott sind in den abschließenden Versen dieses Psalms erwähnt?
2. Welche Befehle werden den »Göttersöhnen« in den Versen 1 und 2 gegeben? Und wer sind Ihrer Meinung nach die »Göttersöhne«?
3. Jesus trägt uns auf, zuerst nach dem Reich Gottes und seiner Gerechtigkeit zu trachten (Matthäus 6,33). Was sagt dieser Psalm Ihrer Meinung nach über das Reich Gottes aus?
4. Suchen Sie in jeder Strophe dieses Psalms ein *Schlüsselwort*, einen *Schlüsselbegriff* oder einen *Schlüsselsatz*.

Für das Leben heute

5. Sehen Sie sich Vers 11 noch einmal an. Wenn Sie darüber nachdenken, was in Ihrer Familie, in Ihrer Gemeinde oder auch in Ihrem persönlichen Leben passiert ist oder noch passiert, inwiefern suchen Sie das Geschenk der Kraft und des Friedens Gottes?

Das Wesentliche erfassen

6. Was sagt dieser Psalm über das Wesen und die Persönlichkeit Gottes aus?

Psalm 30

Was steht im Text?

1. Suchen Sie in jeder Strophe dieses Psalms ein *Schlüsselwort*, einen *Schlüsselbegriff* oder einen *Schlüsselsatz*.
2. Was nimmt sich David am Anfang und am Ende dieses Psalms vor? Können Sie die Gründe für diese Vorsätze erklären?
3. Worum bittet David Gott in den Versen 9-11?

Das Wesentliche erfassen

4. Stellen Sie sich vor, Sie würden David beim Schreiben dieses Psalms über die Schulter sehen. Wie würde er wohl antworten, wenn Sie ihn vorsichtig fragten: »David, wofür bist du Gott heute ganz besonders dankbar?«

5. Was sagt Vers 6 über das Wesen und die Persönlichkeit Gottes aus?
6. Denken Sie, daß Davids Worte in diesem Psalm sein *Herzens*wissen wiedergeben und nicht nur sein *Kopf*wissen? Wenn das so ist, wie begründen Sie Ihre Meinung?

Für das Leben heute

7. Können Sie das, was David in Vers 3 zu Gott sagt, aus eigener Erfahrung auch sagen?

Psalm 31

Was steht im Text?

1. Suchen Sie in jeder Strophe dieses Psalms ein *Schlüsselwort*, einen *Schlüsselbegriff* oder einen *Schlüsselsatz*.
2. Stellen Sie sich vor, Sie hätten David an dem Tag, an dem er diesen Psalm geschrieben hat, einen Besuch abgestattet. Wie hätte er wohl geantwortet, wenn Sie ihn gefragt hätten: »David, du wirkst so bedrückt. Was belastet dich denn heute?«
3. Worum bittet David Gott in diesem Psalm?
4. Welchen Vorsatz faßt David in Vers 8? Können Sie die Gründe für seinen Vorsatz erklären?

Das Wesentliche erfassen

5. Denken Sie an die Beschreibung Davids als einen »Mann nach dem Herzen Gottes«. Was sagt dieser Psalm über Davids Herzenshaltung? Welches sind seine Wünsche, seine Sehnsüchte und seine Vorsätze?

Für das Leben heute

6. Wenn Gott diesen Psalm nur für Sie geschrieben hätte, welche Wörter oder Ausdrücke hätte er wohl unterstrichen? Warum?

Psalm 32

Was steht im Text?

1. Wie können wir dann nach dem, was wir in diesem Psalm lesen, am ehesten glücklich werden?
2. Welche unterschiedlichen Wörter werden in diesem Psalm für die *Sünde* verwandt?
3. Welche Gebote werden in diesem Psalm gegeben?
4. Suchen Sie in jeder Strophe dieses Psalms ein *Schlüsselwort*, einen *Schlüsselbegriff* oder einen *Schlüsselsatz*.

Das Wesentliche erfassen

5. Wie würden Sie nach dem, was Sie in diesem Psalm lesen, Davids Wissen über *Sünde* und *Vergebung* zusammenfassend beschreiben?
6. Warum beschließt David Ihrer Meinung nach den Psalm mit den Worten aus Vers 11? Wie paßt dieses Ende zu dem Rest des Psalms?
7. Welche Überschrift würden Sie jedem der Psalmen 28-32 geben?
8. Welche Hinweise finden Sie in den Psalmen 28-32 darauf, daß Gott vollkommene Ehrlichkeit und Offenheit in unseren Gebeten wichtig ist?

Für das Leben heute

9. Denken Sie an die Zusage in 1. Johannes 1,9, daß Gott uns unsere Sünden vergeben und uns von aller Ungerechtigkeit reinigen wird, *wenn wir unsere Sünden bekennen*. Welche Teile dieses Psalms können uns zeigen, wie wir unsere persönlichen Sünden bekennen können?
10. Sehen Sie sich die Verse 8-9 an. Wie können Sie ganz praktisch vermeiden, wovon David in Vers 9 spricht?
11. Welchen Vers dieses Psalms möchte Gott Ihnen besonders ans Herz legen?
12. Überfliegen Sie die Psalmen 28-32 und suchen Sie den Vers oder Abschnitt heraus, der Ihren eigenen geistlichen und emotionalen Zustand zum jetzigen Zeitpunkt am besten beschreibt.

Zur Vertiefung

Wem wird Psalm 32 am meisten zu sagen haben? Menschen, denen viel vergeben worden ist, oder den Menschen, denen nur wenig vergeben worden ist? Lesen Sie in Lukas 7,36-50 eine Begebenheit im Leben Jesu, bei der er sehr viel über die

Vergebung sagt. Vergleichen Sie diesen Abschnitt mit Psalm 32. Worin ähneln sich diese beiden Textstellen, worin unterscheiden sie sich?

Psalm 33

Einstieg: Haben Sie die Anbetung Gottes schon einmal auf eine ganz neue und andere Weise erlebt? Bei welcher Gelegenheit und unter welchen Umständen?

Was steht im Text?

1. Wozu wird das Volk Gottes in den Versen 1-3 aufgefordert?
2. Suchen Sie in jeder Strophe dieses Psalms ein *Schlüsselwort*, einen *Schlüsselbegriff* oder einen *Schlüsselsatz*.
3. Jesus trägt uns auf, zuerst nach dem Reich Gottes und seiner Gerechtigkeit zu trachten (Matthäus 6,33). Was möchte Gott uns in den Versen 4-5 in bezug auf seine Gerechtigkeit klarmachen?

Das Wesentliche erfassen

4. Welche Wörter oder Begriffe dieses Psalms sagen etwas über das *Wesen* Gottes aus?

Für das Leben heute

5. Wie genau würden die Verse 20-21 Ihre Gemeinde beschreiben?

Psalm 34

Was steht im Text?

1. Lesen Sie als Hintergrundinformation zu diesem Psalm, was in 1. Samuel 21,10-15 über Davids Leben berichtet wird.
2. Was nimmt sich David in diesem Psalm vor?
3. Wozu werden wir in den Versen 9-10 aufgefordert? Wie würden Sie dies in eigenen Worten ausdrücken?
4. Welches sind Ihrer Meinung nach die stärksten Zusagen in diesem Psalm?
5. Welche möglichen Ängste Davids sind in diesem Psalm erkennbar?

6. Suchen Sie in jeder Strophe dieses Psalms ein *Schlüsselwort*, einen *Schlüsselbegriff* oder einen *Schlüsselsatz*.

Das Wesentliche erfassen

7. Wie würden Sie die Erkenntnisse Davids in bezug auf das Wesen Gottes in diesem Psalm zusammenfassen?

Für das Leben heute

8. Sehen Sie sich an, was David in Vers 13 über die Lebenslust sagt. Wie stark ist zum gegenwärtigen Zeitpunkt Ihre Lebenslust? Nehmen Sie eine Skala von eins bis zehn als Bewertungshilfe (eins = viel schwächer als früher, zehn = sehr viel stärker als früher).
9. Welche Gründe haben Sie, das Leben zu lieben?
10. Wenn Sie einen Teil oder diesen ganzen Psalm zu einer Beschreibung Ihrer gegenwärtigen Haltung Gott gegenüber umformulieren sollten, wie würden Sie beginnen? Wie würde »Vers 1« in Ihrem persönlichen »Psalm 34« lauten?

Psalm 35

Was steht im Text?

1. Suchen Sie in jeder Strophe dieses Psalms ein *Schlüsselwort*, einen *Schlüsselbegriff* oder einen *Schlüsselsatz*.
2. Worum bittet David Gott in diesem Psalm?
3. Was nimmt sich David in diesem Psalm vor?

Das Wesentliche erfassen

4. Welches sind Ihrer Meinung nach die Hauptmotive hinter Davids Worten, die er gegen seine Feinde richtet?
5. Diskutieren Sie die folgende Aussage: Für David waren *seine* Feinde auch *Gottes* Feinde, und deswegen bat er Gott darum, sie zu vernichten.
6. Was *erwartete* David nach dem, was Sie in diesem Psalm lesen, von Gott, und was erwartete seiner Meinung nach Gott von ihm?
7. Welche Überschrift würden Sie jedem der Psalmen 33-35 geben?
8. Welche Hinweise finden Sie in den Psalmen 33-35 darauf, daß Gott vollkommene Ehrlichkeit und Offenheit in unseren Gebeten wichtig ist?

Für das Leben heute

9. Überfliegen Sie die Psalmen 33-35 und suchen Sie den Vers oder Abschnitt heraus, der Ihren eigenen geistlichen und emotionalen Zustand zum jetzigen Zeitpunkt am besten beschreibt.

Psalm 36

Einstieg: Welche Denkweisen und falschen Annahmen können sehr leicht verhindern, daß die Psalmen in unseren Gedanken und Herzen lebendig werden?

Was steht im Text?

1. Welche Bitte richtet David in Vers 11 an Gott?
2. Welche Bilder gebraucht David in den Versen 6-10, um Gott zu loben?
3. Suchen Sie in jeder Strophe dieses Psalms ein *Schlüsselwort*, einen *Schlüsselbegriff* oder einen *Schlüsselsatz*.
4. Jesus trägt uns auf, zuerst nach dem Reich Gottes und seiner Gerechtigkeit zu trachten (Matthäus 6,33). Was möchte Gott uns in diesem Psalm in bezug auf seine Gerechtigkeit klarmachen?

Das Wesentliche erfassen

5. Welche wichtigen Erkenntnisse vermittelt dieser Psalm in bezug auf *Gott* und welche Erkenntnisse in bezug auf uns selbst?

Für das Leben heute

6. Welche Aussage dieses Psalms hat für Sie eine ganz besondere Bedeutung?

Psalm 37

Was steht im Text?

1. Wie oft finden Sie die Ausdrücke »das Land besitzen« oder »im Land wohnen«? Wie würden Sie diesen Ausdruck mit Ihren eigenen Worten formulieren, und welche Hinweise liefert dies Ihrer Meinung nach auf die zentrale Aussage dieses Psalms?
2. Welche Aufforderungen finden Sie in den Versen 3-8?

3. Welche zusätzlichen Aufforderungen sind in den Versen 27, 34 und 37 zu finden?
4. Wie oft finden Sie das Wort *wird* in diesem Psalm? Überlegen Sie, was dieses Wort in jedem Satz über die Zukunft aussagt.
5. Welche Verheißungen Gottes sind in diesem Psalm zu finden?
6. Suchen Sie in jeder Strophe dieses Psalms ein *Schlüsselwort*, einen *Schlüsselbegriff* oder einen *Schlüsselsatz*.

Für das Leben heute

7. Sehen Sie sich noch einmal die Aufforderungen in den Versen 3-8 an. Welcher können die meisten Christen heute leicht nachkommen? Und welche werden sehr leicht nicht befolgt?
8. Sehen Sie sich die Aufforderungen in Vers 27 noch einmal an. Wie kann dieses Gebot Gottes ganz praktisch aussehen?
9. In Philipper 4,8 heißt es: »Übrigens, Brüder, alles, was wahr, alles, was ehrbar, alles, was gerecht, alles, was rein, alles, was liebenswert, alles, was wohllautend ist, wenn es irgendeine Tugend und wenn es irgendein Lob gibt, das erwägt!« Welche Denkanstöße können Sie in diesem Kapitel finden, die Ihnen als *wahr, ehrbar, gerecht, rein, liebenswert,* als *Tugend* und *Lob* ins Auge fallen?

Psalm 38

Was steht im Text?

1. Suchen Sie in jeder Strophe dieses Psalms ein *Schlüsselwort*, einen *Schlüsselbegriff* oder einen *Schlüsselsatz*.
2. Welche Ängste und Sorgen bedrücken David in diesem Psalm?
3. Worum bittet David Gott in diesem Psalm?
4. Sehen Sie sich Vers 16 an. Welche Zuversicht und welchen Vorsatz Davids drückt dieser Vers aus?

Das Wesentliche erfassen

5. Wie würden Sie die Beziehung Davids zu Gott, wie Sie sich Ihnen in diesem Psalm darstellt, bewerten? Was bedeutet Gott ihm in seinem Alltag? Worauf vertraut er?
6. Welche Überschrift würden Sie jedem der Psalmen 36-38 geben?

Für das Leben heute

7. Denken Sie an die Zusage in 1. Johannes 1,9, daß Gott uns vergeben und uns von aller Ungerechtigkeit reinigen wird, *wenn wir unsere Sünden bekennen*. Welche Wörter oder Ausdrücke in diesem Psalm können uns zeigen, wie wir unsere persönlichen Sünden bekennen können?
8. Sehen Sie sich noch einmal an, worum David in diesem Psalm bittet. Wie relevant wären solche Bitten in einer Zeit, wo Sie mit keinerlei Schwierigkeiten zu kämpfen haben (was ganz offensichtlich bei David nicht der Fall war, als er diesen Psalm schrieb)?
9. Überfliegen Sie die Psalmen 36-38 und suchen Sie den Vers oder Abschnitt heraus, der Ihren eigenen geistlichen und emotionalen Zustand zum jetzigen Zeitpunkt beschreibt.
10. Welche Hinweise finden Sie in den Psalmen 36-38 darauf, daß Gott vollkommene Ehrlichkeit und Offenheit in unseren Gebeten wichtig ist?

Psalm 39

Einstieg: Wie oft denken Sie darüber nach, daß das Leben auf dieser Erde nur so kurz ist? Welche Umstände bringen Sie dazu, über dieses Thema nachzudenken?

Was steht im Text?

1. Stellen Sie sich vor, Sie statten David an dem Tag, an dem er diesen Psalm schreibt, einen Besuch ab. Wie würde er wohl antworten, wenn Sie ihn fragten: »David, du wirkst heute so bedrückt. Was belastet dich heute?«
2. Worum bittet David Gott in diesem Psalm?
3. Suchen Sie in jeder Strophe dieses Psalms ein *Schlüsselwort*, einen *Schlüsselbegriff* oder einen *Schlüsselsatz*.

Für das Leben heute

4. Sehen Sie sich Davids Erfahrungen in den Versen 2-4 an. Haben Sie etwas Ähnliches schon einmal erlebt?

Psalm 40

Was steht im Text?

1. Suchen Sie in jeder Strophe dieses Psalms ein *Schlüsselwort*, einen *Schlüsselbegriff* oder einen *Schlüsselsatz*.
2. Welche Taten Gottes anerkennt David in diesem Psalm? Was hat Gott bereits getan?
3. Was soll Gott noch tun?
4. Welche Hinweise gibt uns dieser Psalm darauf, wie wir am besten glücklich werden können?
5. Welche Ängste Davids zeigen sich in der letzten Hälfte dieses Psalms?

Das Wesentliche erfassen

6. Wie würden Sie nach dem, was Sie in diesem Psalm lesen, die Beziehung Davids zu Gott beschreiben? Was bedeutet Gott ihm im Alltag? Worauf vertraut er?
7. Welche Verse aus diesem Psalm würden den zwölfjährigen Jesus wohl besonders beeindruckt haben, wenn dieser Psalm im Tempel von Jerusalem von den jüdischen Schriftgelehrten ausgelegt worden wäre? Welche Fragen würde er wohl gestellt, welche Kommentare abgegeben haben?

Für das Leben heute

8. Trifft das, was in Vers 9 gesagt wird, auch auf Sie zu?
9. Falls Sie einen Teil oder diesen ganzen Psalm zu einer Beschreibung Ihrer gegenwärtigen Haltung Gott gegenüber umformulieren sollten, wie würden Sie beginnen? Wie würde »Vers 1« in Ihrem persönlichen »Psalm 40« lauten?

Zur Vertiefung

Formulieren Sie in eigenen Worten, was David in den Versen 7-9 über seine Erkenntnis Gottes sagt. Vergleichen Sie das mit dem, was Jesus in Matthäus 9,13 und 12,7 gesagt hat. (Lesen Sie auch Hebräer 10,5-10).

Psalm 41

Was steht im Text?

1. Welche Hinweise finden Sie in diesem Psalm darauf, wie man am besten glücklich werden kann?
2. Welche Versprechen gibt uns Gott in den Versen 2-4?
3. Suchen Sie in jeder Strophe dieses Psalms ein *Schlüsselwort*, einen *Schlüsselbegriff* oder einen *Schlüsselsatz*.

Das Wesentliche erfassen

4. Inwiefern kann dieser Psalm uns helfen zu beten, wenn wir uns in schwierigen Lebenssituationen befinden, wenn wir Schmerz erfahren, Probleme haben oder einsam sind?
5. Wie würden Sie nach dem, was Sie in diesem Psalm lesen, die Erkenntnisse Davids über das Wesen Gottes zusammenfassen?
6. Welche Überschrift würden Sie jedem der Psalmen 39-41 geben?
7. Welche Hinweise finden Sie in den Psalmen 39-41 darauf, daß Gott vollkommene Ehrlichkeit und Offenheit in unseren Gebeten wichtig ist?

Für das Leben heute

8. Überfliegen Sie die Psalmen 39-41 und suchen Sie den Vers oder Abschnitt heraus, der Ihren eigenen geistlichen und emotionalen Zustand zum jetzigen Zeitpunkt am besten beschreibt.

Zur Vertiefung

9. Sprechen Sie über die Erfüllung der Prophezeiung aus Vers 10, wie Sie sie in Johannes 13,18, Lukas 22,21 und Matthäus 26,23 finden.

Psalm 42

Einstieg: Sind Sie schon einmal sehr durstig gewesen?

Was steht im Text?

1. Suchen Sie in jeder Strophe dieses Psalms ein *Schlüsselwort*, einen *Schlüsselbegriff* oder einen *Schlüsselsatz*.

2. Welche Fragen werden in diesem Psalm gestellt, und welche halten Sie für besonders wichtig?

FÜR DAS LEBEN HEUTE

3. Wie stark spiegelt Vers 9 Ihre eigene Erfahrung mit Gott zum gegenwärtigen Zeitpunkt Ihres Lebens im Vergleich zu früher wider? Nehmen Sie eine Skala von eins bis zehn als Bewertungshilfe (eins = sehr viel geringer als früher, zehn = sehr viel stärker als früher).

PSALM 43

WAS STEHT IM TEXT?

1. Suchen Sie in jeder Strophe dieses Psalms ein *Schlüsselwort*, einen *Schlüsselbegriff* oder einen *Schlüsselsatz*.
2. Welche Vorsätze werden in diesem Psalm gefaßt?

FÜR DAS LEBEN HEUTE

3. Lesen Sie noch einmal, wie Gott in Vers 4 beschrieben wird. Können Sie das zum gegenwärtigen Zeitpunkt in Ihrem Leben auch so sagen?

PSALM 44

WAS STEHT IM TEXT?

1. Suchen Sie in jeder Strophe dieses Psalms ein *Schlüsselwort*, einen *Schlüsselbegriff* oder einen *Schlüsselsatz*.
2. Was hat Gott nach dem, was der Psalmist hier sagt, in der Vergangenheit getan?
3. Was sagt der Psalmist über die Gegenwart?
4. Welchen Hoffnungen für die Zukunft verleiht der Psalmist Ausdruck?

DAS WESENTLICHE ERFASSEN

5. Ist der Glaube, der in diesem Psalm zum Ausdruck kommt, Ihrer Meinung nach eher *stark* oder eher *schwach*? Worauf stützen Sie Ihre Antwort?
6. Welche Hilfestellung bietet uns dieser Psalm für den Umgang mit tiefem Leid in unserem Leben?

7. Was wird in Vers 22 über Gottes Wesen und Persönlichkeit ausgesagt? Formulieren Sie es in eigenen Worten.

Für das Leben heute

8. Zu welchem Zeitpunkt in Ihrem Leben konnten Sie sich mit den Worten in Vers 26 identifizieren?

Psalm 45

Was steht im Text?

1. Suchen Sie in jeder Strophe dieses Psalms ein *Schlüsselwort*, einen *Schlüsselbegriff* oder einen *Schlüsselsatz*.
2. In Matthäus 6,33 trägt Jesus uns auf, zuerst nach dem Reich Gottes und seiner Gerechtigkeit zu trachten. Was wird in diesem Psalm über die Gerechtigkeit Gottes ausgesagt?

Das Wesentliche erfassen

3. Welche Verse aus diesem Psalm würden den zwölfjährigen Jesus wohl besonders beeindruckt haben, wenn dieser Psalm im Tempel von Jerusalem von den jüdischen Schriftgelehrten ausgelegt worden wäre? Welche Fragen würde er wohl gestellt, welche Kommentare abgegeben haben?
4. Welche Überschrift würden Sie jedem der Psalmen 42-45 geben?
5. Welche Hinweise finden Sie in den Psalmen 42-45 darauf, daß Gott vollkommene Ehrlichkeit und Offenheit in unseren Gebeten wichtig ist?

Für das Leben heute

6. Überfliegen Sie die Psalmen 42-45 und suchen Sie den Vers oder Abschnitt heraus, der Ihren eigenen geistlichen und emotionalen Zustand zum jetzigen Zeitpunkt am besten beschreibt.

Zur Vertiefung

Vergleichen Sie die Verse 7-8 mit Hebräer 1,8-9, Lukas 1,32-33 und Philipper 2,9, um zu sehen, wie das Leben und der Dienst von Jesus, dem Messias, in den Psalmen vorhergesagt wird.

Psalm 46

Einstieg: Haben Sie schon einmal ein Erdbeben miterlebt? Berichten Sie von dieser Erfahrung.

Was steht im Text?

1. Suchen Sie in jeder Strophe dieses Psalms ein *Schlüsselwort*, einen *Schlüsselbegriff* oder einen *Schlüsselsatz*.
2. Welches einzige Gebot wird in diesem Psalm gegeben?

Das Wesentliche erfassen

3. Wie würden Sie in eigenen Worten den Grund für die in diesem Psalm zum Ausdruck kommende Zuversicht erklären?
4. Welche Wörter oder Ausdrücke sagen besonders viel über das Wesen Gottes aus?

Für das Leben heute

5. Bewerten Sie auf einer Skala von eins bis zehn, wie stark zum gegenwärtigen Zeitpunkt in Ihrem Leben die Aussage der Verse 8 und 12 Ihre eigene Erfahrung mit Gott im Vergleich zu einem bestimmten Zeitpunkt in der Vergangenheit beschreibt (eins = sehr viel geringer als früher, zehn = sehr viel stärker als früher).

Psalm 47

Was steht im Text?

1. Welche Gebote werden in diesem Psalm gegeben, und an wen sind sie gerichtet?
2. Jesus trägt uns auf, zuerst nach dem Reich Gottes und seiner Gerechtigkeit zu trachten (Matthäus 6,33). Was sagt dieser Psalm über das Reich Gottes aus?
3. Suchen Sie in jeder Strophe dieses Psalms ein *Schlüsselwort*, einen *Schlüsselbegriff* oder einen *Schlüsselsatz*.

Das Wesentliche erfassen

4. Was möchte Gott uns in diesem Psalm in bezug auf sich selbst klarmachen?

Psalm 48

Was steht im Text?

1. Zu welcher Schlußfolgerung gelangt der Psalmist in Vers 15? Und wie ist er Ihrer Meinung nach zu dieser Schlußfolgerung gekommen?
2. Welche Gebote werden in den Versen 13-14 gegeben, und welches ist Ihrer Meinung nach der Grund für diese Gebote?
3. Suchen Sie in jeder Strophe dieses Psalms ein *Schlüsselwort*, einen *Schlüsselbegriff* oder einen *Schlüsselsatz*.

Das Wesentliche erfassen

4. Wie würden Sie die Zuversicht erklären, die in Vers 15 zum Ausdruck kommt? Auf welcher Grundlage kommt der Psalmist zu dieser Schlußfolgerung?
5. Würden Sie nach dem, was Sie in diesem Psalm lesen, sagen, daß Gott in erster Linie als der Gott seines Volkes Israel oder der Gott der ganzen Erde angesehen werden möchte? Erklären Sie Ihre Antwort.

Für das Leben heute

6. Welchen Vers in diesem Psalm möchte Gott Ihnen Ihrer Meinung nach besonders ans Herz legen?

Psalm 49

Was steht im Text?

1. Welche Gebote werden in den ersten Versen dieses Psalms gegeben, und an wen sind sie gerichtet?
2. Suchen Sie in jeder Strophe dieses Psalms ein *Schlüsselwort*, einen *Schlüsselbegriff* oder einen *Schlüsselsatz*.

Das Wesentliche erfassen

3. Wie würden Sie in eigenen Worten die Bedeutung der Verse 8-10 erklären?
4. Welches ist die Basis für die Zuversicht in Vers 16?
5. Wie würden Sie in eigenen Worten das Volk beschreiben, von dem in den Versen 17-21 gesprochen wird?

Für das Leben heute

6. Möchte Gott uns Ihrer Meinung nach in diesem Psalm etwas klarmachen über das *Leben* oder über den *Tod?*
7. Mit welchem Maß an Zuversicht können Sie die Worte aus Vers 16 nachsprechen? Wenn Sie wissen, daß diese Worte auch für Sie gelten, *woher* nehmen Sie dieses Wissen?

Psalm 50

Was steht im Text?

1. Was möchte Gott uns in diesem Psalm in bezug auf sein Wesen klarmachen?
2. Welche Gebote gibt uns Gott in diesem Psalm?
3. Welche Warnungen spricht Gott in diesem Psalm aus?
4. Jesus trägt uns auf, zuerst nach dem Reich Gottes und seiner Gerechtigkeit zu trachten (Matthäus 6,33). Was wird in diesem Psalm über die Gerechtigkeit Gottes gesagt?
5. Suchen Sie in jeder Strophe dieses Psalms ein *Schlüsselwort*, einen *Schlüsselbegriff* oder einen *Schlüsselsatz*.

Das Wesentliche erfassen

6. Falls Sie nur diesen Psalm aus der Bibel zur Verfügung hätten, wie würden Sie einem anderen anhand dieses Psalms erklären, wie Gott ist?
7. Welche Überschrift würden Sie jedem der Psalmen 46-50 geben?

Für das Leben heute

8. In Philipper 4,8 heißt es: »Übrigens, Brüder, alles, was wahr, alles, was ehrbar, alles, was gerecht, alles, was rein, alles, was liebenswert, alles, was wohllautend ist, wenn es irgendeine Tugend und wenn es irgendein Lob gibt, das erwägt!« Welche Denkanstöße können Sie in Psalm 50 finden, die Ihnen als *wahr, ehrbar, gerecht, rein, liebenswert,* als *Tugend* und *Lob* ins Auge fallen?
9. Überfliegen Sie die Psalmen 46-50 und suchen Sie den Vers oder Abschnitt heraus, der Ihren eigenen geistlichen und emotionalen Zustand zum jetzigen Zeitpunkt am besten beschreibt.

Psalm 51

Einstieg: Ist es Ihnen schon einmal besonders schwergefallen, ein Bekenntnis Ihrer Schuld abzulegen? Wenn ja, bei welcher Gelegenheit?

Was steht im Text?

1. Als Hintergrundinformation zu diesem Psalm lesen Sie gemeinsam in 2. Samuel 11-12 von den tragischen Ereignissen in Davids Leben.
2. Wie würden Sie die Bitten Davids in diesem Psalm zusammenfassen?
3. Jesus trägt uns auf, zuerst nach dem Reich Gottes und seiner Gerechtigkeit zu trachten (Matthäus 6,33). Was möchte uns Gott in den Versen 15-21 in bezug auf seine Gerechtigkeit klarmachen?
4. Suchen Sie in jeder Strophe dieses Psalms ein *Schlüsselwort*, einen *Schlüsselbegriff* oder einen *Schlüsselsatz*.

Das Wesentliche erfassen

5. Welches sind nach dem, was Sie in diesem Psalm lesen, die wichtigsten Erkenntnisse Davids in bezug auf das Wesen und die Persönlichkeit Gottes?
6. Wie würde nach diesem Psalm David die Wörter *Buße* und *Vergebung* definieren?

Für das Leben heute

7. Denken Sie an die Zusage in 1. Johannes 1,9, daß Gott uns unsere Sünden vergeben und uns von aller Ungerechtigkeit reinigen wird, *wenn wir unsere Sünden bekennen*. Welche Wörter oder Sätze in diesem Psalm können uns zeigen, wie wir unsere persönlichen Sünden bekennen können?
8. Überlegen Sie, wie Sie auf der Grundlage dieses Psalms den folgenden Satz vervollständigen würden: Gott möchte eigentlich von mir, daß ich ...

Psalm 52

Was steht im Text?

1. Als Hintergrundinformation zu diesem Psalm lesen Sie gemeinsam, was in 1. Samuel 22,6-23 zu diesem Abschnitt im Leben Davids berichtet wird.
2. Welche prophetischen Worte spricht David in den Versen 7-9?

3. Suchen Sie in jeder Strophe dieses Psalms ein *Schlüsselwort*, einen *Schlüsselbegriff* oder einen *Schlüsselsatz*.
4. Was möchte Gott uns Ihrer Meinung nach durch diesen Psalm in bezug auf das klarmachen, was *falsch* ist und was *richtig*?

Das Wesentliche erfassen

5. Wie würden Sie nach dem, was Sie in diesem Psalm lesen, Davids Beziehung zu Gott beschreiben? Was bedeutet ihm Gott im Alltag? Worauf verläßt er sich?

Für das Leben heute

6. Sehen Sie sich noch einmal das Bild an, das David in Vers 10 für sein gegenwärtiges und zukünftiges Leben gebraucht. Ist dies auch ein Bild für Ihr Leben?

Psalm 53

Was steht im Text?

1. Vergleichen Sie diesen Psalm mit Psalm 14. Welche großen Unterschiede erkennen Sie in diesen beiden Psalmen?
2. Welche Frage stellt David in diesem Psalm?
3. Suchen Sie in jeder Strophe dieses Psalms ein *Schlüsselwort*, einen *Schlüsselbegriff* oder einen *Schlüsselsatz*.

Das Wesentliche erfassen

4. Welche Schlußfolgerungen können Sie aus Vers 3 in bezug auf die Persönlichkeit und das Wesen Gottes ziehen?
5. Welche Erkenntnis hatte David in bezug auf Gottes Plan und Ziel für sein Volk?
6. Wie hat Gott auf Davids Sehnsucht in Vers 7 geantwortet?

Für das Leben heute

7. Welchen Vers aus diesem Psalm möchte Gott Ihnen besonders ans Herz legen?

PSALM 54

WAS STEHT IM TEXT?

1. Als Hintergrundinformation zu diesem Psalm lesen Sie gemeinsam, was in 1. Samuel 23,15-29 geschrieben steht.
2. Suchen Sie in jeder Strophe dieses Psalms ein *Schlüsselwort*, einen *Schlüsselbegriff* oder einen *Schlüsselsatz*.
3. Worum bittet David Gott in diesem Psalm?
4. Welches Versprechen gibt David Gott am Ende dieses Psalms, und was ist der Grund für dieses Versprechen?

DAS WESENTLICHE ERFASSEN

5. Wie würden Sie nach dem, was Sie in diesem Psalm lesen, Davids Beziehung zu Gott beschreiben? Was bedeutet Gott ihm im Alltag? Worauf verläßt er sich?
6. Welche Überschrift würden Sie jedem der Psalmen 51-54 geben? (Diese Übung kann Ihnen helfen, sich auf die zentrale Aussage in jedem Psalm zu konzentrieren.)
7. Welche Hinweise finden Sie in den Psalmen 51-54 darauf, daß Gott vollkommene Ehrlichkeit und Offenheit in unseren Gebeten wichtig ist?

FÜR DAS LEBEN HEUTE

8. Wie stark spiegelt Vers 6 Ihre eigene Erfahrung mit Gott zum gegenwärtigen Zeitpunkt im Vergleich zu einem früheren Zeitpunkt wider? Nehmen Sie eine Skala von eins bis zehn als Bewertungshilfe (eins = sehr viel geringer als früher, zehn = sehr viel stärker als früher).
9. Überfliegen Sie die Psalmen 51-54 und suchen Sie den Vers oder Abschnitt heraus, der Ihren eigenen geistlichen oder emotionalen Zustand zum jetzigen Zeitpunkt am besten beschreibt.
10. In Römer 15,4 erinnert uns Paulus, daß die alttestamentlichen Schriften uns Geduld und Ausharren, aber auch Trost und Ermutigung geben können. Inwiefern werden die Psalmen in Ihrem Leben dieser Beschreibung gerecht? Inwiefern kann dieses Buch Ihr Bedürfnis nach *Ausharren* und *Ermutigung* erfüllen?

Psalm 55

Einstieg: Wie können wir es Ihrer Meinung nach schaffen, daß Gefahr und Probleme in unserem Leben uns in ein intensiveres Gebetsleben und zur fröhlicheren Anbetung Gottes führen?

Was steht im Text?

1. Welche Prophezeiung spricht David in den Versen 20 und 24 aus?
2. Welches Gebot und welche Verheißungen werden in Vers 23 kombiniert?
3. Worum bittet David Gott in diesem Psalm?
4. Suchen Sie in jeder Strophe dieses Psalms ein *Schlüsselwort*, einen *Schlüsselbegriff* oder einen *Schlüsselsatz*.

Das Wesentliche erfassen

5. Inwiefern kann dieser Psalm uns helfen zu beten, wenn wir uns in schwierigen Lebenssituationen befinden, wenn wir Schmerz erfahren, Probleme haben oder einsam sind?
6. Wie würden Sie nach dem, was Sie in diesem Psalm lesen, Davids Beziehung zu Gott beschreiben? Was bedeutet Gott ihm im Alltag? Worauf verläßt er sich?

Für das Leben heute

7. Wie kann man Ihrer Meinung nach ganz praktisch das Gebot in Vers 23 befolgen?

Psalm 56

Was steht im Text?

1. Lesen Sie als Hintergrundinformation zu diesem Psalm, was in 1. Samuel 21,10-15 zu diesem Abschnitt von Davids Leben geschrieben steht.
2. Was nimmt David sich in diesem Psalm vor?
3. Suchen Sie in jeder Strophe dieses Psalms ein *Schlüsselwort*, einen *Schlüsselbegriff* oder einen *Schlüsselsatz*.

Das Wesentliche erfassen

4. Welche wichtigen Erkenntnisse hat David in bezug auf die Persönlichkeit und das Wesen Gottes?
5. Wie würden Sie nach dem, was Sie in diesem Psalm lesen, Davids Grundhaltung im Leben beschreiben?

Für das Leben heute

6. Sehen Sie sich an, was David sich in diesem Psalm vornimmt. Haben Sie dieselben Vorsätze? Wenn ja, bis zu welchem Grad wollen Sie sie jetzt erneuern?

Psalm 57

Was steht im Test?

1. Als Hintergrundinformation zu diesem Psalm lesen Sie gemeinsam, was in 1. Samuel 24 zu diesen Ereignissen in Davids Leben geschrieben steht.
2. Welche Vorsätze faßt David in diesem Psalm?
3. Suchen Sie in jeder Strophe dieses Psalms ein *Schlüsselwort*, einen *Schlüsselbegriff* oder einen *Schlüsselsatz*.
4. Wofür genau *lobt* David Gott in diesem Psalm?

Das Wesentliche erfassen

5. Wie würden Sie nach dem, was Sie in diesem und anderen Psalmen gelesen haben, Davids Persönlichkeit beschreiben?

Für das Leben heute

6. Falls Sie einen Teil oder diesen ganzen Psalm zu einer Beschreibung Ihrer gegenwärtigen Haltung Gott gegenüber umformulieren sollten, wie würden Sie beginnen? Wie würde »Vers 1« in Ihrem persönlichen »Psalm 57« lauten?
7. In Jesaja 55,10-11 erinnert uns Gott daran, daß er Regen und Schnee vom Himmel schickt, um die Erde zu bewässern und das Leben zu erhalten. So wird auch sein Wort einen ganz bestimmten Zweck erfüllen. Was möchte Gott Ihrer Meinung nach mit dem Buch der Psalmen im Leben der Christen heute bewirken?

Psalm 58

Was steht im Text?

1. Wie würden Sie die Prophezeiung Davids in den Versen 10-12 zusammenfassen?
2. Worum bittet David Gott in diesem Psalm?
3. Suchen Sie in jeder Strophe dieses Psalms ein *Schlüsselwort*, einen *Schlüsselbegriff* oder einen *Schlüsselsatz*.

Das Wesentliche erfassen

4. Welches sind Ihrer Meinung nach Davids *Motive* hinter den Worten gegen seine Feinde in den Versen 7-9?
5. Was weiß David über das Wesen Gottes?

Psalm 59

Was steht im Text?

1. Lesen Sie als Hintergrundinformation zu diesem Psalm, was in 1. Samuel 19 zu den Ereignissen in Davids Leben geschrieben steht.
2. Welche Bitten richtet David in diesem Psalm an Gott?
3. Was nimmt sich David in diesem Psalm vor? Und welches sind Ihrer Meinung nach die Gründe für diese Vorsätze?
4. Wie beschreibt David Gott in den Versen 10 und 18?
5. Suchen Sie in jeder Strophe dieses Psalms ein *Schlüsselwort*, einen *Schlüsselbegriff* oder einen *Schlüsselsatz*.

Das Wesentliche erfassen

6. Wie würden Sie nach dem, was Sie in diesem Psalm lesen, Davids Beziehung zu Gott beschreiben? Was bedeutet Gott ihm im Alltag? Worauf verläßt er sich?
7. Inwiefern kann dieser Psalm uns helfen zu beten, wenn wir uns in schwierigen Lebenssituationen befinden, wenn wir Schmerz erfahren, Probleme haben oder in Gefahr schweben?
8. Welche Überschrift würden Sie jedem der Psalmen 55-59 geben?

9. Welche Hinweise finden Sie in den Psalmen 55-59 darauf, daß Gott vollkommene Ehrlichkeit und Offenheit in unseren Gebeten wichtig ist?

Für das Leben heute

10. Würden Sie sagen, daß Davids Worte in Vers 18 Ihre eigene Haltung Gott gegenüber zum gegenwärtigen Zeitpunkt Ihres Lebens widerspiegeln?
11. Überfliegen Sie die Psalmen 55-59 und suchen Sie den Vers oder Abschnitt heraus, der Ihren eigenen geistlichen und emotionalen Zustand zum jetzigen Zeitpunkt am besten beschreibt.

Psalm 60

Einstieg: Haben Sie sich schon einmal von Gott zurückgewiesen gefühlt? Wenn ja, was war der Grund für dieses Gefühl?

Was steht im Text?

1. Suchen Sie in jeder Strophe dieses Psalms ein *Schlüsselwort*, einen *Schlüsselbegriff* oder einen *Schlüsselsatz*.
2. Welche Bitten werden in diesem Psalm an Gott gerichtet?

Das Wesentliche erfassen

3. Wie würden Sie die Bedeutung der Worte Gottes in den Versen 8-10 erklären?
4. Welche Hilfe bietet dieser Psalm für den Umgang mit tiefem Leid in unserem Leben?
5. Denken Sie an die Beschreibung Davids als einen »Mann nach dem Herzen Gottes«. Welche wichtigen Dinge zeigt uns dieser Psalm in bezug auf Davids Herzenshaltung? Welches sind seine Wünsche und Sehnsüchte?

Für das Leben heute

6. Haben Sie das, was in den Versen 13-14 steht, schon einmal in Ihrem Leben erfahren?

Psalm 61

Was steht im Text?

1. Suchen Sie in jeder Strophe dieses Psalms ein *Schlüsselwort*, einen *Schlüsselbegriff* oder einen *Schlüsselsatz*.
2. Welche Bitten richtet David in diesem Psalm an Gott?
3. Welche Sehnsüchte Davids kommen in diesem Psalm zum Ausdruck?
4. Was nimmt sich David in diesem Psalm vor?

Das Wesentliche erfassen

5. Lesen Sie den letzten Teil von Vers 6. Was bedeutet es, Gottes *Namen* zu fürchten?
6. Ebenfalls in Vers 6 spricht David von einem Erbteil. Um welches Erbteil handelt es sich Ihrer Meinung nach?
7. Denken Sie an die Beschreibung Davids als einen »Mann nach dem Herzen Gottes«. Was sagt dieser Psalm über Davids Herzenshaltung aus? Welches sind seine Wünsche und Sehnsüchte?
8. Was ist für David nach dem, was Sie in diesem Psalm lesen, das Wichtigste im Leben?

Für das Leben heute

9. Falls Sie einen Teil oder diesen ganzen Psalm zu einer Beschreibung Ihrer gegenwärtigen Haltung Gott gegenüber umformulieren sollten, wie würden Sie beginnen? Wie würde »Vers 1« in Ihrem persönlichen »Psalm 61« lauten?

Psalm 62

Was steht im Text?

1. Was möchte David uns in diesem Psalm in bezug auf Gott klarmachen?
2. Suchen Sie in jeder Strophe dieses Psalms ein *Schlüsselwort*, einen *Schlüsselbegriff* oder einen *Schlüsselsatz*.

Das Wesentliche erfassen

3. Was wird uns in den Versen 12-13 in bezug auf das Wesen Gottes gesagt?

4. Denken Sie, daß Davids Worte in diesem Psalm sein *Herzens*wissen wiedergeben und nicht nur sein *Kopf*wissen? Wenn das so ist, wie begründen Sie Ihre Meinung?
5. Wie ist David Ihrer Meinung nach zu seiner Schlußfolgerung in der letzten Zeile dieses Psalms gekommen?

Für das Leben heute

6. Sehen Sie sich noch einmal an, zu welcher Erkenntnis David am Ende von Vers 13 kommt. Was wird diese Erkenntnis im Leben eines Menschen bewirken, der fest daran glaubt?

Psalm 63

Was steht im Text?

1. Lesen Sie als Hintergrundinformation zu diesem Psalm, was in 2. Samuel 15,23-30; 16,13-14 und 17,27-29 zu diesem Abschnitt im Leben Davids geschrieben steht.
2. Was nimmt sich David in den Versen 4-6 vor? Und welches sind die Gründe für diese Vorsätze?
3. Welche Prophezeiung gibt David in den Versen 10-12?
4. Suchen Sie in jeder Strophe dieses Psalms ein *Schlüsselwort*, einen *Schlüsselbegriff* oder einen *Schlüsselsatz*.

Das Wesentliche erfassen

5. Wie würden Sie nach dem, was Sie in diesem Psalm lesen, Davids Beziehung zu Gott beschreiben? Was bedeutet Gott ihm in seinem Alltag? Worauf verläßt er sich?

Für das Leben heute

6. Wenn Sie einen Teil oder diesen ganzen Psalm zu einer Beschreibung Ihrer gegenwärtigen Haltung Gott gegenüber umformulieren sollten, wie würden Sie beginnen? Wie würde »Vers 1« in Ihrem persönlichen »Psalm 63« lauten?

Psalm 64

Was steht im Text?

1. Suchen Sie in jeder Strophe dieses Psalms ein *Schlüsselwort*, einen *Schlüsselbegriff* oder einen *Schlüsselsatz*.
2. Welche Bitten richtet David in diesem Psalm an Gott?
3. Welche Prophezeiung spricht David in den Versen 8-10 aus?
4. Wie würden Sie nach dem, was Sie in diesem Psalm lesen, die Erkenntnisse Davids in bezug auf Gottes Wesen zusammenfassen?

Das Wesentliche erfassen

5. Inwiefern kann dieser Psalm uns helfen zu beten, wenn wir uns in schwierigen Lebenssituationen befinden, wenn wir Schmerz erfahren oder Probleme haben?

Für das Leben heute

6. Lesen Sie noch einmal, was David in Vers 11 schreibt. Wie können Sie diese Worte zum gegenwärtigen Zeitpunkt in Ihrem Leben befolgen?

Psalm 65

Was steht im Text?

1. Suchen Sie in jeder Strophe dieses Psalms ein *Schlüsselwort*, einen *Schlüsselbegriff* oder einen *Schlüsselsatz*.
2. Wofür *lobt* David Gott in diesem Psalm?
3. Welche Hinweise finden wir in diesem Psalm darauf, wie wir am besten glücklich werden können?
4. Wenn Sie nur diesen Psalm aus der Bibel zur Verfügung hätten, wie würden Sie damit einem anderen Menschen das Wesen Gottes erklären?

Das Wesentliche erfassen

5. Was möchte Gott uns mit diesem Psalm in bezug auf die Erde und unsere Umwelt klarmachen (vor allem mit den Versen 10-14)?
6. Welche Überschrift würden Sie jedem der Psalmen 60-65 geben?

7. Welche Hinweise finden Sie in den Psalmen 60-65 darauf, daß Gott vollkommene Ehrlichkeit und Offenheit in unseren Gebeten wichtig ist?

Für das Leben heute

8. Bis zu welchem Grad sind die Worte in Vers 5 eine genaue Widerspiegelung der Erfahrung Ihrer Gemeinde zum gegenwärtigen Zeitpunkt?
9. In Philipper 4,8 heißt es: »Übrigens, Brüder, alles, was wahr, alles, was ehrbar, alles, was gerecht, alles, was rein, alles, was liebenswert, alles, was wohllautend ist, wenn es irgendeine Tugend und wenn es irgendein Lob gibt, das erwägt!« Welche Denkanstöße können Sie in diesem Psalm finden, die Ihnen als *wahr, ehrbar, gerecht, rein, liebenswert,* als *Tugend* und *Lob* ins Auge fallen?
10. Überfliegen Sie die Psalmen 60-65 und suchen Sie den Vers oder Abschnitt heraus, der Ihren eigenen geistlichen und emotionalen Zustand zum jetzigen Zeitpunkt am besten beschreibt.

Psalm 66

Einstieg: Haben Sie das Lob Gottes schon einmal buchstäblich laut hinausgesungen? Wie kam das?

Was steht im Text?

1. Welche Gebote werden in diesem Psalm gegeben, und an wen sind sie gerichtet?
2. Welche Vorsätze werden in diesem Psalm ausgesprochen?
3. Suchen Sie in jeder Strophe dieses Psalms ein *Schlüsselwort*, einen *Schlüsselbegriff* oder einen *Schlüsselsatz*.

Das Wesentliche erfassen

4. Welche Erkenntnisse in bezug auf das Wesen und die Persönlichkeit Gottes werden in Vers 7 genannt? Formulieren Sie in eigenen Worten.

Für das Leben heute

5. Sehen Sie sich die Beschreibung in Vers 10 noch einmal an. Wie hat Gott Sie schon einmal geprüft?

Psalm 67

Was steht im Text?

1. Welche Zukunftsvision wird in den Versen 7-8 gegeben?

Das Wesentliche erfassen

2. Welche Perspektiven bietet dieser Psalm in bezug auf Evangelisation?
3. Würden Sie nach dem, was Sie in diesem Psalm lesen, sagen, daß Gott in erster Linie als der Gott seines Volkes Israel gesehen werden möchte oder als der Gott der ganzen Erde? Erklären Sie Ihre Antwort.

Für das Leben heute

4. Inwiefern, falls überhaupt, spiegeln die Worte in den Versen 7-8 Ihre eigene Vision für die Zukunft wider?
5. Inwiefern kann dieser Psalm ein Modell für das Gebet für Nichtchristen sein?

Psalm 68

Was steht im Text?

1. Welche Taten Gottes anerkennt David in diesem Psalm? Was hat Gott bereits getan?
2. Fassen Sie alle Prophezeiungen zusammen, die David in der letzten Hälfte dieses Psalms gibt. Welche davon haben sich bereits erfüllt, und welche müssen noch erfüllt werden?
3. Welche Bitten richtet David in den Versen 29-31 an Gott?
4. Wie würden Sie die Gebote in den Versen 5, 27 und 33-35 zusammenfassen?
5. Suchen Sie in jeder Strophe dieses Psalms ein *Schlüsselwort*, einen *Schlüsselbegriff* oder einen *Schlüsselsatz*.

Das Wesentliche erfassen

6. Welche wichtigen Erkenntnisse gewinnt David in diesem Psalm in bezug auf das Wesen und die Persönlichkeit Gottes?
7. Welche Überschrift würden Sie jedem der Psalmen 66-68 geben?

Für das Leben heute

8. Wenn Gott diesen Psalm nur für Sie geschrieben hätte, welche Wörter oder Begriffe hätte er Ihrer Meinung nach unterstrichen?
9. Überfliegen Sie die Psalmen 66-68 und suchen Sie den Vers oder Abschnitt heraus, der Ihren eigenen geistlichen und emotionalen Zustand zum jetzigen Zeitpunkt am besten beschreibt.

Zur Vertiefung

Vergleichen Sie Vers 19 mit Epheser 4,8-10, um zu sehen, wie das Leben und der Dienst von Jesus, dem Messias, in den Psalmen vorhergesagt wird.

Psalm 69

Einstieg: Sind Sie schon einmal dem Ertrinken nahe gewesen? Wenn ja, woran können Sie sich noch erinnern?

Was steht im Text?

1. Suchen Sie in jeder Strophe dieses Psalms ein *Schlüsselwort*, einen *Schlüsselbegriff* oder einen *Schlüsselsatz*.
2. Welche Bitten richtet David in diesem Psalm an Gott?
3. Was nimmt David sich in Vers 31 vor, und warum faßt er diesen Vorsatz?

Das Wesentliche erfassen

4. Wie würden Sie nach dem, was Sie in diesem Psalm lesen, Davids Beziehung zu Gott beschreiben? Was bedeutet ihm Gott in seinem Alltag? Worauf verläßt er sich?
5. Welche Erklärung gibt uns der Herr in diesem Psalm dafür, was *Glaube an Gott* tatsächlich bedeutet?
6. Welches sind Ihrer Meinung nach die wichtigsten *Motive* hinter Davids Worten gegen seine Feinde in den Versen 23-29?
7. Stellen Sie sich vor, Sie würden sich im Tempel in Jerusalem aufhalten, als der zwölfjährige Jesus hört, wie dieser Psalm von den jüdischen Schriftgelehrten vorgelesen und ausgelegt wird. Welche Verse dieses Psalms würden ihn wohl besonders beeindruckt haben? Welche Fragen würde er Ihrer Meinung nach gestellt, welche Kommentare abgegeben haben?

Für das Leben heute

8. Haben Sie sich in Ihrem Leben schon einmal mit den Worten Davids in Vers 4 identifizieren können?

Zur Vertiefung

Abgesehen von Psalm 22 wird dieser Psalm im Neuen Testament häufiger zitiert als jeder andere Psalm. Welche Teile dieses Psalms weisen auf das Leiden Christi hin? (Als Hintergrundinformation lesen Sie Matthäus 27,34 und 27,48, Johannes 2,15-17; 15,23-25 und 19,28-30 und Apostelgeschichte 1,15-22.)

Psalm 70

Was steht im Text?

1. Welche Bitten richtet David an Gott?
2. Suchen Sie in jeder Strophe dieses Psalms ein *Schlüsselwort*, einen *Schlüsselbegriff* oder einen *Schlüsselsatz*.

Das Wesentliche erfassen

3. Inwiefern kann dieser Psalm uns helfen zu beten, wenn wir uns in schwierigen Lebenssituationen befinden, wenn wir Schmerz erfahren oder Probleme haben?
4. Wie würden Sie nach dem, was Sie in diesem Psalm lesen, Davids Beziehung zu Gott beschreiben?

Für das Leben heute

5. Könnten Sie sich zum gegenwärtigen Zeitpunkt Ihres Lebens voll und ganz mit Davids Worten in der ersten Zeile von Vers 6 identifizieren?

Psalm 71

Was steht im Text?

1. Welche Ausdrücke geben einen Hinweis auf das Alter dieses Psalmschreibers?
2. Welche Bitten richtet der Schreiber dieses Psalms an Gott?

3. Welche Vorsätze werden gefaßt?
4. Jesus trägt uns auf, zuerst nach dem Reich Gottes und seiner Gerechtigkeit zu trachten (Matthäus 6,33). Was möchte Gott uns in den Versen 14-19 in bezug auf seine Gerechtigkeit klarmachen?
5. Suchen Sie in jeder Strophe dieses Psalms ein *Schlüsselwort*, einen *Schlüsselbegriff* oder einen *Schlüsselsatz*.

Das Wesentliche erfassen

6. Wie würden Sie die Zuversicht erklären, die in den Versen 20-21 zum Ausdruck kommt? Auf welcher Basis gewinnt der Psalmist diese Zuversicht?

Für das Leben heute

7. Beschreiben Sie, nachdem Sie diesen Psalm gelesen haben, wie Ihr Leben mit fünfundsechzig aussehen soll (oder mit fünfundsiebzig oder mit fünfundachtzig).

Psalm 72

Was steht im Text?

1. Welche Bitten richtet Salomo in diesem Psalm an Gott?
2. Wie beschreibt Salomo das Wesen der Königsherrschaft in diesem Psalm?
3. Suchen Sie in jeder Strophe dieses Psalms ein *Schlüsselwort*, einen *Schlüsselbegriff* oder einen *Schlüsselsatz*.

Das Wesentliche erfassen

4. Möchte Gott nach dem, was Sie in den Versen 17-19 lesen, in erster Linie als der Gott seines Volkes Israel oder als der Gott der ganzen Welt angesehen werden? Erklären Sie Ihre Antwort.
5. Welche Verse aus diesem Psalm würden den zwölfjährigen Jesus wohl besonders beeindruckt haben, wenn dieser Psalm im Tempel von Jerusalem von den jüdischen Schriftgelehrten ausgelegt worden wäre, und welche Fragen würde er wohl gestellt, welche Kommentare abgegeben haben?
6. Welche Überschrift würden Sie jedem der Psalmen 69-72 geben?
7. Welche Hinweise finden Sie in den Psalmen 69-72 darauf, daß Gott vollkommene Ehrlichkeit und Offenheit in unseren Gebeten wichtig ist?

Für das Leben heute

8. Überfliegen Sie die Psalmen 69-72 und suchen Sie den Vers oder Abschnitt heraus, der Ihren eigenen geistlichen und emotionalen Zustand zum jetzigen Zeitpunkt am besten beschreibt.

Psalm 73

Einstieg: Überlegen Sie, welche der folgenden Situationen Sie am meisten beunruhigen würden: a) alle reichen Leute in Ihrem Ort werden gottlos oder b) alle gottlosen Leute in Ihrem Ort werden reich.

Was steht im Text?

1. Mit welcher Aussage beginnt Asaph seinen Psalm?
2. Von welcher Gefahr spricht Asaph in den Versen 2-3?
3. Sehen Sie sich die Schlußfolgerungen an, zu denen Asaph in den Versen 4-12 in bezug auf die Gottlosen kommt. Welche Aussagen lassen darauf schließen, daß Asaph sowohl ihr äußeres Verhalten als auch ihre inneren Motive versteht?
4. Zu welcher Schlußfolgerung in bezug auf sich selbst kommt Asaph in den Versen 13-14, nachdem er die Gottlosen beobachtet hat?
5. Was hat Asaph veranlaßt, seinen Blick *von* den Gottlosen zu nehmen und *auf* Gott zu richten?
6. Welche Erkenntnisse bekommt Asaph in den Versen 18-28, nachdem er seinen Blick auf Gott gerichtet hatte?
7. Was nimmt sich Asaph am Ende dieses Psalms vor?
8. Suchen Sie in jeder Strophe dieses Psalms ein *Schlüsselwort*, einen *Schlüsselbegriff* oder einen *Schlüsselsatz*.

Das Wesentliche erfassen

9. Wie würden Sie nach dem, was Sie in diesem Psalm lesen, Asaphs Beziehung zu Gott beschreiben? Was bedeutet Gott ihm in seinem Alltag? Worauf vertraut er?
10. Was möchte Gott uns Ihrer Meinung nach durch diesen Psalm in bezug auf das klarmachen, was *falsch* ist und was *richtig*?
11. Was möchte Gott uns Ihrer Meinung nach in den Versen 23-28 in bezug auf seine Gegenwart in unserem Leben klarmachen?

Für das Leben heute

12. Welche Wörter in den Versen 23-28 sind für Sie in Ihrer Beziehung zu Gott von besonderer Bedeutung?
13. In Philipper 4,8 heißt es: »Übrigens, Brüder, alles, was wahr, alles, was ehrbar, alles, was gerecht, alles, was rein, alles, was liebenswert, alles, was wohllautend ist, wenn es irgendeine Tugend und wenn es irgendein Lob gibt, das erwägt!« Welche Denkanstöße können Sie in diesem Psalm finden, die Ihnen als *wahr, ehrbar, gerecht, rein, liebenswert*, als *Tugend* und *Lob* ins Auge fallen?

Psalm 74

Was steht im Text?

1. Dieser Psalm läßt sich sehr leicht in zwei Hauptteile unterteilen, die jeweils eine ganz andere Stimmung wiedergeben. Welcher Vers markiert Ihrer Meinung nach den großen Wendepunkt in der Struktur dieses Psalms?
2. Welche Fragen stellt Asaph in diesem Psalm?
3. Welche Bitten richtet er an Gott?
4. Wie würden Sie Asaphs große Ängste beschreiben, die in diesem Psalm zum Ausdruck kommen?
5. Was sagt Asaph in den Versen 12-17 über Gott?
6. Jesus trägt uns auf, zuerst nach dem Reich Gottes und seiner Gerechtigkeit zu trachten (Matthäus 6,33). Was möchte Gott uns in den Versen 12-17 in bezug auf sein Reich klarmachen?
7. Suchen Sie in jeder Strophe dieses Psalms ein *Schlüsselwort*, einen *Schlüsselbegriff* oder einen *Schlüsselsatz*.

Das Wesentliche erfassen

8. Welche Hilfestellung bietet dieser Psalm für den Umgang mit tiefem Leid?
9. Zu welcher Schlußfolgerung können Sie nach dem, was Sie in den Versen 16-17 lesen, in bezug auf das Wesen und die Persönlichkeit Gottes kommen?

Für das Leben heute

10. Sehen Sie sich die Verse 22-23 noch einmal an. Welches ist die *Sache* Gottes heute, und wer sind seine Feinde?

Psalm 75

Was steht im Text?

1. Asaph beginnt seinen Psalm mit einem Dank an Gott. Wofür ist er besonders dankbar?
2. Was nimmt sich Asaph in den letzten Versen dieses Psalms vor?
3. Suchen Sie in jeder Strophe dieses Psalms ein *Schlüsselwort*, einen *Schlüsselbegriff* oder einen *Schlüsselsatz*.

Das Wesentliche erfassen

4. Was möchte Gott uns in diesem Psalm in bezug auf sich selbst klarmachen?
5. Welche Überschrift würden Sie jedem der Psalmen 73-75 geben?
6. Welche Hinweise finden Sie in den Psalmen 73-75 darauf, daß Gott vollkommene Ehrlichkeit und Offenheit in unseren Gebeten wichtig ist?

Für das Leben heute

7. Welche Verse in diesem Psalm möchte Gott Ihnen Ihrer Meinung nach besonders ans Herz legen?
8. Überfliegen Sie die Psalmen 73-75 und suchen Sie den Vers oder Abschnitt heraus, der Ihren eigenen geistlichen und emotionalen Zustand zum jetzigen Zeitpunkt am besten beschreibt.

Psalm 76

Einstieg: Hat es in Ihrem Leben schon einmal Zeiten gegeben, wo es für Sie ganz besonders wichtig war, die Macht Gottes zu verstehen?

Was steht im Text?

1. Was wird dem Volk Gottes in Vers 12 zu tun aufgetragen?
2. Suchen Sie in jeder Strophe dieses Psalms ein *Schlüsselwort*, einen *Schlüsselbegriff* oder einen *Schlüsselsatz*.

Das Wesentliche erfassen

3. Sehen Sie sich Vers 11 noch einmal an. Wie würden Sie in eigenen Worten seine Bedeutung erklären?

Für das Leben heute

4. Würden Sie sagen, daß der Vers 12 auch für uns heute gilt? Wie könnten Sie dieser Aufforderung nachkommen?
5. In Jeremia 23,29 sagt Gott, daß sein Wort wie ein Feuer und wie ein Hammer ist. Er kann durch sein Wort unsere unsauberen Gedanken und Sehnsüchte wegbrennen. Mit seinem Wort kann er uns aber auch hart treffen und unsere geistliche Härte zerschmettern. Wie würden Sie diese »Feuer-und-Hammer-Macht« Gottes in Ihrem Leben gern am Werk sehen?

Psalm 77

Was steht im Text?

1. Welche Fragen stellt Asaph in diesem Psalm? Und wie wird Gott Ihrer Meinung nach auf jede einzelne antworten?
2. Suchen Sie in jeder Strophe dieses Psalms ein *Schlüsselwort*, einen *Schlüsselbegriff* oder einen *Schlüsselsatz*.

Das Wesentliche erfassen

3. Was wird in den Versen 14-21 über das Wesen und die Persönlichkeit Gottes ausgesagt?

Für das Leben heute

4. Inwiefern kann dieser Psalm uns helfen, Gottes Hilfe in schwierigen Zeiten zu suchen?
5. Falls Sie einen Teil oder diesen ganzen Psalm zu einer Beschreibung Ihrer gegenwärtigen Haltung Gott gegenüber umformulieren sollten, wie würden Sie beginnen? Wie würde Vers 2 in Ihrem persönlichen Psalm 77 lauten?

Psalm 78

Was steht im Text?

1. Was nimmt Asaph sich in den ersten Versen dieses Psalms vor?
2. Welche wichtigen Ereignisse in der Geschichte Israels sind in diesem Psalm beschrieben?

3. Neben Gott wird nur noch eine andere Person in dieser Zusammenfassung der Geschichte Israels genannt. Wer ist diese Person? (Die Namen Jakob, Israel und Ephraim beziehen sich auf ein Volk und einen Stamm.)
4. Suchen Sie in jeder Strophe dieses Psalms ein *Schlüsselwort*, einen *Schlüsselbegriff* oder einen *Schlüsselvers*.

Das Wesentliche erfassen

5. Könnte man diesen Psalm als eine Würdigung der Geschichte Israels bezeichnen oder ist er eher eine Warnung an das Volk aufgrund seiner Geschichte?
6. Welche Überschrift würden Sie jedem der Psalmen 76-78 geben?
7. Welche Hinweise finden Sie in den Psalmen 76-78 darauf, daß Gott vollkommene Ehrlichkeit und Offenheit in unseren Gebeten wichtig ist?

Für das Leben heute

8. Wenn stimmt, daß *die Vergangenheit die beste Lehre für die Zukunft ist*, welche wichtigen Lektionen können wir als Volk Gottes heute diesem Psalm entnehmen?
9. Überfliegen Sie die Psalmen 76-78 und suchen Sie den Vers oder Abschnitt heraus, der Ihren eigenen geistlichen und emotionalen Zustand zum jetzigen Zeitpunkt am besten beschreibt.

Psalm 79

Einstieg: Sind Sie im Leben schon einmal vollkommen hilflos gewesen?

Was steht im Text?

1. Suchen Sie in jeder Strophe dieses Psalms ein *Schlüsselwort*, einen *Schlüsselbegriff* oder einen *Schlüsselsatz*.
2. Worum bittet Asaph Gott in diesem Psalm?
3. Welchen Grund gibt Asaph in Vers 9 dafür an, daß er Gott um seine Hilfe bittet?
4. Welche Zukunftsvision hat Asaph in Vers 13?
5. Wie würden Sie den Grundtenor dieses Psalms beschreiben?

Das Wesentliche erfassen

6. Welche Hilfestellung bietet dieser Psalm für den Umgang mit tiefem Leid in unserem Leben?
7. Was bedeutet es, den *Namen* Gottes anzurufen, wie es in Vers 6 heißt?

Für das Leben heute

8. Wie wichtig ist es, dieselben Motive zu haben, wie Asaph sie in Vers 9 beschreibt, wenn wir Gott um Hilfe bitten?

Psalm 80

Was steht im Text?

1. Welche Frage stellt Asaph in Vers 5?
2. Welche Bitten richtet Asaph in diesem Psalm an Gott?
3. In welchem Zusammenhang spricht Asaph von der *Hand* und dem *Angesicht* Gottes?
4. Suchen Sie in jeder Strophe dieses Psalms ein *Schlüsselwort*, einen *Schlüsselsatz* oder einen *Schlüsselbegriff*.

Das Wesentliche erfassen

5. Welche Hilfestellung bietet dieser Psalm für den Umgang mit tiefem Leid in unserem Leben?

Für das Leben heute

6. Lesen Sie die Verse 18-20 noch einmal. Welchen der darin vorkommenden Ausdrücke würden Sie gern in Ihren Gebeten häufiger verwenden?

Psalm 81

Was steht im Text?

1. Welche Zusagen macht Gott in diesem Psalm?
2. Suchen Sie in jeder Strophe dieses Psalms ein *Schlüsselwort*, einen *Schlüsselbegriff* oder einen *Schlüsselsatz*.

Das Wesentliche erfassen

3. Wie würden Sie nach dem, was Sie in diesem Psalm lesen, die Lebensqualität beschreiben, die das Volk nach dem Willen Gottes erfahren sollte?

Für das Leben heute

4. Wenn Gott diesen Psalm nur für Sie geschrieben hätte, welche Wörter oder Ausdrücke hätte er wohl unterstrichen – und warum?

Psalm 82

Was steht im Text?

1. Wer sind die »Herrscher« oder »Götter«, an die sich der Herr wendet?
2. Welche Frage stellt Gott ihnen in Vers 2?
3. Welche Gebote gibt Gott in den Versen 3-4 weiter?
4. Welche Beobachtungen macht Gott in Vers 5 in bezug auf seine Zuhörer?
5. Welche Prophezeiung gibt Gott in den Versen 6-7?
6. Welches Gebet spricht Asaph in Vers 8, und wie würden Sie es mit Ihren Worten erklären?
7. Suchen Sie in jeder Strophe dieses Psalms ein *Schlüsselwort*, einen *Schlüsselbegriff* oder einen *Schlüsselsatz*.

Das Wesentliche erfassen

8. Welche Überschrift würden Sie jedem der Psalmen 79-82 geben?
9. Welche Hinweise finden Sie in den Psalmen 79-82 darauf, daß Gott vollkommene Ehrlichkeit und Offenheit in unseren Gebeten wichtig ist?

Für das Leben heute

10. Überfliegen Sie die Psalmen 79-82 und suchen Sie den Vers oder Abschnitt heraus, der Ihren eigenen geistlichen und emotionalen Zustand zum jetzigen Zeitpunkt am besten beschreibt.

Psalm 83

Einstieg: Haben Sie in Ihrem Leben schon einmal eine Phase erlebt, wo Gott zu schweigen schien? Erzählen Sie davon.

Was steht im Text?

1. Suchen Sie in jeder Strophe dieses Psalms ein *Schlüsselwort*, einen *Schlüsselbegriff* oder einen *Schlüsselsatz*.
2. Worum bittet Asaph Gott in diesem Psalm?

Das Wesentliche erfassen

3. Welche Hilfestellung bietet dieser Psalm für den Umgang mit tiefem Leid in unserem Leben?
4. Welches sind Ihrer Meinung nach die Hauptmotive hinter Asaphs Worten gegen seine Feinde in den Versen 10-18? (Sehen Sie sich vor allem Vers 17 an.)

Psalm 84

Was steht im Text?

1. Welche Hinweise gibt dieser Psalm, wie man am besten glücklich werden kann?
2. Suchen Sie in jeder Strophe dieses Psalms ein *Schlüsselwort*, einen *Schlüsselbegriff* oder einen *Schlüsselsatz*.

Das Wesentliche erfassen

3. Was wird in Vers 12 über das Wesen und die Persönlichkeit Gottes gesagt?

Für das Leben heute

4. Überlegen Sie, wie ausgeprägt Ihr Wunsch ist, Gott besser kennenzulernen, und stellen Sie sich die folgende Frage: Welche Aussagen dieses Psalms möchte Gott mir zum gegenwärtigen Zeitpunkt meines Lebens besonders ans Herz legen?

Psalm 85

Was steht im Text?

1. Welche Fragen werden in diesem Psalm gestellt?
2. Worum bittet der Psalmist in den Versen 5 und 8?
3. Welchen Vorsatz faßt der Psalmist in Vers 9?
4. Welches Bild möchte der Psalmist uns in den Versen 11-12 vor Augen stellen?
5. Jesus trägt uns auf, zuerst nach dem Reich Gottes und seiner Gerechtigkeit zu trachten (Matthäus 6,33). Was sagt dieser Psalm Ihrer Meinung nach über die Gerechtigkeit Gottes aus?
6. Suchen Sie in jeder Strophe dieses Psalms ein *Schlüsselwort*, einen *Schlüsselbegriff* oder einen *Schlüsselvers*.

Das Wesentliche erfassen

7. Welches ist Ihrer Meinung nach die Basis für die zuversichtlichen Worte des Psalmisten in den Versen 13-14?

Für das Leben heute

8. Wenn stimmt, daß man »wird, wie man denkt«, welche wichtigen Verse aus diesem Psalm möchten Sie sich zu eigen machen?

Psalm 86

Was steht im Text?

1. Suchen Sie in jeder Strophe dieses Psalms ein *Schlüsselwort*, einen *Schlüsselbegriff* oder einen *Schlüsselsatz*.
2. Welche Bitten richtet David in diesem Psalm an Gott?
3. Welche Vorsätze faßt David in diesem Psalm?
4. Welche Zukunftsvision hat David in Vers 9?

Das Wesentliche erfassen

5. Lesen Sie den letzten Satz von Vers 11. Was bedeutet es Ihrer Meinung nach, den *Namen* Gottes zu fürchten?

6. Welche wichtigen Erkenntnisse in bezug auf das Wesen und die Persönlichkeit Gottes bringt David in diesem Psalm zum Ausdruck?
7. Denken Sie, daß Davids Worte in diesem Psalm sein *Herzens*wissen wiedergeben und nicht nur sein *Kopf*wissen? Wenn das so ist, wie begründen Sie Ihre Meinung?
8. Welche Überschrift würden Sie jedem der Psalmen 83-86 geben?
9. Welche Hinweise finden Sie in den Psalmen 83-86 darauf, daß Gott vollkommene Ehrlichkeit und Offenheit in unseren Gebeten wichtig ist?

Für das Leben heute

10. Können Sie die Worte Davids in den Versen 12-13 von ganzem Herzen nachsprechen? Geben diese Worte Ihre eigene Einstellung und Erfahrung wieder?
11. Falls Sie einen Teil oder diesen ganzen Psalm zu einer Beschreibung Ihrer gegenwärtigen Haltung Gott gegenüber umformulieren sollten, wie würden Sie beginnen? Wie würde Vers 1 in Ihrem persönlichen Psalm 86 lauten?
12. In Philipper 4,8 heißt es: »Übrigens, Brüder, alles, was wahr, alles, was ehrbar, alles, was gerecht, alles, was rein, alles, was liebenswert, alles, was wohllautend ist, wenn es irgendeine Tugend und wenn es irgendein Lob gibt, das erwägt!« Welche Denkanstöße können Sie in diesem Psalm finden, die Ihnen als *wahr, ehrbar, gerecht, rein, liebenswert,* als *Tugend* und *Lob* ins Auge fallen?
13. Überfliegen Sie die Psalmen 83-86 und suchen Sie den Vers oder Abschnitt heraus, der Ihren eigenen geistlichen und emotionalen Zustand zum jetzigen Zeitpunkt am besten beschreibt.

Psalm 87

Einstieg: Welche Bilder fallen Ihnen ein, wenn Sie an Jerusalem denken?

Was steht im Text?

1. Welche wichtigen Perspektiven gibt uns dieser Psalm über Zion, die Stadt Gottes?

Das Wesentliche erfassen

2. Würden Sie nach dem, was Sie in diesem Psalm lesen, sagen, daß Gott in erster Linie als der Gott seines Volkes Israel gesehen werden möchte oder als der Gott der ganzen Erde? Erklären Sie Ihre Antwort.

Psalm 88

Was steht im Text?

1. Im Vorwort zu diesem Psalm wird der Autor als »Heman, der Esrachiter« aufgeführt. Lesen Sie als Hintergrundinformation zu diesem Autor 1. Chronik 15,16-19; 16,39-42 und 25,1 und 25,4-5. Welche Aufgabe hatte Heman?
2. Wie würden Sie den Grundtenor dieses Psalms beschreiben? Bleibt die Stimmung den ganzen Psalm über dieselbe, oder gibt es irgendwo eine Veränderung?
3. Suchen Sie in jeder Strophe dieses Psalms ein *Schlüsselwort*, einen *Schlüsselbegriff* oder einen *Schlüsselsatz*.

Für das Leben heute

4. Welchen Vers dieses Psalms möchte Gott Ihnen besonders nahebringen?

Psalm 89

Was steht im Text?

1. Im Vorwort zu diesem Psalm wird der Autor als »Etan, der Esrachiter« aufgeführt. Als Hintergrundinformation zu diesem Psalmisten lesen Sie 1. Chronik 15,16-19. Welche Aufgabe hatten Etan und die anderen Musiker?
2. Suchen Sie in jeder Strophe dieses Psalms ein *Schlüsselwort*, einen *Schlüsselbegriff* oder einen *Schlüsselsatz*.
3. Dieser Psalm läßt sich in zwei Hauptteile einteilen, die jeweils eine unterschiedliche Stimmung aufweisen. Welcher Vers markiert Ihrer Meinung nach den Wendepunkt in der Struktur dieses Psalms?
4. Welche Vorsätze faßt der Psalmist in den Versen 2 und 3?
5. An welche Verheißungen von Gott erinnert sich der Psalmist in den Versen 4-5 und 20-38?
6. Welche Fragen stellt der Psalmist in den Versen 47-50?
7. Wie lautet die letzte Bitte des Psalmisten?
8. Jesus trägt uns auf, zuerst nach dem Reich Gottes und seiner Gerechtigkeit zu trachten (Matthäus 6,33). Was möchte Gott uns in den Versen 15-17 in bezug auf seine Gerechtigkeit klarmachen?

Das Wesentliche erfassen

9. Wiederholen Sie in eigenen Worten, welche wichtigen Erkenntnisse in bezug auf das Wesen und die Persönlichkeit Gottes in den Versen 7-19 gegeben werden.
10. Welche Verse aus diesem Psalm würden den zwölfjährigen Jesus wohl am meisten beeindruckt haben, wenn dieser Psalm im Tempel von Jerusalem von den jüdischen Schriftgelehrten vorgelesen und ausgelegt worden wäre, und welche Fragen würde er wohl gestellt, welche Kommentare abgegeben haben?
11. Welche Überschrift würden Sie jedem der Psalmen 87-89 geben?
12. Welchen Hinweis finden Sie in den Psalmen 87-89 darauf, daß Gott vollkommene Ehrlichkeit und Offenheit in unseren Gebeten wichtig ist?

Für das Leben heute

13. Überlegen Sie, wie gut die Verse 16-17 Ihre eigene Beziehung zu Gott zum gegenwärtigen Zeitpunkt beschreiben.
14. Überfliegen Sie die Psalmen 87-89 und suchen Sie den Vers oder Abschnitt heraus, der Ihren eigenen geistlichen und emotionalen Zustand zum jetzigen Zeitpunkt am besten beschreibt.

Zur Vertiefung

Vergleichen Sie die Verse 4-5 und 36-37 mit Lukas 1,31-33, um zu sehen, wie das Leben und der Dienst von Jesus, dem Messias, in den Psalmen vorhergesagt wird.

Psalm 90

Einstieg: Diskutieren Sie die folgende Aussage: Der Mensch weiß nicht, wie er sein Leben gestalten soll, bis er weiß, daß er sterben wird.

Was steht im Text?

1. Suchen Sie in jeder Strophe dieses Psalms ein *Schlüsselwort*, einen *Schlüsselbegriff* oder einen *Schlüsselsatz*.
2. Welche Bitten richtet Mose in diesem Psalm an Gott?

Das Wesentliche erfassen

3. Welche wichtigen Erkenntnisse in bezug auf das Wesen und die Persönlichkeit Gottes gibt Mose in diesem Psalm weiter?

4. Wie würden Sie nach dem, was Sie in diesem Psalm lesen, die Beziehung Moses zu Gott beschreiben? Was bedeutet Gott ihm in seinem Alltag? Worauf vertraut er?
5. Welche Ereignisse im Leben Moses haben Ihrer Meinung nach den größten Einfluß auf die Entstehung dieses Psalms ausgeübt? Wo wird beim Lesen dieses Psalms dieser Einfluß sichtbar?

Für das Leben heute

6. Lesen Sie noch einmal Vers 12. Worum genau bittet Mose Gott? Und wie würde es ganz praktisch in Ihrem Leben aussehen, wenn Gott Sie dies lehren würde?

Psalm 91

Was steht im Text?

1. Wie viele Aussagen dieses Psalms stehen im Futur? Überlegen Sie bei jeder Aussage, wie genau sie Ihrer Meinung nach Ihre eigene Zukunft beschreibt.
2. Suchen Sie in jeder Strophe dieses Psalms ein *Schlüsselwort*, einen *Schlüsselbegriff* oder einen *Schlüsselsatz*.
3. Welche Verheißungen gibt Gott in den letzten drei Versen dieses Psalms an den Menschen, der ihn liebt und ihn fürchtet?

Das Wesentliche erfassen

4. Was sagt dieser Psalm aus über die Sicherheit, die wir in dem Herrn haben?

Für das Leben heute

5. Überlegen Sie, wie stark Ihr Wunsch ist, Gott besser kennenzulernen, und stellen Sie sich die folgende Frage: Auf welche Aussagen dieses Psalms möchte er mich zum gegenwärtigen Zeitpunkt meines Lebens besonders aufmerksam machen?

Zur Vertiefung

Lesen Sie in Vers 15 noch einmal das Versprechen Gottes, Gebet zu beantworten. Unter welchen Umständen wurde dieses Versprechen gegeben? Welche anderen Erfordernisse erkennen Sie beim Lesen der folgenden Bibelstellen: Psalm 66,18-19, Jesaja 59,1-2, Jeremia 29,12-13, Matthäus 7,7-8, Markus 11,25, Johannes 14,13-14; 15,7 und 16,23-24 und Jakobus 1,5-6 und 4,3.

Psalm 92

Was steht im Text?

1. Suchen Sie in jeder Strophe dieses Psalms ein *Schlüsselwort*, einen *Schlüsselbegriff* oder einen *Schlüsselsatz*.
2. Welche Zukunftsvision wird in den Versen 13-16 gegeben?

Das Wesentliche erfassen

3. Wofür ist der Schreiber dieses Psalms Ihrer Meinung nach besonders dankbar?

Für das Leben heute

4. Lesen Sie die Verse 2-4. Warum ist es Ihrer eigenen Erfahrung nach tatsächlich gut, den Herrn zu preisen in Wort und Lied?
5. Was kann ein neubekehrter Christ in bezug auf die Freude aus diesem Psalm lernen?
6. Inwiefern, falls überhaupt, spiegeln die Worte in den Versen 13-16 Ihre persönliche Vision für die Zukunft wider?

Psalm 93

Was steht im Text?

1. Suchen Sie in jeder Strophe dieses Psalms ein *Schlüsselwort*, einen *Schlüsselbegriff* oder einen *Schlüsselsatz*.
2. In Matthäus 6,3 trägt Jesus uns auf, zuerst nach dem Reich Gottes und seiner Gerechtigkeit zu trachten. Was sagt dieser Psalm Ihrer Meinung nach über das Reich Gottes aus?

Das Wesentliche erfassen

3. Fassen Sie zusammen, was in diesem Psalm über das Wesen und die Persönlichkeit Gottes gesagt wird.

Psalm 94

Was steht im Text?

1. Welche Fragen werden in diesem Psalm gestellt?
2. Welche Bitten werden an Gott gerichtet?
3. Welche Hinweise gibt Vers 12 darauf, wie man am besten glücklich werden kann?
4. Suchen Sie in jeder Strophe dieses Psalms ein *Schlüsselwort,* einen *Schlüsselbegriff* oder einen *Schlüsselsatz.*

Das Wesentliche erfassen

5. Welche Hilfestellung bietet dieser Psalm für den Umgang mit großem Leid in unserem Leben?
6. Wie würden Sie nach dem, was Sie in den Versen 17-19 lesen, die Beziehung des Psalmisten zu Gott beschreiben? Wie hat er Ihrer Meinung nach eine Beziehung von solcher Qualität erreicht?
7. Welche Überschrift würden Sie jedem der Psalmen 90-94 geben?
8. Welche Hinweise finden Sie in den Psalmen 90-94 darauf, daß Gott vollkommene Ehrlichkeit und Offenheit in unseren Gebeten wichtig ist?

Für das Leben heute

9. Wie stark spiegelt Vers 22 zum gegenwärtigen Zeitpunkt Ihres Lebens Ihre eigene Erfahrung mit Gott im Vergleich zu einer Zeit in der Vergangenheit wider? Bewerten Sie Ihre Erfahrung mit Gott auf einer Skala von eins bis zehn (eins = sehr viel geringer als je zuvor, zehn = sehr viel intensiver als je zuvor).
10. Überfliegen Sie die Psalmen 90-94 und suchen Sie den Vers oder Abschnitt heraus, der Ihren eigenen geistlichen und emotionalen Zustand zum jetzigen Zeitpunkt am besten beschreibt.

Psalm 95

Einstieg: Sicher haben Sie einen Menschen schon einmal als »hart« bezeichnet. Was fällt Ihnen bei dieser Beschreibung ein?

Was steht im Text?

1. Wie viele Gründe zum Loben und Preisen Gottes finden Sie in diesem Psalm?
2. Was soll das Volk Gottes in diesem Psalm *nicht* tun?
3. Als Hintergrundinformation zu den Versen 8-10 lesen Sie 2. Mose 17,1-7.
4. Suchen Sie in jeder Strophe dieses Psalms ein *Schlüsselwort*, einen *Schlüsselbegriff* oder einen *Schlüsselsatz*.

Das Wesentliche erfassen

5. Was wird in diesem Psalm über *Gott* gesagt und was über *uns*?

Für das Leben heute

6. Inwiefern »verhärten« wir manchmal unser Herz, wenn Gott spricht, wie wir in den Versen 7-8 aufgefordert werden, es nicht zu tun. Was würde uns Ihrer Meinung nach helfen, unsere Herzen wieder weich zu machen?

Zur Vertiefung

Lesen Sie die Verse 7-11 und überprüfen Sie, wie dieser Abschnitt in Hebräer 3,7 - 4,11 zitiert wird. Welche wichtigen Schlußfolgerungen zieht der Autor des Hebräerbriefes aus diesem Abschnitt?

Als Hintergrundinformation zu Psalm 95,7-11 lesen Sie 4. Mose 20,1-13 und 28,13-14 und 5. Mose 32,50-52.

Psalm 96

Was steht im Text?

1. An wen ist dieser Psalm gerichtet?
2. Wie würden Sie die Gebote aus den Versen 7-10 erklären?
3. Welche Zukunftsvision wird in den Versen 12-13 weitergegeben?
4. Suchen Sie in jeder Strophe dieses Psalms ein *Schlüsselwort*, einen *Schlüsselbegriff* oder einen *Schlüsselsatz*.
5. In Matthäus 6,33 trägt Jesus uns auf, zuerst nach dem Reich Gottes und seiner Gerechtigkeit zu trachten. Was sagt dieser Psalm über das Reich und die Gerechtigkeit Gottes aus?

Das Wesentliche erfassen

6. Was möchte Gott uns in diesem Psalm in bezug auf sich selbst klarmachen?
7. Würden Sie nach dem, was Sie in diesem Psalm lesen, sagen, daß Gott in erster Linie als der Gott seines Volkes Israel oder der Gott der ganzen Erde angesehen werden möchte? Erklären Sie Ihre Antwort.

Psalm 97

Was steht im Text?

1. In Vers 10 werden wir aufgefordert, »das Böse zu hassen«. Welche guten Gründe werden dafür in diesem Psalm angegeben?
2. Jesus fordert uns auf, zuerst nach dem Reich Gottes und seiner Gerechtigkeit zu trachten (Matthäus 6,33). Was wird in diesem Psalm in bezug auf Gott und seine Gerechtigkeit gesagt?
3. Suchen Sie in jeder Strophe dieses Psalms ein *Schlüsselwort*, einen *Schlüsselbegriff* oder einen *Schlüsselsatz*.

Das Wesentliche erfassen

4. In diesem Psalm wird der Ausdruck »die Furcht des Herrn« zwar nicht verwandt, wie könnten Sie jedoch anhand dieses Textes erklären, was dieser Ausdruck bedeutet?
5. Lesen Sie in den Versen 2-5 noch einmal, welches ehrfurchterregende Bild von Gott gezeichnet wird. Und doch spricht der restliche Psalm in erster Linie von der *Freude* des Volkes Gottes (wie zum Beispiel in den Versen 1, 8 und 11-12). Welches ist die Beziehung zwischen dieser Freude und der ehrfurchtgebietenden und alles verzehrenden Macht Gottes?

Psalm 98

Was steht im Text?

1. Welche Gebote werden in den Versen 1 und 4 gegeben?
2. Welche Taten Gottes werden in den Versen 2-3 anerkannt? Was hat Gott bereits getan?
3. Suchen Sie in jeder Strophe dieses Psalms ein *Schlüsselwort*, einen *Schlüsselbegriff* oder einen *Schlüsselsatz*.

Das Wesentliche erfassen

4. Welche wichtigen Aussagen macht dieser Psalm über das Wesen und die Persönlichkeit Gottes?

Psalm 99

Was steht im Text?

1. Welche Gebote werden in diesem Psalm zweimal genannt?
2. Welches ist der *Grund* für diese Gebote?
3. Jesus trägt uns auf, zuerst nach dem Reich Gottes und seiner Gerechtigkeit zu trachten (Matthäus 6,33). Was wird in diesem Psalm über Gottes Reich gesagt?
4. Suchen Sie in jeder Strophe dieses Psalms ein *Schlüsselwort*, einen *Schlüsselbegriff* oder einen *Schlüsselsatz*.

Das Wesentliche erfassen

5. Fassen Sie in eigenen Worten zusammen, was in diesem Psalm über das Wesen und die Persönlichkeit Gottes gesagt wird.

Für das Leben heute

6. Wie können die Verse 6-8 einem neubekehrten Christen zeigen *zu beten* und *Antwort auf ein Gebet zu bekommen?*

Psalm 100

Was steht im Text?

1. Wie viele Gebote werden dem Volk Gottes in diesem Psalm genannt? Und welches ist Ihrer Meinung nach das wichtigste?
2. Welcher *Grund* wird in Vers 5 genannt?
3. Suchen Sie in jeder Strophe dieses Psalms ein *Schlüsselwort*, einen *Schlüsselbegriff* oder einen *Schlüsselsatz*.

Das Wesentliche erfassen

4. Was wird in diesem Psalm über *Gott* gesagt, was über *uns*?

Für das Leben heute

5. Überlegen Sie gemeinsam, wie Sie den folgenden Satz vervollständigen würden: *Gott möchte von mir, daß ...*

Psalm 101

Was steht im Text?

1. Suchen Sie in jeder Strophe dieses Psalms ein *Schlüsselwort*, einen *Schlüsselbegriff* oder einen *Schlüsselsatz*.
2. Welche Versprechen gibt David Gott in diesem Psalm?
3. Wie oft finden Sie das Wort *will* in diesem Psalm?

Das Wesentliche erfassen

4. Wie würden Sie nach dem, was Sie in diesem Psalm lesen, Davids Grundeinstellung zum Leben beschreiben?
5. Welche Überschrift würden Sie jedem der Psalmen 95-101 geben?

Für das Leben heute

6. Lesen Sie noch einmal die Versprechen, die David in diesem Psalm gibt. Welches davon haben Sie auch schon gegeben? Welches würden Sie gern geben oder erneuern?
7. Überfliegen Sie die Psalmen 95-101 und suchen Sie den Vers oder Abschnitt heraus, der Ihren eigenen geistlichen und emotionalen Zustand zum jetzigen Zeitpunkt am besten beschreibt.

Psalm 102

Einstieg: Überlegen Sie, welchen Einfluß eine körperliche oder emotionale Krankheit auf Ihre geistige Haltung zum Leben ausübt.

Was steht im Text?

1. Welche Bitten richtet der Psalmist in den ersten Versen dieses Psalms an Gott?
2. Was sagen die Verse 4-12 über den Psalmisten aus?
3. Welche wichtige Prophezeiung wird in den Versen 13-18, 22-23 und 29 weitergegeben?
4. Was sagt der Psalmist in den Versen 26-27 über die Schöpfung Gottes?
5. Welches ist Ihrer Meinung nach das *Schlüsselwort*, der *Schlüsselbegriff* oder der *Schlüsselsatz* in jeder Strophe dieses Psalms?

Das Wesentliche erfassen

6. Welche Hilfestellung bietet dieser Psalm für den Umgang mit großem Leid in unserem Leben?
7. Was möchte Gott uns in den Versen 13 und 28 in bezug auf sich selbst klarmachen?

Für das Leben heute

8. Denken Sie an die Zusage in 1. Johannes 1,9, daß Gott uns unsere Sünden vergeben und von aller Ungerechtigkeit reinigen wird, *wenn wir unsere Sünden bekennen*. Welche Teile dieses Psalms können uns zeigen, wie wir unsere persönlichen Sünden bekennen können?

Zur Vertiefung

Lesen Sie einmal nach, wie die Verse 26-28 in Hebräer 1,10-12 auf Jesus Christus angewandt werden. Nehmen Sie diese beiden Abschnitte zusammen und überlegen Sie, was sie über das Werk und das Wesen Christi aussagen.

Psalm 103

Was steht im Text?

1. Welches Gebot wird sowohl in den ersten als auch in den letzten Versen dieses Psalms mehrmals wiederholt?
2. Suchen Sie in jeder Strophe dieses Psalms ein *Schlüsselwort*, einen *Schlüsselbegriff* oder einen *Schlüsselsatz*.
3. In Matthäus 6,33 trägt Jesus uns auf, zuerst nach dem Reich Gottes und seiner Gerechtigkeit zu trachten. Was sagt dieser Psalm über das Reich Gottes? Und was sagt er über die Gerechtigkeit Gottes?

Das Wesentliche erfassen

4. Stellen Sie sich vor, Sie wären bei David zu Besuch, während er diesen Psalm schreibt. Wie würde er wohl antworten, wenn Sie ihn vorsichtig fragten: »David, wofür bist du Gott heute besonders dankbar?«
5. Wie würden Sie nach dem, was Sie in diesem Psalm lesen, Davids Erkenntnis über das Wesen Gottes zusammenfassen?

Für das Leben heute

6. Was kann ein neubekehrter Christ aus diesem Psalm in bezug auf *Intimität mit Gott* lernen?
7. Lesen Sie noch einmal, wie oft wir in diesem Psalm aufgefordert werden, Gott zu preisen. Wie oft an einem normalen Tag loben Sie Gott?
8. In Philipper 4,8 heißt es: »Übrigens, Brüder, alles, was wahr, alles, was ehrbar, alles, was gerecht, alles, was rein, alles, was liebenswert, alles, was wohllautend ist, wenn es irgendeine Tugend und wenn es irgendein Lob gibt, das erwägt!« Welche Denkanstöße können Sie in diesem Psalm finden, die Ihnen als *wahr, ehrbar, gerecht, rein, liebenswert,* als *Tugend* und *Lob* ins Auge fallen?

Psalm 104

Was steht im Text?

1. Suchen Sie in jeder Strophe dieses Psalms ein *Schlüsselwort*, einen *Schlüsselbegriff* oder einen *Schlüsselsatz*.

Das Wesentliche erfassen

2. Falls Sie nur diesen Psalm aus der Bibel zur Verfügung hätten, wie könnten Sie damit einem anderen erklären, wie Gott ist?
3. Wie würden Sie nach dem, was Sie in diesem Psalm lesen, das *Werk* beschreiben, das Gott tut?
4. Was möchte Gott uns mit diesem Psalm in bezug auf die Erde und unsere Umwelt klarmachen?
5. Welche Überschrift würden Sie jedem der Psalmen 102-104 geben? (Diese Übung kann Ihnen helfen, sich auf die wesentliche Botschaft in jedem Psalm zu konzentrieren.)
6. Welche Hinweise finden Sie in den Psalmen 102-104 darauf, daß Gott vollkommene Ehrlichkeit und Offenheit in unseren Gebeten wichtig ist?

Für das Leben heute

7. Weckt dieser Psalm in Ihnen den Wunsch, Gott anzubeten? Was genau motiviert Sie dazu?
8. Überlegen Sie, wie stark Ihr Wunsch ist, Gott besser kennenzulernen, und stellen Sie sich dann die folgende Frage: *Was wird in diesem Psalm gesagt, das ich zum gegenwärtigen Zeitpunkt in meinem Leben besser verstehen soll?*
9. Überfliegen Sie die Psalmen 102-104 und suchen Sie den Vers oder Abschnitt heraus, der Ihren eigenen geistlichen und emotionalen Zustand zum jetzigen Zeitpunkt am besten beschreibt.
10. In Römer 15,4 erinnert uns Paulus, daß die alttestamentlichen Schriften uns Geduld und Ausharren, aber auch Trost und Ermutigung geben können. Inwiefern werden die Psalmen in Ihrem Leben dieser Beschreibung gerecht? Inwiefern kann dieses Buch Ihr Bedürfnis nach *Ausharren* und *Ermutigung* erfüllen?

Psalm 105

Einstieg: Falls Gott Sie fragen würde: »Welches sind die drei Dinge, für die du im Augenblick besonders dankbar bist?« Was würden Sie antworten?

Was steht im Text?

1. Wie viele Aufforderungen finden wir in den Versen 1-5? Was genau sollen wir tun?
2. Welche wichtigen Ereignisse aus der Geschichte Israels werden in diesem Psalm erwähnt?
3. Suchen Sie in jeder Strophe dieses Psalms ein *Schlüsselwort*, einen *Schlüsselbegriff* oder einen *Schlüsselsatz*.

Das Wesentliche erfassen

4. Welches ist der Bund, von dem in den Versen 8-11 gesprochen wird?

Für das Leben heute

5. Sehen Sie sich noch einmal die Aufforderungen in den Versen 1-5 an. Welcher davon können Sie problemlos nachkommen? Bei welcher fällt es Ihnen besonders schwer?

6. Wenn stimmt, daß die *Vergangenheit eine Lehre für die Zukunft ist*, welches ist dann die wichtigste Lektion, die das Volk Gottes heute aus diesem Psalm lernen sollte?

Psalm 106

Was steht im Text?

1. Welche Bitten spricht der Psalmist in seinem Gebet in den Versen 4-5 aus und welches sind die Gründe für diese Bitten?
2. Welches Gebet fügt der Psalmist in Vers 47 hinzu und welchen Grund hat er für dieses Gebet?
3. Welche wichtigen Ereignisse aus der Geschichte Israels sind in diesem Psalm erwähnt?
4. Wie viele Personen sind in diesem Psalm namentlich erwähnt? Was wissen Sie über diese Personen?
5. Welches ist nach diesem Psalm der beste Weg, glücklich zu werden?
6. Suchen Sie in jeder Strophe dieses Psalms ein *Schlüsselwort,* einen *Schlüsselbegriff* oder einen *Schlüsselsatz*.

Das Wesentliche erfassen

7. Welche Überschrift würden Sie den Psalmen 105 und 106 geben?

Für das Leben heute

8. Wenn stimmt, daß die *Vergangenheit eine Lehre für die Zukunft ist*, welche wichtige Lektion sollte das Volk Gottes aus diesem Psalm lernen?
9. Überfliegen Sie die Psalmen 105 und 106 und suchen Sie den Vers oder Abschnitt heraus, der Ihren eigenen geistlichen und emotionalen Zustand zum jetzigen Zeitpunkt am besten beschreibt.

Zur Vertiefung

Als Hintergrundinformation zu Datan und Abiram (Vers 17) lesen Sie 4. Mose 16,1-35. Welchen Eindruck haben Sie von diesen Männern? Zu Pinehas (Verse 30-31) lesen Sie 4. Mose 25,10-13 und 31,6. Wie können Sie ihn beschreiben?

Psalm 107

Einstieg: Wie würden Sie das Wort *Wunder* definieren?

Was steht im Text?

1. Welches Gebot wird in der ersten Zeile dieses Psalms gegeben, und welcher Grund wird dafür genannt?
2. Welches Gebot wird in den Versen 8, 15, 21 und 31 wiederholt?
3. Welches Bild von Gott wird in den Versen 9 und 16 gezeichnet?
4. Welche Not des Volkes wird in den Versen 4-7 beschrieben, und wie hat Gott sich dieser Not angenommen?
5. Welche Not des Volkes wird in den Versen 10-14 beschrieben, und wie hat Gott sich dieser Not angenommen?
6. Welche Not des Volkes wird in den Versen 17-20 beschrieben, und wie hat Gott sich dieser Not angenommen?
7. Welche Not des Volkes wird in den Versen 23-30 beschrieben, und wie hat Gott sich dieser Not angenommen?
8. Welches wunderbare Handeln Gottes wird in den Versen 33-41 beschrieben?
9. Welches Gebot wird schließlich im letzten Vers des Psalms gegeben?
10. Suchen Sie in jeder Strophe dieses Psalms ein *Schlüsselwort*, einen *Schlüsselbegriff* oder einen *Schlüsselsatz*.

Das Wesentliche erfassen

11. Wenn wir über diesen Psalm nachdenken, was können wir in bezug auf Gott erkennen? Welche Erkenntnis würde Gott besonders gefallen?

Für das Leben heute

12. Tut Gott auch heute noch die in Psalm 107 erwähnten Taten? Wenn ja, welche Beweise haben Sie dafür?

Psalm 108

Was steht im Text?

1. Vergleichen Sie diesen Psalm mit den Psalmen 57 und 60. Welche Passagen sind auch in diesem Psalm zu finden?
2. Welche Vorsätze faßt David in diesem Psalm?
3. Suchen Sie in jeder Strophe dieses Psalms ein *Schlüsselwort*, einen *Schlüsselbegriff* oder einen *Schlüsselsatz*.

Das Wesentliche erfassen

4. Wie würden Sie nach dem, was Sie in diesem Psalm lesen, die Beziehung Davids zu Gott beschreiben? Was bedeutet Gott ihm in seinem Alltag? Worauf verläßt er sich?

Für das Leben heute

5. Können Sie sagen, daß die ersten Worte in Vers 2 eine genaue Widerspiegelung Ihrer eigenen Gefühle zum gegenwärtigen Zeitpunkt sind?

Psalm 109

Was steht im Text?

1. Suchen Sie in jeder Strophe dieses Psalms ein *Schlüsselwort*, einen *Schlüsselbegriff* oder einen *Schlüsselsatz*.
2. Welche Ängste und Sorgen spricht David in diesem Psalm aus?
3. Welche Bitten richtet David in diesem Psalm an Gott?
4. Welche Prophezeiungen spricht David in den Versen 28-29 aus?
5. Welche Vorsätze faßt David in den Versen 30-31, und welcher Grund wird dafür angegeben?

Das Wesentliche erfassen

6. Welches ist Ihrer Meinung nach das Hauptmotiv von Davids Worten gegen seine Feinde in diesem Psalm?
7. Inwiefern kann dieser Psalm uns helfen zu beten, wenn wir uns in schwierigen Lebenssituationen befinden, wenn wir Schmerz erfahren oder Probleme haben?

8. Wie würden Sie nach dem, was Sie in diesem Psalm lesen, Davids Wissen über das Wesen Gottes beschreiben?

9. Welche Überschrift würden Sie jedem der Psalmen 107-109 geben?

10. Welchen Hinweis finden Sie in den Psalmen 107-109 darauf, daß Gott vollkommene Ehrlichkeit und Offenheit in unseren Gebeten wichtig ist?

Für das Leben heute

11. Haben Sie in Ihrem Leben die Gegenwart Gottes schon einmal so erfahren, wie es in Vers 31 beschrieben ist?

12. Überfliegen Sie die Psalmen 107-109 und suchen Sie den Vers oder Abschnitt heraus, der Ihren eigenen geistlichen und emotionalen Zustand zum jetzigen Zeitpunkt am besten beschreibt.

Psalm 110

Einstieg: Welche Bilder fallen Ihnen ein, wenn Sie an den Herrn als einen Krieger denken?

Was steht im Text?

1. Welche Prophezeiungen gibt David in diesem Psalm?

2. Suchen Sie in jeder Strophe dieses Psalms ein *Schlüsselwort*, einen *Schlüsselbegriff* oder einen *Schlüsselsatz*.

Das Wesentliche erfassen

3. Wie würden Sie das Bild erklären, das in Vers 7 von dem Herrn gegeben wird?

Zur Vertiefung

Vergleichen Sie Vers 1 mit Matthäus 22,41-46 und Vers 4 mit Hebräer 6,20 und 7,1-28, um zu sehen, wie das Leben und der Dienst von Jesus, dem Messias, in den Psalmen vorhergesagt wird.

Psalm 111

Was steht im Text?

1. Beachten Sie, mit welchem Wort dieser Psalm beginnt. Wie häufig finden Sie dieses Wort in den Psalmen 111-117?
2. Welcher Vorsatz wird in Vers 1 dieses Psalms gefaßt?
3. Welche Taten Gottes anerkennt der Psalmist in diesem Psalm? Was hat Gott bereits getan?
4. Suchen Sie in jeder Strophe dieses Psalms ein *Schlüsselwort*, einen *Schlüsselbegriff* oder einen *Schlüsselsatz*.

Das Wesentliche erfassen

5. Was möchte Gott uns in diesem Psalm in bezug auf sich besonders klarmachen?

Für das Leben heute

6. Für welche Erkenntnis aus diesem Psalm sind Sie besonders dankbar, weil sie persönliche Bedeutung für Sie besitzt?

Psalm 112

Was steht im Text?

1. Wie kann man nach diesem Psalm am besten glücklich werden?
2. Was wird dem Mann zugesagt, der den Herrn fürchtet?
3. Und was wird dem Gottlosen vorhergesagt?
4. Suchen Sie in jeder Strophe dieses Psalms ein *Schlüsselwort*, einen *Schlüsselbegriff* oder einen *Schlüsselsatz*.

Für das Leben heute

5. In Philipper 4,8 heißt es: »Übrigens, Brüder, alles, was wahr, alles, was ehrbar, alles, was gerecht, alles, was rein, alles, was liebenswert, alles, was wohllautend ist, wenn es irgendeine Tugend und wenn es irgendein Lob gibt, das erwägt!« Welche Denkanstöße können Sie in diesem Psalm finden, die Ihnen als *wahr, ehrbar, gerecht, rein, liebenswert,* als *Tugend* und *Lob* ins Auge fallen?

Psalm 113

Was steht im Text?

1. Welche Gründe für das Lob Gottes werden in diesem Psalm genannt?
2. Suchen Sie in jeder Strophe dieses Psalms ein *Schlüsselwort*, einen *Schlüsselbegriff* oder einen *Schlüsselsatz*.

Das Wesentliche erfassen

3. Welches ist Ihrer Meinung nach die richtige Antwort auf die Fragen der Verse 5-6?

Für das Leben heute

4. Welches Wort oder welcher Ausdruck dieses Psalms möchte Gott Ihnen besonders ans Herz legen?

Psalm 114

Was steht im Text?

1. Welches Gebot ist als einziges in diesem Psalm zu finden, und an wen ist es gerichtet?
2. Suchen Sie in jeder Strophe dieses Psalms ein *Schlüsselwort*, einen *Schlüsselbegriff* oder einen *Schlüsselsatz*.
3. Auf welche historischen Ereignisse wird in diesem Psalm Bezug genommen? (In 2. Mose 14 und 17, 4. Mose 20 und Josua 3 und 4 können Sie mehr darüber lesen.)

Das Wesentliche erfassen

4. Welche Überschrift würden Sie jedem der Psalmen 110-114 geben?

Für das Leben heute

5. Überfliegen Sie die Psalmen 110-114 und suchen Sie den Vers oder Abschnitt heraus, der Ihren eigenen geistlichen und emotionalen Zustand zum jetzigen Zeitpunkt am besten beschreibt.

Psalm 115

Einstieg: Was fällt Ihnen ein, wenn Sie das Wort *Götzen* hören?

Was steht im Text?

1. Welche Glaubensaussagen werden in den Versen 12-13 gemacht?
2. Welche wichtigen Aussagen werden in den Versen 2-8 zu den Götzen gemacht?
3. Suchen Sie in jeder Strophe dieses Psalms ein *Schlüsselwort*, einen *Schlüsselbegriff* oder einen *Schlüsselsatz*.

Das Wesentliche erfassen

4. Was sagt Vers 3 über das Wesen und die Persönlichkeit Gottes aus?
5. Wie würden Sie Vers 16 in eigenen Worten erklären?

Für das Leben heute

6. Sehen Sie sich den Segen in den Versen 12-13 noch einmal an. Inwiefern trifft dies Ihrer Meinung nach auf Sie zu, und welche Wirkung haben diese Worte in Ihrem Leben?
7. Welches sind die gefährlichsten Götzen in Ihrem Leben, die gemieden werden sollten?

Psalm 116

Was steht im Text?

1. Suchen Sie in jeder Strophe dieses Psalms ein *Schlüsselwort*, einen *Schlüsselbegriff* oder einen *Schlüsselsatz*.
2. Was hat Gott für den Schreiber dieses Psalms getan?
3. In welchen Schwierigkeiten steckte der Psalmist, und wie ernst war seine Lage?
4. Welche Vorsätze faßt der Psalmist als Reaktion auf das, was Gott getan hat?
5. Wie oft finden Sie die Wörter »den Namen des Herrn« in diesem Psalm? Welche Definition würden Sie für diese Bezeichnung geben, die so umfassend wie möglich das abdeckt, was der Psalmist damit meint?

Das Wesentliche erfassen

6. Wie würden Sie nach dem, was Sie in diesem Psalm lesen, die *Liebe zu Gott* definieren?
7. Welche Eigenschaften der Persönlichkeit Gottes kommen in diesem Psalm besonders zum Ausdruck?
8. Welchen Aufschluß gibt die Aussage in Vers 15 über den Wert Ihres *Lebens* vor Gott?

Für das Leben heute

9. Inwiefern trifft Vers 7 auch auf Sie zu?
10. Motiviert und ermutigt Sie dieser Psalm, ein Mann oder eine Frau des Gebets zu sein?

Zur Vertiefung

Vergleichen Sie die Botschaft dieses Psalms mit den Worten Jesu in Matthäus 10,28-33.

Psalm 117

Einstieg: Haben Sie es schon einmal erlebt, daß etwas Großes in einem kleinen Päckchen verpackt war?

Was steht im Text?

1. Welche zwei Gründe werden in diesem Psalm genannt, warum alle Menschen auf der Erde Gott preisen sollen?

Das Wesentliche erfassen

2. Inwiefern spricht dieser Psalm Ihrer Meinung die Hauptthemen der ganzen Bibel an?
3. Immer wieder werden in der Bibel Gottes *Liebe* und *Treue* zusammen genannt. Was möchte Gott uns damit sagen?

Für das Leben heute

4. Inwiefern bezieht sich die Botschaft dieses Psalms auf die *Motive*, die wir haben sollten, das Evangelium an andere weiterzugeben.

5. Psalm 117 bildet genau die Mitte der gesamten Bibel – 594 Kapitel gehen ihm voraus und 594 Kapitel folgen ihm. Er ist auch das kleinste Kapitel der Bibel. Aber natürlich kann Großes auch in kleinen Päckchen verpackt sein. Haben Sie dies in Ihrem Leben schon einmal erlebt?

Psalm 118

Was steht im Text?

1. Welches Gebot wird sowohl in den ersten als auch in den letzten Versen dieses Psalms gegeben, und welcher Grund wird dafür genannt?
2. In Vers 8 sagt der Psalmist, daß es besser ist, sich bei dem Herrn zu bergen, als sich auf Menschen zu verlassen. Denken Sie, daß der Schreiber dieses Psalms aus Erfahrung spricht?
3. Sehen Sie sich die Verse 19-21 an. Welche Bilder fallen Ihnen dabei ein?
4. Welche Sätze aus diesem Psalm werden im Neuen Testament zitiert?
5. Suchen Sie in jeder Strophe dieses Psalms ein *Schlüsselwort*, einen *Schlüsselbegriff* oder einen *Schlüsselsatz*.

Das Wesentliche erfassen

6. Welches genau ist der Sieg (oder die Siege), der in diesem Psalm gefeiert wird?
7. Welches der folgenden Themen ist Ihrer Meinung nach in diesem Psalm vorherrschend: Dank, Sicherheit oder Ausharren?
8. Der Psalm schließt mit einem Anerkennen der Gnade Gottes. Wie kommt Gottes Gnade in diesem Psalm zum Ausdruck?
9. Welche Überschrift würden Sie jedem der Psalmen 115-118 geben?
10. Welchen Hinweis finden Sie in den Psalmen 115-118 darauf, daß Gott vollkommene Ehrlichkeit und Offenheit in unseren Gebeten wichtig ist?
11. In Matthäus 26,30 lesen wir, daß Jesus und die Jünger nach dem Essen an dem Abend, an dem er verraten wurde, ein Loblied sangen. Dieses Loblied hätte gut den Psalmen 113-118 entnommen sein können, da diese Psalmen von den Juden häufig beim Passahfest gesungen wurden. Sehen Sie sich diese sechs Psalmen noch einmal an und suchen Sie die Stellen heraus, die Ihrer Meinung nach für Jesus von besonderer Bedeutung gewesen wären.

Für das Leben heute

12. Wie oft führt Ihr *Vertrauen* zum *Dank an Gott*? Falls Ihre Antwort lautet: »Nicht oft genug«, überlegen Sie, woran das liegen könnte: a) zu wenig Vertrauen, b) zu wenig *richtiges* Vertrauen – Vertrauen auf Gott, c) die Quelle des richtigen Vertrauens wird für selbstverständlich genommen und zu wenig anerkannt.
13. Überlegen Sie, wie Ihr *Vertrauen* in den folgenden Lebensbereichen aussieht: a) körperliche Sicherheit, b) Fähigkeit, die Pflichten des Alltags zu erfüllen, c) Fähigkeit, sich auf Freunde und Nachbarn zu verlassen, d) Fähigkeit, sich auf andere Familienmitglieder zu verlassen, e) Fähigkeit, sich auf Gott zu verlassen.
14. Überfliegen Sie die Psalmen 115-118 und suchen Sie den Vers oder Abschnitt heraus, der Ihren eigenen geistlichen und emotionalen Zustand zum jetzigen Zeitpunkt am besten beschreibt.

Zur Vertiefung

Sehen Sie sich die Verse 22-26 noch einmal an und vergleichen Sie sie mit den folgenden Textstellen aus dem Neuen Testament, um zu sehen, wie sie dort ihre Erfüllung finden: Matthäus 21,8-11 und 21,42-46, Lukas 13,34-35, Apostelgeschichte 4,8-12, Epheser 2,20 und 1. Petrus 2,6-8. Inwiefern bereichern alle diese Stellen zusammengenommen unser Verständnis unseres Herrn Jesus Christus?

Psalm 119,1-88

Einstieg: Haben Sie eine wahre *Leidenschaft* im Leben? Welche?

Was steht im Text?

1. Psalm 119 ist der Schlüssel zum Buch der Psalmen genannt worden. Was genau macht diesen Psalm so bedeutungsvoll?
2. Welche Wörter oder Ausdrücke werden zur Umschreibung des Wortes Gottes gebraucht? Was können Sie über die Bedeutung eines jeden Begriffes sagen?
3. Wie kann man nach den ersten Versen dieses Psalms am besten glücklich werden?
4. Welche Beispiele finden Sie in diesen Versen für Gebete, die direkt an Gott gerichtet wurden? Für welche Dinge betet der Psalmist?
5. Welche Beispiele finden Sie in diesen Versen für bestimmte Vorsätze, die der Psalmist faßt? Und was gibt er als Grund für diese Vorsätze an?

6. Welche *Entscheidung* beschreibt der Psalmist in Vers 30?
7. Welches sind Ihrer Meinung nach die *Schlüsselwörter*, *Schlüsselbegriffe* oder *Schlüsselsätze* dieses Psalms?

Das Wesentliche erfassen

8. Überlegen Sie, welche der folgenden Aussagen den Schreiber dieses Psalms am besten beschreibt und begründen Sie Ihre Antwort: a) er führte ein Leben in der Wahrheit, b) er führte ein Leben in der Freiheit, c) er führte ein Leben im Leid.
9. Was hat der Psalmist in bezug auf Gott verstanden?
10. Welche Hinweise finden Sie in diesen Versen, daß der Psalmist Gott treu ergeben ist?
11. Suchen Sie in der ersten Hälfte dieses Psalms nach Stellen, wo der Psalmist von dem Leid spricht, das er erfahren hat. Welches schien der Grund für dieses Leid gewesen zu sein?
12. Was bedeutet nach dem, was Sie in diesen Versen lesen, der *Glaube an Gott* eigentlich?

Für das Leben heute

13. Diskutieren Sie die folgende Aussage: Für uns ist es unmöglich, diese in Psalm 119 beschriebene Hingabe an das Wort Gottes zu haben, wenn wir nicht Gott selbst in den Seiten der Bibel erkennen.
14. Ist es möglich, eine mehr gesetzliche Hingabe an das Wort Gottes zu empfinden und nicht eine Hingabe, die der Liebe zu Gott entspringt? Wenn ja, wie können wir das verhindern?
15. Welches sind Ihre Motive für das Lesen im Wort Gottes?
16. Welche Verse oder Abschnitte dieser ersten Hälfte von Psalm 119 beschreiben am besten Ihren geistlichen und emotionalen Zustand zum gegenwärtigen Zeitpunkt?

Zur Vertiefung

Lesen Sie noch einmal Psalm 19,7-11 und vergleichen Sie diese Stelle mit dem, was Sie in diesen Versen von Psalm 119 lesen. Sind die Aussagen dieser beiden Stellen dieselben oder gibt es einige gravierende Unterschiede?

Behalten Sie auch das Bild in Psalm 119,32 im Hinterkopf, wenn Sie Hebräer 12,1 und 1. Korinther 9,24 lesen. Wie passen diese drei Verse zusammen?

Psalm 119,89-176

Was steht im Text?

1. Welche wichtigen Vorsätze faßt der Psalmist in der letzten Hälfte dieses Psalms? Und welche Gründe werden dafür genannt?
2. Welche Beispiele finden Sie in diesen Versen für Gebete, die direkt an Gott gerichtet sind? Worum bittet der Psalmist?
3. In welchen Versen spricht der Schreiber dieses Psalms von seinem Versagen und seinen Schwächen?
4. Lesen Sie die letzten drei Verse (174-176) als Zusammenfassung des gesamten Psalms. Wie würden Sie diese Verse in eigenen Worten ausdrücken?
5. Welches sind Ihrer Meinung nach die *Schlüsselwörter, die Schlüsselbegriffe* oder *Schlüsselsätze* dieses Psalms?

Das Wesentliche erfassen

6. Welche uneingeschränkte Aussage wird in den Versen 86, 138 und 151 gemacht? Wie würden Sie diese Aussage in eigenen Worten formulieren? Was würde den Christen heute am besten helfen, die Wahrheit dieser Aussage zu begreifen?
7. In der letzten Hälfte dieses Psalms spricht der Psalmist verstärkt von Orten, wo er Leid erfahren hat. Was scheint die Ursache für dieses Leid zu sein?
8. Welche Hinweise finden Sie in diesem Psalm darauf, daß der Psalmist dem Herrn voll und ganz ergeben ist?
9. Was wird in diesen Versen darüber gesagt, was der *Glaube an Gott* eigentlich bedeutet?
10. Was möchte Gott uns in den Versen 151-152 in bezug auf sich klarmachen?
11. Was möchte uns Gott in Vers 160 in bezug auf sich zeigen?
12. Welche Überschrift würden Sie Psalm 119 geben, die seine zentrale Botschaft am besten zusammenfaßt?
13. Welchen Hinweis finden Sie in Psalm 119 darauf, daß Gott vollkommene Ehrlichkeit und Offenheit in unseren Gebeten wichtig ist?
14. Der Schreiber dieses Psalms hatte die gesamte Schrift im Blick. Denken Sie an die ganze Bibel und beantworten Sie die folgende Frage: Was wird in der Bibel mehr betont, Gottes Gesetze oder seine Verheißungen?

Für das Leben heute

15. In welchen Lebensumständen fällt es uns besonders schwer, ganz fest an die in den Versen 137-138 beschriebenen Eigenschaften Gottes zu glauben?
16. Was motiviert Sie in der letzten Hälfte dieses Psalms (Verse 89-176) besonders, mehr Zeit auf das Lesen der Bibel zu verwenden?
17. Überfliegen Sie die Verse 89-176 dieses Psalms und suchen Sie die Verse oder Abschnitte heraus, die Ihren eigenen geistlichen und emotionalen Zustand zum jetzigen Zeitpunkt am besten beschreiben.

Zur Vertiefung

Falls Sie nur Psalm 119 aus der Bibel zur Verfügung hätten, welche biblischen Wahrheiten könnten Sie daraus erkennen?

Psalm 120

Einstieg: Welche Bilder fallen Ihnen zu dem Wort *Frieden* ein?

Was steht im Text?

1. Welche Bitte spricht der Psalmist in diesem Psalm aus?
2. Welche Prophezeiung macht er?
3. Suchen Sie in jeder Strophe dieses Psalms ein *Schlüsselwort*, einen *Schlüsselbegriff* oder einen *Schlüsselsatz*.

Das Wesentliche erfassen

4. Inwiefern kann dieser Psalm uns helfen zu beten, wenn wir uns in schwierigen Lebenssituationen befinden, wenn wir Schmerz erfahren, Probleme haben oder einsam sind?

Für das Leben heute

5. Was meint der Psalmist mit der Aussage, die er zu Beginn des Verses 7 gibt? Trifft diese Aussage auch auf Sie zu?

Psalm 121

Was steht im Text?

1. Welche Zusagen werden dem Volk Gottes in den Versen 3-8 gegeben?
2. Suchen Sie in jeder Strophe dieses Psalms ein *Schlüsselwort,* einen *Schlüsselbegriff* oder einen *Schlüsselsatz.*

Das Wesentliche erfassen

3. Was möchte Gott uns in diesem Psalm in bezug auf sich klarmachen?

Für das Leben heute

4. Welche Erwartungen können Sie nach diesem Psalm zu Recht an Gott stellen? Worauf können Sie sich verlassen?

Psalm 122

Was steht im Text?

1. Welchen Vorsatz faßt David in den letzten Versen dieses Psalms?
2. Welches Gebot wird in Vers 6 gegeben?
3. Suchen Sie in jeder Strophe dieses Psalms ein *Schlüsselwort*, einen *Schlüsselbegriff* oder einen *Schlüsselsatz*.

Das Wesentliche erfassen

4. Denken Sie an die Beschreibung Davids als einen »Mann nach dem Herzen Gottes«. Welche wichtigen Dinge zeigt uns dieser Psalm in bezug auf Davids Herzenshaltung? Welches sind seine Wünsche und Sehnsüchte?

Für das Leben heute

5. Lesen Sie noch einmal Davids Gebet für Jerusalem in den Versen 6-9. Kann dies ein Modellgebet für das Volk Gottes heute sein?

Psalm 123

Was steht im Text?

1. Welche Bitte wird in diesem Psalm an Gott gerichtet, und welches ist der Grund für diese Bitte?
2. Suchen Sie in jeder Strophe dieses Psalms ein *Schlüsselwort*, einen *Schlüsselbegriff* oder einen *Schlüsselsatz*.

Für das Leben heute

3. Falls Sie einen Teil oder diesen ganzen Psalm zu einer Beschreibung Ihrer gegenwärtigen Haltung Gott gegenüber umformulieren sollten, wie würden Sie beginnen? Wie würde Vers 1 in Ihrem persönlichen Psalm 123 lauten?

Psalm 124

Was steht im Text?

1. Welche Gründe für das Lob Gottes gibt David hier an?
2. Suchen Sie in jeder Strophe dieses Psalms ein *Schlüsselwort*, einen *Schlüsselbegriff* oder einen *Schlüsselsatz*.

Das Wesentliche erfassen

3. Wie würden Sie nach dem, was Sie in diesem Psalm lesen, die Erkenntnisse Davids über das Wesen Gottes zusammenfassen?
4. Welche Parallelen können Sie zu der in den Versen 7-8 dargestellten Situation in Ihrer Familie, Ihrer Gemeinde oder Ihrem persönlichen Leben erkennen?

Psalm 125

Was steht im Text?

1. Welche Bitte spricht der Psalmist in Vers 4 aus?
2. Welche Prophezeiung gibt der Psalmist in Vers 5?
3. Suchen Sie in jeder Strophe dieses Psalms ein *Schlüsselwort*, einen *Schlüsselbegriff* oder einen *Schlüsselsatz*.

Das Wesentliche erfassen

4. Was möchte Gott uns in den Versen 1-2 in bezug auf unser Leben klarmachen?
5. Was möchte Gott uns in Vers 2 in bezug auf sich selbst klarmachen?
6. Würden Sie nach dem, was Sie in diesem Psalm lesen, sagen, daß Gott in erster Linie als Gott seines Volkes Israel angesehen werden möchte oder als Gott der ganzen Erde?

Für das Leben heute

7. Überlegen Sie, wie ausgeprägt Ihr Wunsch ist, Gott besser kennenzulernen und stellen Sie sich die folgende Frage: Welche Aussagen über Gott soll ich zum gegenwärtigen Zeitpunkt in meinem Leben vielleicht besser verstehen?

Psalm 126

Was steht im Text?

1. Welche Bitte spricht der Psalmist hier aus?
2. Welche Zusagen werden dem Volk Gottes in den Versen 5-6 gegeben?
3. Suchen Sie in jeder Strophe dieses Psalms ein *Schlüsselwort*, einen *Schlüsselbegriff* oder einen *Schlüsselsatz*.

Für das Leben heute

4. Trifft die Aussage in Vers 3 auf Ihre Gemeinde heute zu?

Psalm 127

Was steht im Text?

1. Wie würden Sie zusammenfassen, was Salomo in den Versen 1-2 über unsere Werke sagt?
2. Welche unterschiedlichen Umschreibungen für Kinder werden in den Versen 3 und 4 gebraucht?
3. Suchen Sie in jeder Strophe dieses Psalms ein *Schlüsselwort*, einen *Schlüsselbegriff* oder einen *Schlüsselsatz*.

Das Wesentliche erfassen

4. Was sind nach dem, was Sie in diesem Psalm lesen, für Salomo die wichtigsten Dinge im Leben?
5. Welche wichtigen Erkenntnisse in bezug auf das Wesen und die Persönlichkeit Gottes bringt Salomo in diesem Psalm zum Ausdruck?

Für das Leben heute

6. Falls Gott diesen Psalm nur für Sie geschrieben hätte, welche Wörter oder Ausdrücke hätte er wohl unterstrichen, und aus welchem Grund?

Psalm 128

Was steht im Text?

1. Welche Zusagen werden in diesem Psalm dem Menschen gegeben, der den Herrn fürchtet?
2. Suchen Sie in jeder Strophe dieses Psalms ein *Schlüsselwort*, einen *Schlüsselbegriff* oder einen *Schlüsselsatz*.

Das Wesentliche erfassen

3. Welchen Eindruck bekommen Sie in diesem Psalm von dem, was wirklich wichtig ist im Leben?

Für das Leben heute

4. Was sagt dieser Psalm zu den *Werken* eines Menschen, seiner *Familie* und seinem *Land*?
5. Warum möchte Gott, daß wir ihn *fürchten*?
6. Inwiefern kann dieser Psalm ein Modellgebet für das Gebet für andere sein?

Zur Vertiefung

Überlegen Sie gemeinsam, inwiefern die folgenden Verse aus den Sprüchen Licht werfen auf die Bedeutung von Psalm 128: Sprüche 3,7-8; 9,10-12 und 14,26-27.

Psalm 129

Was steht im Text?

1. Suchen Sie in jeder Strophe dieses Psalms ein *Schlüsselwort*, einen *Schlüsselbegriff* oder einen *Schlüsselsatz*.

Das Wesentliche erfassen

2. Welche Hilfestellung bietet der Psalm für den Umgang mit tiefem Leid in unserem Leben?
3. Welche Überschrift würden Sie jedem der Psalmen 120-129 geben?
4. Welche Hinweise finden Sie in den Psalmen 120-129 darauf, daß Gott vollkommene Ehrlichkeit und Offenheit in unseren Gebeten wichtig ist?

Für das Leben heute

5. Gibt Vers 4 Ihre eigene Erfahrung wider? Welchen »Strick« der Gottlosen hat Gott durchschnitten?
6. Überfliegen Sie die Psalmen 120-129 und suchen Sie den Vers oder Abschnitt heraus, der Ihren eigenen geistlichen und emotionalen Zustand zum jetzigen Zeitpunkt am besten beschreibt.

Psalm 130

Einstieg: Haben Sie sich schon einmal verzweifelt gewünscht, der Morgen würde anbrechen? Erzählen Sie davon.

Was steht im Text?

1. Welche prophetische Zusage in bezug auf den Herrn wird uns in Vers 8 gegeben?
2. Welches Bild des Wartens und Vertrauens auf Gott wird in den Versen 5-6 gegeben?
3. Suchen Sie in jeder Strophe dieses Psalms ein *Schlüsselwort*, einen *Schlüsselbegriff* oder einen *Schlüsselsatz*.

Das Wesentliche erfassen

4. Was möchte Gott Ihnen in Vers 7 in bezug auf sich klarmachen?

Für das Leben heute

5. Denken Sie an die Zusage in 1. Johannes 1,9, daß Gott uns unsere Sünden vergeben und uns von aller Ungerechtigkeit reinigen wird, *wenn wir unsere Sünden bekennen*. Welche Verse dieses Psalms können uns zeigen, wie wir unsere persönlichen Sünden bekennen können?

Psalm 131

Das Wesentliche erfassen

1. Wie würden Sie nach dem, was Sie in diesem Psalm lesen, die Beziehung Davids zu Gott beschreiben? Was bedeutet Gott ihm in seinem Alltag? Worauf vertraut er?

Für das Leben heute

2. Falls Sie einen Teil oder diesen ganzen Psalm zu einer Beschreibung Ihrer gegenwärtigen Haltung Gott gegenüber umformulieren sollten, wie würden Sie beginnen? Wie würde Vers 1 in Ihrem persönlichen Psalm 131 lauten?

Psalm 132

Was steht im Text?

1. Welche Bitten werden in diesem Psalm an Gott gerichtet?
2. Welche Vorsätze faßt David in den Versen 3-5?
3. Welche Zusagen des Herrn werden in den Versen 11-18 weitergegeben?
4. Suchen Sie in jeder Strophe dieses Psalms ein *Schlüsselwort*, einen *Schlüsselbegriff* oder einen *Schlüsselsatz*.

Das Wesentliche erfassen

5. Wie würden Sie nach dem, was Sie in diesem Psalm lesen, den Charakter Davids beschreiben?

6. Welche Verse aus diesem Psalm würden den zwölfjährigen Jesus wohl am meisten beeindruckt haben, wenn dieser Psalm im Tempel von Jerusalem von den jüdischen Schriftgelehrten ausgelegt worden wäre, und welche Fragen würde er wohl gestellt, welche Kommentare abgegeben haben?

Psalm 133

Einstieg: Haben Sie schon einmal ein besonders tiefes Gefühl der Verbundenheit mit anderen Christen erlebt?

Was steht im Text?

1. In diesem Psalm gebraucht David zwei Bilder, um zu verdeutlichen, wie gut und lieblich es ist, wenn Brüder einträchtig beieinander wohnen. Das erste ist das Salböl der Priester Israels, das von Aarons Kopf und Gewand herunterfließt. Lesen Sie als Zusatzinformation zu diesem Bild gemeinsam die folgenden Verse aus 2. Mose: 29,7; 30,22-33 und 40,12-16.
2. Das zweite Bild in diesem Psalm für die einträchtige Liebe zwischen Brüdern ist das des Taus auf dem Hermon (der höchste, häufig mit Schnee bedeckte Berg Israels im Norden des Landes), der auf den Berg Zions herabfließt, den Berg, auf dem Jerusalem gebaut ist. Warum hat dieses Bild Ihrer Meinung nach die Menschen angesprochen, denen David diesen Psalm vorgesungen hat?

Das Wesentliche erfassen

3. Warum hat David wohl diese beiden Bilder gewählt, um zu verdeutlichen, wie schön es ist, wenn Brüder einträchtig beieinander wohnen?

Für das Leben heute

4. Diskutieren Sie die folgende Aussage: Die meisten Leute in meiner Gemeinde wissen um den Wert der Einheit unter Brüdern.
5. Diskutieren Sie die folgende Aussage: Die meisten Leute in dieser Bibelgruppe wissen um den Wert der Einheit unter Brüdern.
6. Lesen Sie die folgenden Bibelstellen, um zu sehen, wie das Thema dieses Psalms dort in ein Gebot verwandelt worden ist: Römer 12,10, 1. Thessalonicher 4,9-10, Hebräer 13,1 und 1. Petrus 1,22. Was an diesem Gebot ist leicht zu befolgen, was schwer?
7. Wie würden Sie auf einer Skala von eins bis zehn (eins = gar nicht, zehn = sehr) den Wahrheitsgehalt der folgenden Aussage einschätzen: »Ich erlebe Einheit mit anderen Christen in meinem Alltag«.

Zur Vertiefung

Haben Sie die richtigen Erwartungen und das richtige Verständnis der christlichen Einheit? Formulieren Sie aufgrund der folgenden Bibelstellen eine Definition wahrer christlicher Einheit: Johannes 17,11.21, Apostelgeschichte 4,32, Römer 12,4-5; 14,1 und 15,5-7, 1. Korinther 1,10 und 10,16-17, Epheser 4,3-7 und 4,13 und Philipper 1,27 und 2,1-4.

Psalm 134

Was steht im Text?

1. Welche Gebote werden in diesem kurzen Psalm gegeben?
2. An wen sind diese Gebote gerichtet?

Psalm 135

Was steht im Text?

1. Wie oft finden Sie in diesem Psalm die Aufforderung, den Herrn zu loben?
2. Welche Glaubensaussage für das Volk Gottes macht der Psalmist in Vers 14?
3. Suchen Sie in jeder Strophe dieses Psalms ein *Schlüsselwort*, einen *Schlüsselbegriff* oder einen *Schlüsselsatz*.

Das Wesentliche erfassen

4. Was wird in diesem Psalm über das Wesen und die Persönlichkeit Gottes gesagt?
5. Beachten Sie das Wort *Name* in den Versen 1 und 13. In welchem Sinne wird dieses Wort in diesem Psalm gebraucht?

Für das Leben heute

6. Überlegen Sie, wie ausgeprägt Ihr Wunsch ist, Gott besser kennenzulernen, und stellen Sie sich dann die folgende Frage: Welche Dinge in bezug auf sich möchte Gott mir zum gegenwärtigen Zeitpunkt in meinem Leben besonders klarmachen?

Psalm 136

Was steht im Text?

1. Welche Ereignisse aus der Geschichte Israels sind in diesem Psalm erwähnt?

Das Wesentliche erfassen

2. Denken Sie über den Satz nach, der in allen Versen dieses Psalms wiederholt wird. Warum ist es so wichtig für das Volk Gottes, diesen Satz zu verstehen? Was passiert, wenn sie das *nicht* verstehen?
3. Wie würden Sie nach dem, was Sie in diesem Psalm lesen, die folgende Aussage vervollständigen: »Ich weiß, daß Gott ein Gott der Liebe ist, weil ...«
4. Welche Überschrift würden Sie jedem der Psalmen 130-136 geben?
5. Welche Hinweise finden Sie in den Psalmen 130-136 darauf, daß Gott vollkommene Ehrlichkeit und Offenheit in unseren Gebeten wichtig ist?

Für das Leben heute

6. Überfliegen Sie die Psalmen 130-136 und suchen Sie den Vers oder Abschnitt heraus, der Ihren eigenen geistlichen und emotionalen Zustand zum jetzigen Zeitpunkt am besten beschreibt.

Psalm 137

Einstieg: Haben Sie schon einmal Heimweh gehabt?

Was steht im Text?

1. Wie würden Sie die Stimmung in den Versen 1-6 beschreiben?
2. Suchen Sie in jeder Strophe dieses Psalms ein *Schlüsselwort*, einen *Schlüsselbegriff* oder einen *Schlüsselsatz*.

Das Wesentliche erfassen

3. Diskutieren Sie die folgende Aussage: Für den Psalmist, der diesen Psalm geschrieben hat, ist Hingabe an Jerusalem dasselbe wie Hingabe an Gott.
4. Welche Hilfestellung kann dieser Psalm uns geben für den Umgang mit tiefem Leid in unserem Leben?

5. Welches sind Ihrer Meinung nach die Hauptmotive hinter den Versen 8-9?
6. Würden Sie nach dem, was Sie in diesem Psalm lesen, sagen, daß Gott in erster Linie als Gott seines Volkes Israel angesehen werden möchte oder als der Gott der ganzen Erde? Erklären Sie Ihre Antwort.

PSALMS 138

WAS STEHT IM TEXT?

1. Welche Vorsätze faßt David in den Versen 1 und 2?
2. Am Ende von Vers 2 spricht David davon, daß Gott sein Wort groß gemacht hat. Wie hat Gott das getan?
3. Suchen Sie heraus, welche Gründe David in diesem Psalm nennt, Gott zu loben.
4. Suchen Sie in jeder Strophe dieses Psalms ein *Schlüsselwort*, einen *Schlüsselbegriff* oder einen *Schlüsselsatz*.

DAS WESENTLICHE ERFASSEN

5. Wie würden Sie nach dem, was Sie in diesem Psalm lesen, Davids Beziehung zu Gott beschreiben? Was bedeutet Gott ihm in seinem Alltag? Worauf vertraut er?
6. Was wird in diesem Psalm über das Wesen und die Persönlichkeit Gottes gesagt?
7. Denken Sie, daß Davids Worte in diesem Psalm sein *Herzens*wissen wiedergeben und nicht nur sein *Kopf*wissen? Wenn das so ist, wie begründen Sie Ihre Meinung?

FÜR DAS LEBEN HEUTE

8. Sehen Sie sich Vers 8 noch einmal an. Trifft diese Aussage auch auf Ihr Leben zu, und was bedeutet sie ganz praktisch?

PSALM 139

WAS STEHT IM TEXT?

1. Was genau weiß Gott über David?

2. Suchen Sie in jeder Strophe dieses Psalms ein *Schlüsselwort*, einen *Schlüsselbegriff* oder einen *Schlüsselsatz*.

Das Wesentliche erfassen

3. Wie würden Sie Davids Erkenntnis über das Wesen Gottes in diesem Psalm zusammenfassen?
4. Erklären Sie Ihre Antwort auf die folgende Frage: Welche der folgenden Eigenschaften Davids treten in diesem Psalm besonders hervor: sein Mut, seine Weisheit oder seine Integrität?

Für das Leben heute

5. Möchten Sie tatsächlich so von Gott gekannt sein, wie David dies in seinem Psalm beschreibt?
6. Sehen Sie sich Vers 23 noch einmal an. Sind Sie bereit, sich von Gott versuchen und prüfen zu lassen?
7. Diskutieren Sie die folgende Frage: Was ist wichtiger – Gott gut zu kennen oder von Gott gut gekannt zu sein?

Psalm 140

Was steht im Text?

1. Suchen Sie in jeder Strophe dieses Psalms ein *Schlüsselwort*, einen *Schlüsselbegriff* oder einen *Schlüsselsatz*.
2. Wie würden Sie die Bitten Davids an Gott in diesem Psalm zusammenfassen?
3. Welche Glaubensaussage macht David in Vers 14?

Das Wesentliche erfassen

4. Wie würden Sie nach dem, was Sie in diesem Psalm lesen, Davids Grundeinstellung zum Leben beschreiben?
5. Welche Überschrift würden Sie jedem der Psalmen 137-140 geben?
6. Welchen Hinweis finden Sie in den Psalmen 137-140 darauf, daß Gott vollkommene Ehrlichkeit und Offenheit in unseren Gebeten wichtig ist?

Für das Leben heute

7. Inwiefern kann dieser Psalm uns helfen zu beten, wenn wir uns in schwierigen Lebenssituationen befinden, wenn wir Schmerz erfahren oder in Problemen stecken?
8. Überfliegen Sie die Psalmen 137-140 und suchen Sie den Vers oder Abschnitt heraus, der Ihren eigenen geistlichen und emotionalen Zustand zum jetzigen Zeitpunkt am besten beschreibt.

Psalm 141

Einstieg: Haben Sie schon einmal das Gefühl gehabt, von einem anderen Menschen in eine Falle gelockt worden zu sein?

Was steht im Text?

1. Suchen Sie in jeder Strophe dieses Psalms ein *Schlüsselwort*, einen *Schlüsselbegriff* oder einen *Schlüsselsatz*.
2. Welche Bitten richtet David in diesem Psalm an Gott?
3. Welche Prophezeiung spricht David in den Versen 6 und 7 aus?

Das Wesentliche erfassen

4. Inwiefern kann dieser Psalm uns helfen zu beten, wenn wir uns in schwierigen Lebenssituationen befinden, wenn wir Versuchung oder Schmerz erfahren, wenn wir in Problemen stecken?
5. Wie würden Sie nach dem, was Sie in diesem Psalm lesen, Davids Beziehung zu Gott beschreiben? Was bedeutet Gott ihm in seinem Alltag? Worauf vertraut er?

Für das Leben heute

6. Falls Gott diesen Psalm nur für Sie geschrieben hätte, welche Wörter oder Sätze hätte er unterstrichen und aus welchem Grund?

Psalm 142

Was steht im Text?

1. Lesen Sie als Hintergrundinformation zu diesem Psalm in 1. Samuel 22,1-2, was zu diesen Ereignissen in Davids Leben gesagt wird.
2. Wie würden Sie Davids Bitten an Gott in diesem Psalm zusammenfassen?
3. Welche Zukunftsvision gibt David in der letzten Hälfte von Vers 8 weiter?
4. Suchen Sie in jeder Strophe dieses Psalms ein *Schlüsselwort*, einen *Schlüsselbegriff* oder einen *Schlüsselsatz*.

Das Wesentliche erfassen

5. Inwiefern kann uns dieser Psalm helfen zu beten, wenn wir Schmerz erfahren oder mit Problemen zu kämpfen haben?
6. Wie würden Sie nach dem, was Sie in diesem Psalm lesen, Davids Beziehung zu Gott beschreiben? Was bedeutet Gott ihm in seinem Alltag? Worauf vertraut er?

Für das Leben heute

7. Beschreibt die erste Hälfte von Vers 8 auch Ihr Gebet und Ihre Sehnsucht zum gegenwärtigen Zeitpunkt?
8. Inwiefern, falls überhaupt, beschreibt die letzte Hälfte von Vers 8 Ihre eigene Zukunftsvision?

Psalm 143

Was steht im Text?

1. Suchen Sie in jeder Strophe dieses Psalms ein *Schlüsselwort*, einen *Schlüsselbegriff* oder einen *Schlüsselsatz*.
2. Welche Bitten richtet David in diesem Psalm an Gott?
3. Inwiefern spiegelt Davids Handeln in den Versen 5-6 die Sehnsucht seines Herzens wider?
4. Denken Sie an die Beschreibung Davids als einen »Mann nach dem Herzen Gottes«. Was sagt dieser Psalm über Davids Herzenshaltung? Welches sind seine Wünsche und Sehnsüchte, seine Vorsätze?

Das Wesentliche erfassen

5. Wie würden Sie nach dem, was Sie in diesem Psalm lesen, Davids Grundhaltung im Leben beschreiben?

Für das Leben heute

6. Denken Sie an die Zusage in Johannes 1,9, daß Gott uns unsere Sünden vergeben und uns von aller Ungerechtigkeit reinigen wird, *wenn wir unsere Sünden bekennen*. Welche Wörter oder Sätze dieses Psalms können uns helfen, unsere persönlichen Sünden zu bekennen?

Psalm 144

Was steht im Text?

1. Suchen Sie in jeder Strophe dieses Psalms ein *Schlüsselwort*, einen *Schlüsselbegriff* oder einen *Schlüsselsatz*.
2. Worum genau bittet David Gott in diesem Psalm?
3. Welche Vorsätze faßt David in den Versen 9-10?
4. Welche Zukunftsvision wird in den Versen 12-14 gegeben?

Das Wesentliche erfassen

5. Stellen Sie sich vor, Sie würden David beim Schreiben dieses Psalms über die Schulter sehen. Wie würde er wohl antworten, wenn Sie ihn vorsichtig fragten: »David, wofür bist du Gott heute besonders dankbar?«
6. Lesen Sie die Verse 1-4 noch einmal. Was sagen diese Verse über *Gott aus* und was über *uns*?

Für das Leben heute

7. Falls Sie einen Teil oder diesen ganzen Psalm zu einer Beschreibung Ihrer gegenwärtigen Haltung Gott gegenüber umformulieren sollten, wie würden Sie beginnen? Wie würde Vers 1 in Ihrem persönlichen Psalm 144 lauten?

Psalm 145

Was steht im Text?

1. Welche Vorsätze faßt David in den ersten und letzten Zeilen dieses Psalms?
2. Welche Zukunftsvision skizziert David in den Versen 4-12?
3. Suchen Sie in jeder Strophe dieses Psalms ein *Schlüsselwort*, einen *Schlüsselbegriff* oder einen *Schlüsselsatz*.
4. In Matthäus 6,33 trägt Jesus uns auf, zuerst das Reich Gottes und seine Gerechtigkeit zu suchen. Was sagt dieser Psalm über das Reich Gottes? Und was über die Gerechtigkeit Gottes?

Das Wesentliche erfassen

5. Welche wichtigen Erkenntnisse in bezug auf das Wesen und die Persönlichkeit Gottes gibt David in diesem Psalm weiter?
6. Welche Überschrift würden Sie jedem der Psalmen 141-145 geben?
7. Welche Hinweise finden Sie in den Psalmen 141-145 darauf, daß Gott vollkommene Ehrlichkeit und Offenheit in unseren Gebeten wichtig ist?

Für das Leben heute

8. Was motiviert Sie nach dem, was Sie in diesem Psalm lesen, Gott zu loben?
9. In Philipper 4,8 heißt es: »Übrigens, Brüder, alles, was wahr, alles, was ehrbar, alles, was gerecht, alles, was rein, alles, was liebenswert, alles, was wohllautend ist, wenn es irgendeine Tugend und wenn es irgendein Lob gibt, das erwägt!« Welche Denkanstöße können Sie in diesem Psalm finden, die Ihnen als *wahr, ehrbar, gerecht, rein, liebenswert*, als *Tugend* und *Lob* ins Auge fallen?
10. Überfliegen Sie die Psalmen 141-145 und suchen Sie den Vers oder Abschnitt heraus, der Ihren eigenen geistlichen und emotionalen Zustand am besten beschreibt.

Psalm 146

Einstieg: Wie würden Sie das Wort *preisen* definieren?

Was steht im Text?

1. Beachten Sie den ersten Satz dieses Psalms. Wie oft wird dieser Satz in den Psalmen 146-150 verwandt?
2. Welche Hinweise gibt Psalm 146 darauf, wie man am besten glücklich werden kann?
3. Suchen Sie in jeder Strophe dieses Psalms ein *Schlüsselwort*, einen *Schlüsselbegriff* oder einen *Schlüsselsatz*.

Das Wesentliche erfassen

4. Was möchte Gott uns durch diesen Psalm in bezug auf sich klarmachen?

Für das Leben heute

5. Was können wir aus diesem Psalm in bezug auf Gottes souveräne Kontrolle über alle unsere Lebensumstände lernen?

Psalm 147

Was steht im Text?

1. Suchen Sie in jeder Strophe dieses Psalms ein *Schlüsselwort*, einen *Schlüsselbegriff* oder einen *Schlüsselsatz*.
2. Was weist in den Versen 19-20 auf die Einzigartigkeit Israels als Nation hin?

Das Wesentliche erfassen

3. Was möchte Gott uns in diesem Psalm in bezug auf sich klarmachen?

Für das Leben heute

4. Welches Wort oder welchen Satz aus diesem Psalm möchte Gott Ihnen besonders ans Herz legen?

Psalm 148

Was steht im Text?

1. *Wer* wird in diesem Psalm aufgefordert, Gott zu loben?
2. Suchen Sie in jeder Strophe dieses Psalms ein *Schlüsselwort*, einen *Schlüsselbegriff* oder einen *Schlüsselsatz*.

Das Wesentliche erfassen

3. Wie würden Sie Vers 14 erklären?

Psalm 149

Was steht im Text?

1. Welche Gründe, Gott zu loben, werden in diesem Psalm genannt?
2. Wie könnte man den Ausdruck »neues Lied« in Vers 1 definieren?
3. Suchen Sie in jeder Strophe dieses Psalms ein *Schlüsselwort*, einen *Schlüsselbegriff* oder einen *Schlüsselsatz*.

Für das Leben heute

4. Sehen Sie sich Vers 1 noch einmal an. Wann haben Sie zuletzt ein »neues Lied« zum Lobe Gottes gesungen?

Psalm 150

Was steht im Text?

1. *Wo* wird Gott in diesem Psalm gelobt, *warum* ist er zu loben, *wie* soll er gelobt werden und *wer* soll ihn loben?
2. Suchen Sie in jeder Strophe dieses Psalms ein *Schlüsselwort*, einen *Schlüsselbegriff* oder einen *Schlüsselsatz*.

Das Wesentliche erfassen

3. Warum ist Psalm 150 ein guter Abschluß für das Buch der Psalmen?
4. Welche Überschrift würden Sie jedem der Psalmen 146-150 geben?

Für das Leben heute

5. Überfliegen Sie die Psalmen 146-150 und suchen Sie den Vers oder Abschnitt heraus, der Ihren eigenen geistlichen und emotionalen Zustand zum gegenwärtigen Zeitpunkt am besten beschreibt.

Die Psalmen: Der Gesamteindruck

(Sprechen Sie noch einmal über die im »Überblick« angegebenen Fragen und bearbeiten Sie die unten aufgeführten.)

1. Um den größtmöglichen Gewinn aus dem Buch der Psalmen zu ziehen, lesen Sie in 2. Timotheus 3,16-17 einmal, was der Apostel Paulus mit Blick auf das Alte Testament schrieb. Dort heißt es, daß *alle* Schrift von großem Nutzen für uns ist, um uns a) zu lehren, b) zu überführen, c) zurechtzuweisen und d) zu unterweisen in der Gerechtigkeit, damit der Mensch Gottes vollkommen sei, zu »jedem guten Werk« völlig zugerüstet. Wenn Sie ernsthaft über diese Aufgaben der Bibel nachdenken, in welchem dieser Bereiche kann Ihnen das Buch der Psalmen von besonderem Nutzen sein?
2. Lesen Sie noch einmal die folgenden Verse und wählen Sie den SCHLÜSSELVERS für das Buch der Psalmen – den Vers, der am besten das ausdrückt, worum es in den Psalmen geht: 19,15; 29,2; 95,1; 145,21 oder 150,6.
3. DEM ERRETTER AUF DER SPUR – Welche Wörter, Bilder oder Themen im Buch der Psalmen haben Sie am meisten an Jesus erinnert? Welche davon haben einen besonders starken Eindruck auf Sie gemacht?
4. Wie würden Sie die folgende Aussage auf der Grundlage Ihrer eigenen Erfahrung so vervollständigen, daß sie für Sie die größtmögliche Bedeutung gewinnt: Ich glaube, es ist wichtig, daß Christen das Buch der Psalmen lesen und durcharbeiten, weil ...
5. Angenommen, das Buch der Psalmen wäre das einzige Buch im Alten Testament. Inwiefern würde es dennoch eine gute Hinführung zu der Botschaft Jesu im Neuen Testament sein?

SPRÜCHE

Überblick

(Besprechen Sie diese Überblicksfragen sowohl zu Beginn Ihrer Bearbeitung der Sprüche als auch, nachdem Sie alle einunddreißig Kapitel besprochen haben. Es könnte sein, daß Ihre Antworten vollkommen anders ausfallen, nachdem Sie sich sehr intensiv mit dem ganzen Buch auseinandergesetzt haben.)

Einstieg: Haben Sie in Ihrer Jugend einmal einen sehr guten Rat bekommen, an den Sie sich noch erinnern können?

Was steht im Text?

1. Bevor Sie sich intensiver mit den Sprüchen befassen, sollten Sie zusammentragen, was Sie bereits über dieses Buch wissen.
2. Welche Ähnlichkeiten erkennen Sie in den ersten Versen der folgenden Kapitel der Sprüche: 2, 3, 4, 5, 7 und 13? Was sagen diese Verse über das Wesen und den Zweck dieses Buches?
3. Welche Informationen bekommen Sie in den ersten Versen der folgenden Kapitel in bezug auf den Autor dieses Buches: 1, 10, 25, 30 und 31?
4. Sehen Sie sich auch auf Seite 10 die Liste mit Fragen an, die Sie sich vor der Bearbeitung der einzelnen Bücher stellen sollten.

Das Wesentliche erfassen

5. Die Wörter *Weisheit* und *weise* kommen in den Sprüchen häufiger vor als in jedem anderen Buch der Bibel. Was möchte Gott uns nach dem, was Sie in den folgenden Versen lesen, in bezug auf die Weisheit besonders klarmachen: 2,6; 3,19; 9,10; 11,2; 14,8; 14,33 und 15,33?
6. Beschreiben Sie nach dem, was Sie in den folgenden Versen lesen, den Unterschied zwischen *Weisheit* und *Wissen*, falls es einen gibt: 1,7; 2,6; 2,10; 3,19-20; 9,10; 14,6; 21,11; 24,5 und 30,3. Ist es vom biblischen Standpunkt aus möglich, Wissen ohne Weisheit zu besitzen oder Weisheit ohne Wissen?

Für das Leben heute

7. Die Sprüche sind unter den verschiedensten Überschriften zusammengefaßt worden: »Die Gesetze des Himmels für das Leben auf der Erde«, »Das Verhalten des Gläubigen«, »Der Weg zur Weisheit« und »Das Wesen wahrer

Weisheit«. Welche Antworten, Richtlinien und Lösungen versprechen Sie sich auf diesem Hintergrund von der Bearbeitung dieses Buches?

8. Wie würde nach dem, was Sie in Kapitel 2,1-6 lesen, Ihr persönliches Gebet lauten, das Sie während der Bearbeitung dieses Buches sprechen würden?
9. Wenn Sie bedenken, *wer* Gott ist und dann *was die Bibel ist*, wie würden Sie auf einer Skala von eins bis zehn Ihren Wunsch einschätzen, die Sprüche besser zu verstehen (eins = überhaupt kein Interesse; zehn = sehr großes Interesse)?
10. Wenn Sie in den Himmel kommen, sich mit Salomo unterhalten und er Sie fragt: »Was hat dir in den Sprüchen am meisten geholfen?«, was würden Sie gern antworten können?

Zur Vertiefung

Sehen Sie sich die beiden Psalmen 72 und 127 an, die Salomo geschrieben hat. Was erfahren Sie in diesen Psalmen über Salomos Charakter, seine Weisheit und seine Wertvorstellungen?

Sprüche 1

Was steht im Text?

1. Wie würden Sie nach dem, was Sie in den Versen 1-6 lesen, den Zweck dieses Buches beschreiben?
2. Lesen Sie Vers 3 und beantworten Sie die folgende Frage: Wie sollte das Leben eines Menschen aussehen, wenn er die in den Sprüchen aufgeführten Prinzipien verstanden hat und auslebt?
3. Welche Bedeutung würden Sie nach dem, was Sie in den Versen 7 und 29 lesen, der »Furcht des Herrn« für das Erlangen wahren Wissens beimessen?
4. Welches Bild für die Segnungen der Weisheit gibt uns Salomo in Vers 9?
5. Wovor werden wir in den Versen 10-19 gewarnt, und welche Gründe werden für diese Warnung angegeben?
6. Wie wird die Weisheit in den Versen 20-21 dargestellt?
7. An wen wendet sich in den Versen 22-27 die Weisheit, und welche wichtige Botschaft gibt sie weiter?
8. Wie würden Sie die Warnung und die Zusage in den Versen 32-33 in eigenen Worten formulieren?

Das Wesentliche erfassen

9. Überlegen Sie, mit welcher der folgenden Aussagen Sie übereinstimmen: a) Unser erstes Motiv, Weisheit zu erlangen, sollte der Wunsch sein, unser Leben zu verbessern. b) Unser erstes Motiv, Weisheit zu erlangen, sollte der Wunsch sein, anderen mehr Liebe zu erweisen. c) Unser erstes Motiv, Weisheit zu erlangen, sollte der Wunsch sein, Gott zu gefallen.

Für das Leben heute

10. Wenn stimmt, daß man »wird, wie man denkt«, welche wichtigen Gedanken aus diesem Kapitel möchten Sie sich gern zu eigen machen?
11. Wie würden Sie die *Lebensqualität* beschreiben, die Gott Sie gern erfahren lassen möchte?

Zur Vertiefung

Worin erkennen Sie in den folgenden Bibelstellen die Weisheit Jesu Christi: Lukas 2,52, Markus 6,2, 1. Korinther 1,24 und 1,30 und Kolosser 2,2-3?

Sprüche 2

Was steht im Text?

1. Welche Zusagen werden in Vers 5 gemacht, und welche Bedingungen für diese Zusage sind in den Versen 1-4 skizziert?
2. Welche zusätzlichen Zusagen werden in den Versen 9-12 und Vers 16 gemacht?
3. Welche weiteren Zusagen werden in den Versen 20-21 gegeben?
4. Was wird im Gegensatz dazu den Gottlosen in Vers 22 gesagt?

Das Wesentliche erfassen

5. Welches sind nach dem, was Sie in diesem Kapitel lesen, die großen Vorzüge der Weisheit?
6. Was wird in den Versen 6-8 über das Wesen und die Persönlichkeit Gottes gesagt?
7. Lesen Sie Kapitel 1,1-7 noch einmal, wo Salomo über den Zweck dieses Buches spricht. Wie beginnt er diese Absicht in Kapitel 2 umzusetzen?

Für das Leben heute

8. Welcher Vers in diesem Kapitel ist Ihnen in Ihrer gegenwärtigen Situation besonders wichtig geworden? Aus welchem Grund?

Zur Vertiefung

Was sollen wir nach Jakobus 1,5 tun, wenn uns Weisheit fehlt? Wie läßt sich dieser Schritt mit dem vergleichen, was uns hier in Sprüche 2,2-6 zu tun aufgetragen wird?

Sprüche 3

Einstieg: Diskutieren Sie die folgende Aussage: *Alles*, was man im Leben tut, steht im direkten Zusammenhang zu einer *Beziehung*, die man zu einem anderen Menschen hat.

Was steht im Text?

1. Welche Gebote finden Sie in den Versen 1-12?
2. Welche Vorzüge der Weisheit sind in den Versen 13-18 aufgeführt?
3. Welche Zusagen werden in den Versen 21-26 gemacht?
4. Was genau sollen wir nach den Versen 25-32 *nicht* tun?
5. Welche Richtlinien für gute Beziehungen erkennen Sie in den Versen 27-30?

Das Wesentliche erfassen

6. Würden Sie nach dem, was Sie bisher in den Sprüchen über die Bedeutung der Weisheit gehört haben, sagen, daß wahre Weisheit eher eine *Fertigkeit*, eine *Philosophie* oder eher eine *Haltung* ist? Erklären Sie Ihre Antwort.
7. Was möchte Gott uns in den Versen 19-20 in bezug auf sich selbst klarmachen?
8. Lesen Sie, was in den Versen 2 und 16 über Reichtum und ein langes Leben gesagt wird, und diskutieren Sie die folgenden Aussagen: a) Jeder, der sich nicht an die in den Sprüchen genannten Richtlinien der Weisheit hält, ist zu Armut und einem frühen Tod verurteilt. b) Die Richtlinien in den Sprüchen sind der von Gott gewiesene Weg zu Reichtum und einem langen Leben, aber Gott hat eine höhere Perspektive und ganz andere Ziele, die es manchmal erforderlich machen, daß seine Kinder diese irdischen Segnungen entbehren müssen. c) Nur durch die Gnade Gottes erfreuen sich gottlose Menschen

manchmal eines langen Lebens und großen Reichtums auf der Erde, doch sie werden dem Gericht Gottes in der Ewigkeit nicht entgehen. d) Wahrer Reichtum und wahres »langes Leben« sind nur im Himmel zu finden.

Für das Leben heute

9. Wie würden Sie nach dem, was Sie in diesem Kapitel lesen, den folgenden Satz vervollständigen: Gott möchte eigentlich von mir, daß ...

Zur Vertiefung

Sehen Sie sich die Verse 11-12 noch einmal an. Wie wird die Aussage dieses Abschnitts in Hebräer 12,4-11 erweitert? Wie wird diese Aussage dort weiterentwickelt?

Auch die Aussage aus Sprüche 3,34 wird im Neuen Testament weiterentwickelt. Lesen Sie Jakobus 4,6-7 und 1. Petrus 5,5-6. Was haben Jakobus und Petrus wohl gedacht, als sie diese Verse aus den Sprüchen studierten?

Sprüche 4

Was steht im Text?

1. Welche Anweisungen erhielt Salomo in den Versen 3-8 von seinem Vater?
2. Welche Zusagen werden in den Versen 9-12 gegeben? Welche halten Sie für die wichtigste?
3. Welche zusätzlichen Gebote werden in den Versen 13-15 und in 20-27 gegeben? Welches findet Salomo besonders wichtig?

Das Wesentliche erfassen

4. Welche Bilder stehen Ihnen vor Augen, wenn Sie über die Verse 7-9 nachdenken?
5. Sehen Sie sich auch das Bild an, das Salomo in den Versen 18-19 zeichnet. Inwiefern können diese Verse Ihrer Meinung nach als Zusammenfassung der gesamten Bibel dienen?
6. Warum legt Salomo Ihrer Meinung nach eine so große Betonung auf das Gebot in Vers 23?

Für das Leben heute

7. In Vers 7 spricht Salomo von den *Kosten* für den Erwerb von Weisheit. Welches sind Ihrer Meinung nach in Ihrem Leben die Kosten?

8. Sehen Sie sich die Zusage an, die in den Versen 11-12 gegeben wird. Wie können Sie in Ihrem Leben stolpern und zu Fall kommen?

9. In Römer 15,4 erinnert uns Paulus, daß die alttestamentlichen Schriften uns Geduld und Ausharren auf der einen Seite, aber auch Trost und Ermutigung geben können. Inwiefern können die Sprüche Ihr persönliches Bedürfnis nach *Ausharren* und *Ermutigung* erfüllen?

Zur Vertiefung

Was hat Jesus in den folgenden Bibelstellen zur Weisheit zu sagen: Lukas 7,33-35; 11,31 und 21,14-15?

Sprüche 5

Einstieg: Wenn Gott Sie fragte, für welche drei Dinge Sie im Augenblick besonders dankbar sind, was würden Sie antworten?

Was steht im Text?

1. Wie würden Sie die in diesem Kapitel ausgesprochene Warnung zusammenfassen?

2. Würden Sie sagen, daß der in diesem Kapitel beschriebene Ehebruch ein Bild für *alles* Böse ist? Inwiefern?

3. Welche positive Zusage wird in Vers 15 gegeben?

4. Wie würden Sie das Bild der ehelichen Freuden in den Versen 15-19 in eigenen Worten beschreiben?

5. Welcher Grund wird in Vers 21 dafür genannt, daß man die Ehe rein halten sollte?

Das Wesentliche erfassen

6. Welche wichtigen Gründe werden in diesem Kapitel dafür genannt, daß man keinen Ehebruch begehen sollte?

7. Was möchte Gott uns in Vers 21 in bezug auf sich selbst klarmachen?

8. Wenn der Ehebruch in diesem Kapitel als Bild für alles Böse gesehen werden kann, wie müssen Sie dann die Verse 15-19 interpretieren?

9. Von welcher Art des Todes wird in Vers 23 gesprochen?

Für das Leben heute

10. Sind Sie Ihrem Ehepartner vollkommen treu? Wie sieht Gott Ihrer Meinung nach zum gegenwärtigen Zeitpunkt Ihre Treue Ihrem Ehepartner gegenüber?
11. Wie sieht Gott wohl zum gegenwärtigen Zeitpunkt Ihre Treue *ihm* gegenüber?

Zur Vertiefung

Sehen Sie sich das Bild der in den Versen 15-19 beschriebenen ehelichen Freuden an. Überfliegen Sie die anderen Kapitel der Sprüche, um zu sehen, wie oft diese Bilder und Themen verwandt werden.

Sprüche 6

Was steht im Text?

1. Wie würden Sie das in den Versen 1-5 beschriebene Problem und die Lösung erklären?
2. Wie würden Sie die Hauptaussage der Verse 6-11 zusammenfassen?
3. Vor welchen negativen Zügen werden wir in den Versen 12-15 gewarnt?
4. Was haßt Gott nach dem, was wir in den Versen 16-19 lesen? Was genau haßt er Ihrer Meinung nach besonders? (Belegen Sie Ihre Antwort mit anderen Bibelstellen.)
5. Welche Gebote werden in den Versen 20-21 gegeben, und in welchem Zusammenhang stehen sie zu dem, was Sie in den Sprüchen bereits gelesen haben?
6. Wie würden Sie in eigenen Worten die Zusagen in den Versen 22-24 erklären?
7. Welche Gründe werden in den Versen 25-35 dafür genannt, daß man Ehebruch meiden sollte?

Das Wesentliche erfassen

8. Was wird in den Versen 1-5 in bezug auf die Ausgewogenheit zwischen Großzügigkeit auf der einen Seite und einer guten Verwaltung der eigenen Finanzen auf der anderen Seite gesagt?
9. Sehen Sie sich noch einmal an, was in Vers 8 über Ameisen gesagt wird. Natürlich gibt es auch andere Lebewesen, die im Sommer als Vorbereitung auf den Winter Nahrung sammeln und lagern. Warum hat Salomo ausgerechnet die *Ameisen* gewählt, um seine Aussage zu verdeutlichen, und kein anderes Tier?

10. Sehen Sie sich die Verse 16-19 noch einmal an. Welche Punkte in dieser Auflistung der Dinge, die Gott haßt, sind vorwiegend eine *Haltung*, welche eher *Taten*?

Für das Leben heute

11. Haben Sie schon einmal erlebt, daß eine finanzielle Zusage Sie in Schwierigkeiten gebracht hat? In welchem Zusammenhang würden die Aussagen der Verse 1-5 mit dieser Situation stehen?
12. Was in der Auflistung der Dinge, die Gott haßt, in den Versen 16-19 hassen *Sie* an sich selbst oder anderen ganz besonders?

Zur Vertiefung

Beachten Sie den poetischen hebräischen Stil, in dem die Zahlen in Vers 16 verwendet werden. Sehen Sie sich andere interessante Beispiele dafür in Sprüche 30 an. Lesen Sie die vier Listen in den Versen 15, 18, 21 und 29.

Sprüche 7

Was steht im Text?

1. Welche Gebote werden in den Versen 1-4 gegeben, und in welchem Zusammenhang stehen sie zu dem, was Sie in den vorhergehenden Kapiteln der Sprüche gelesen haben?
2. Welche Gründe gibt Salomo am Ende dieses Kapitels (Verse 24-27) dafür an, daß man Ehebruch meiden sollte, und in welchem Zusammenhang steht dies zu dem, was Sie in den Sprüchen bereits gelesen haben?
3. Denken Sie noch einmal über die Geschichte in den Versen 6-23 nach. Wie würden Sie dies einem Kind erklären, das gerade zum Gymnasium wechselt?

Das Wesentliche erfassen

4. Warum kehrt Salomo Ihrer Meinung nach in diesem Kapitel wieder zum Thema Ehebruch zurück, über das er bereits in den Kapiteln 5 und 6 gesprochen hat?
5. Stellen Sie sich noch einmal vor, Ehebruch wäre als Bild für alles verführerische Böse zu sehen. Wie würden Sie dann alle Elemente der Geschichte in den Versen 6-23 interpretieren?
6. Sehen Sie sich Salomos Worte in 1,1-7 noch einmal an. Wie kann dieses Kapitel dazu beitragen, den ausgesprochenen Zweck für dieses Buch zu erfüllen?

Für das Leben heute

7. Wie können Sie ganz praktisch die in Vers 25 gegebenen Richtlinien befolgen? Was bedeutet dieser Vers auf Ihre eigene Situation bezogen?

Sprüche 8

Einstieg: Welches sind die fünf wichtigsten Entscheidungen, die Sie im Leben getroffen haben?

Was steht im Text?

1. Kapitel 8 wurde auch der Schlüssel zum Buch der Sprüche genannt. Was in diesem Kapitel gibt ihm eine so große Bedeutung?
2. Welche Gebote gibt uns die Weisheit in diesem Kapitel?
3. Was bietet uns die Weisheit in den Versen 4-5 an?
4. Wie sind die *Worte* der Weisheit in den Versen 6-9 beschrieben?
5. Sehen Sie sich die in den Versen 10-11 erwähnte Entscheidung an. Soll dies eine einmalige oder eine immer wiederkehrende Entscheidung sein? Wie begründen Sie Ihre Antwort?
6. Welche Vorzüge der Weisheit werden in den Versen 14-21 genannt? In welchem Zusammenhang stehen sie zu dem, was Sie in den Sprüchen bereits gelesen haben?
7. Was möchte Gott dadurch erreichen, daß er die Verse 22-31 in die Bibel aufgenommen hat?
8. Wie kann man nach den Versen 32-36 am besten glücklich werden?

Das Wesentliche erfassen

9. Was möchte Gott uns Ihrer Meinung nach durch die Verse 12 und 13 klarmachen?
10. Was möchte Gott uns mit dem Wort *glücklich* in den Versen 32 und 34 klarmachen? Wie sollen wir dieses Wort definieren?
11. Falls Sie nur dieses Kapitel aus der Bibel zur Verfügung hätten, wie würden Sie damit *Weisheit* aus der Perspektive Gottes definieren?
12. Stellen Sie sich vor, Sie würden sich im Tempel in Jerusalem aufhalten, als der zwölfjährige Jesus hört, wie dieses Buch von den jüdischen Schriftgelehrten vorgelesen und ausgelegt wird. In Lukas 2,46 lesen wir, daß er auf diese

Lehrer hörte und ihnen Fragen stellte. Welche Verse aus diesem Kapitel würden ihn wohl besonders beeindruckt haben, und welche Fragen würde er gestellt, welche Kommentare abgegeben haben?

Für das Leben heute

13. Sehen Sie sich noch einmal die zu treffende Entscheidung in den Versen 10-11 an. Was bedeutet diese Entscheidung ganz praktisch in Ihrem Leben?
14. Falls Gott dieses Kapitel nur für Sie geschrieben hätte, welche Wörter oder Sätze hätte er Ihrer Meinung nach unterstrichen und warum?
15. Trifft die Aussage von Vers 34 auch auf Sie zu?

Sprüche 9

Was steht im Text?

1. Vergleichen Sie sorgfältig die beiden Einladungen, die in diesem Kapitel ausgesprochen werden, und die Art, wie jede davon dargestellt wird – die erste in den Versen 1-6, die zweite in den Versen 13-17. Welche Ähnlichkeiten und Unterschiede bestehen?
2. Welche wichtigen *Gegensätze* werden in den Versen 7-9 dargestellt?
3. Welche wichtigen Aussagen werden in den Versen 10-12 gemacht, und in welchem Zusammenhang stehen sie zu dem, was Sie in den Sprüchen bereits gelesen haben?
4. Sehen Sie sich Vers 18 sorgfältig an. Welches ist das Thema dieses Verses? In welchen der vorhergehenden Kapiteln ist dieses Thema bereits angesprochen worden?

Das Wesentliche erfassen

5. Welcher Vers in Kapitel 9 ist Ihrer Meinung nach der *Höhepunkt* all dessen, was Sie in den Sprüchen bereits gelesen haben?
6. Lesen Sie in 1,1-7 noch einmal, was Salomo über die Absicht schreibt, die er mit diesem Buch verfolgt. Wie trägt dieses Kapitel dazu bei, diese Absicht umzusetzen?

Für das Leben heute

7. Lesen Sie die Verse 7-9 noch einmal. Welche Wörter oder Sätze dieses Abschnitts beschreiben *Ihre* Reaktion auf Kritik?

8. Auf welche der in diesem Kapitel dargestellten Einladungen haben Sie, wenn Sie über Ihr Leben nachdenken, am häufigsten positiv reagiert?

Zur Vertiefung

Welche wichtigen Aussagen über die Weisheit werden in Jakobus 3,13-18 gemacht? Welche Ähnlichkeiten erkennen Sie zwischen dieser Bibelstelle und Sprüche 9?

Sprüche 10

Einstieg: Welche Denkweisen können sehr leicht verhindern, daß das Buch der Sprüche in unserem Leben lebendig wird?

Was steht im Text?

1. Überlegen Sie, welches Thema jedes Sprichwort in diesem Kapitel zum Inhalt hat. Erstellen Sie nun eine Liste aller angesprochenen Themen und ordnen Sie die entsprechenden Verse zu. Welches dieser Themen dominiert? Welches ist Ihrer Meinung nach besonders wichtig?
2. Welche Unterschiede zwischen dem Gerechten und dem Gottlosen werden in diesem Kapitel genannt?

Das Wesentliche erfassen

3. Würden Sie sagen, daß sich die Aussagen dieses Kapitels nur auf Christen beziehen, oder sind Christen wie Nichtchristen gleichermaßen angesprochen?
4. Welches ist Ihrer Meinung nach der Unterschied zwischen einem *Sprichwort* und einem *Versprechen*?
5. In Sprüche 9,10 sagt Salomo, daß die *Furcht des Herrn* der Weisheit Anfang ist. Überlegen Sie noch einmal, was in diesem Kapitel zu unserer Einstellung und unserem Verhalten gesagt wird. In welchem Bereich erkennen Sie problemlos die Ehrfurcht vor Gott als zugrundeliegendes Motiv? In welchem Bereich ist diese Grundlage schwieriger zu erkennen?

Für das Leben heute

6. Nehmen Sie an, Sie würden eine Stimme vom Himmel hören, die Ihnen sagte: »Sei nicht zu ehrgeizig und versuche nicht, zu viel aus diesem Kapitel auf einmal auf dein Leben anzuwenden. Suche dir nur eine Sache heraus und konzentriere dich darauf.« Was würden Sie wählen?

Zur Vertiefung

Inwiefern findet sich die Aussage von Vers 12 in 1. Petrus 4,8-10 wieder?

Sprüche 11

Was steht im Text?

1. Überlegen Sie, welches Thema jedes Sprichwort in diesem Kapitel zum Inhalt hat. Erstellen Sie nun eine Liste aller angesprochenen Themen und ordnen Sie die entsprechenden Verse zu. Welches Thema dominiert? Welches Thema ist Ihrer Meinung nach besonders wichtig?
2. Welche Unterschiede zwischen dem Gerechten und dem Gottlosen werden in diesem Kapitel genannt?

Das Wesentliche erfassen

3. Wie würden Sie nach dem, was Sie in diesem Kapitel lesen, das Wort *Gerechtigkeit* definieren?

Für das Leben heute

4. Das Wort *Weisheit,* wie es in den Sprüchen verwendet wird, definiert vorwiegend eine »Fertigkeit« – die Fertigkeit, ein produktives Leben zu führen, das Gott gefällt. Welche Bereiche werden in den Kapiteln 10 und 11 der Sprüche angesprochen, in denen Sie in Ihrem Leben eine größere Fertigkeit erwerben möchten?
5. Wenn Sie gebeten würden, vor einer Gruppe Gymnasialschüler eine fünfminütige Rede über die Kapitel 10 und 11 der Sprüche zu halten, über welche Verse aus diesen Kapiteln würden Sie sprechen? Welche Aussagen würden Sie machen, wenn Sie das Alter und die Interessen Ihrer Zuhörerschaft bedenken, und mit welchen Beispielen aus dem Leben würden Sie Ihre Aussagen verdeutlichen?
6. Stellen Sie sich nun vor, Sie sollten eine fünfminütige Rede über die Kapitel 10 und 11 vor Zweitkläßlern halten. Über welche Verse würden Sie sprechen? Welche Aussagen würden Sie machen, wenn Sie das Alter und die Interessen dieser Zuhörerschaft bedenken, und mit welchen Beispielen aus dem Leben würden Sie Ihre Aussagen verdeutlichen?

Zur Vertiefung

Sehen Sie sich den letzten Vers dieses Kapitels noch einmal an. Wie entwickelt der Apostel Petrus die Aussage dieses Verses in 1. Petrus 4,17-19 weiter?

Sprüche 12

Einstieg: Was halten Sie für die drei wichtigsten Werte, um in der Welt heute erfolgreich zu sein?

Was steht im Text?

1. Überlegen Sie, welches Thema jedes Sprichwort in diesem Kapitel zum Inhalt hat. Erstellen Sie nun eine Liste aller angesprochenen Themen und ordnen Sie die entsprechenden Verse zu. Welches dieser Themen dominiert? Welches ist Ihrer Meinung nach besonders wichtig?
2. Welche Unterschiede zwischen dem Gerechten und dem Gottlosen werden in diesem Kapitel genannt?

Das Wesentliche erfassen

3. Denken Sie an Salomos Aussage, daß die *Furcht des Herrn* der Weisheit Anfang ist. Überlegen Sie noch einmal, was in diesem Kapitel zu unserer Einstellung und unserem Verhalten gesagt wird. In welchem Bereich erkennen Sie problemlos die Ehrfurcht vor Gott als zugrundeliegendes Motiv? In welchem Bereich ist dieses Motiv als Grundlage schwieriger zu erkennen?

Für das Leben heute

4. Nehmen Sie an, am Ende dieses Kapitels hätte Salomo den folgenden Satz hinzugefügt: »Wenn dir nur eines aus diesem Kapitel in Erinnerung bleiben sollte, so laß es ... sein.« Wie würden Sie ganz persönlich diesen Satz vervollständigen?
5. In Jesaja 55,10-11 sagt Gott, daß er Regen und Schnee vom Himmel schickt, um die Erde zu bewässern und das Leben zu erhalten. In gleichem Maße gibt er sein Wort zu einem ganz bestimmten Zweck. Was möchte Gott Ihrer Meinung nach aus dem, was Sie bisher in den Sprüchen gelesen haben, durch das Buch der Sprüche im Leben der Christen heute erreichen?

Sprüche 13

Was steht im Text?

1. Überlegen Sie, welches Thema jedes Sprichwort in diesem Kapitel zum Inhalt hat. Erstellen Sie nun eine Liste aller angesprochenen Themen und ordnen Sie

die entsprechenden Verse zu. Welches dieser Themen dominiert? Welches ist Ihrer Meinung nach besonders wichtig?

2. Welche Unterschiede zwischen dem Gerechten und dem Gottlosen werden in diesem Kapitel genannt?

Das Wesentliche erfassen

3. Was sagt dieses Kapitel über Armut und Reichtum aus?

Für das Leben heute

4. Das Wort *Weisheit*, wie es in den Sprüchen verwendet wird, definiert vorwiegend eine »Fertigkeit« – die Fertigkeit, ein produktives Leben zu führen, das Gott gefällt. Welche Bereiche werden in den Kapiteln 12 und 13 der Sprüche angesprochen, in denen Sie in Ihrem Leben eine größere Fertigkeit erwerben möchten?

5. Wenn Sie gebeten würden, vor einer Gruppe Gymnasialschüler eine fünfminütige Rede über die Kapitel 12 und 13 der Sprüche zu halten, welche Verse aus diesen Kapiteln würden Sie auswählen? Welche Aussagen würden Sie machen, wenn Sie das Alter und die Interessen Ihrer Zuhörerschaft bedenken, und mit welchen Beispielen aus dem Leben würden Sie Ihre Aussagen verdeutlichen?

6. Stellen Sie sich nun vor, Sie sollten eine fünfminütige Rede über die Kapitel 12 und 13 vor Zweitkläßlern halten. Über welche Verse würden Sie sprechen? Welche Aussagen würden Sie machen, wenn Sie das Alter und die Interessen dieser Zuhörerschaft bedenken, und mit welchen Beispielen aus dem Leben würden Sie Ihre Aussagen verdeutlichen?

Sprüche 14

Einstieg: Welche Realitäten in ihrem Leben können die Menschen heute nur schwer akzeptieren? Inwiefern machen sie sich gern selbst etwas vor?

Was steht im Text?

1. Überlegen Sie, welches Thema jedes Sprichwort in diesem Kapitel zum Inhalt hat. Erstellen Sie nun eine Liste aller angesprochenen Themen und ordnen Sie die entsprechenden Verse zu. Welches dieser Themen dominiert? Welches ist Ihrer Meinung nach besonders wichtig?

2. Welche Unterschiede zwischen dem Gerechten und dem Gottlosen werden in diesem Kapitel genannt?

DAS WESENTLICHE ERFASSEN

3. In Matthäus 6,33 trägt Jesus uns auf, zuerst nach dem Reich Gottes und seiner Gerechtigkeit zu trachten. Welche Richtlinien Gottes für Könige oder Herrscher finden sich in diesem Kapitel? (Lesen Sie vor allem die Verse 28 und 35.) Und welche Schlußfolgerungen können Sie daraus in bezug auf die Herrschaft und das Reich des *Herrn* ziehen?
4. Welche Prinzipien der Führerschaft würden Sie aus den gleichen Versen ableiten?

FÜR DAS LEBEN HEUTE

5. Welches Sprichwort in diesem Kapitel möchte Gott Ihnen besonders ans Herz legen?
6. Welches sind Ihrer Meinung nach die wahrscheinlichsten Hindernisse, die Sie persönlich daran hindern, alles das zu verstehen und zu lernen, was Gott Ihnen im Buch der Sprüche klarmachen möchte?

SPRÜCHE 15

WAS STEHT IM TEXT?

1. Überlegen Sie, welches Thema jedes Sprichwort in diesem Kapitel zum Inhalt hat. Erstellen Sie nun eine Liste aller angesprochenen Themen und ordnen Sie die entsprechenden Verse zu. Welches dieser Themen dominiert? Welches ist Ihrer Meinung nach besonders wichtig?
2. Welche Unterschiede zwischen dem Gerechten und dem Gottlosen werden in diesem Kapitel genannt?

DAS WESENTLICHE ERFASSEN

3. Was wird in den Versen 3, 11 und 25-26 über das Wesen und die Persönlichkeit Gottes gesagt?
4. Welche Rolle spielt dieses Kapitel Ihrer Meinung nach bei der Verwirklichung der Absicht Salomos für dieses Buch, wie er sie in 1,1-7 beschreibt?

FÜR DAS LEBEN HEUTE

5. Denken Sie noch einmal daran, daß das Wort *Weisheit* in den Sprüchen im Sinne einer Fertigkeit verwandt wird – der Fertigkeit, die nötig ist, um ein produktives Leben zu führen, das Gott gefällt. Welche Bereiche werden in

den Kapiteln 14 und 15 der Sprüche angesprochen, in denen Sie in Ihrem Leben eine größere Fertigkeit erwerben möchte?

6. Wenn Sie gebeten würden, vor einer Gruppe Gymnasialschüler eine fünfminütige Rede über die Kapitel 14 und 15 der Sprüche zu halten, über welche Verse aus diesen Kapiteln würden Sie sprechen? Welche Aussagen würden Sie machen, wenn Sie das Alter und die Interessen Ihrer Zuhörerschaft bedenken, und mit welchen Beispielen aus dem Leben würden Sie Ihre Aussagen verdeutlichen?

7. Stellen Sie sich nun vor, Sie sollten eine fünfminütige Rede über die Kapitel 10 und 11 vor Zweitkläßlern halten. Über welche Verse würden Sie sprechen? Welche Aussagen würden Sie machen, wenn Sie das Alter und die Interessen dieser Zuhörerschaft bedenken, und mit welchen Beispielen aus dem Leben würden Sie Ihre Aussagen verdeutlichen?

SPRÜCHE 16

Einstieg: Wenn Sie einen Bereich Ihres inneren Lebens, eine Einstellung, Neigung oder Denkweise, auf der Stelle und dauerhaft verändern könnten, wofür würden Sie sich entscheiden?

WAS STEHT IM TEXT?

1. Überlegen Sie, welches Thema jedes Sprichwort in diesem Kapitel zum Inhalt hat. Erstellen Sie nun eine Liste aller angesprochenen Themen und ordnen Sie die entsprechenden Verse zu. Welches dieser Themen dominiert? Welches ist Ihrer Meinung nach besonders wichtig?

DAS WESENTLICHE ERFASSEN

2. Was sagt Salomo in den Versen 1-4 über das Wesen und die Persönlichkeit Gottes?

3. Denken Sie noch einmal an den Auftrag Jesu, zuerst nach dem Reich und der Gerechtigkeit Gottes zu trachten. Welche Richtlinien Gottes für Könige oder Herrscher können Sie in diesem Kapitel finden? (Lesen Sie vor allem die Verse 10 und 12-15.) Und welche Schlußfolgerungen können Sie daraus in bezug auf das Königtum und das Königreich Gottes ziehen? Welche Führungsprinzipien würden Sie diesen Versen entnehmen?

FÜR DAS LEBEN HEUTE

4. Wie können Sie heute das Gebot in Vers 3 ganz praktisch befolgen?

Sprüche 17

Was steht im Text?

1. Überlegen Sie, welches Thema jedes Sprichwort in diesem Kapitel zum Inhalt hat. Erstellen Sie nun eine Liste aller angesprochenen Themen und ordnen Sie die entsprechenden Verse zu. Welches dieser Themen dominiert? Welches ist Ihrer Meinung nach besonders wichtig?

Das Wesentliche erfassen

2. Denken Sie an die Aussage Salomos, daß die *Furcht des Herrn* der Weisheit Anfang ist. Überlegen Sie noch einmal, was in diesem Kapitel zu unserer Einstellung und unserem Verhalten gesagt wird. In welchem Bereich erkennen Sie problemlos die Ehrfurcht vor Gott als zugrundeliegendes Motiv? In welchem Bereich ist dieses Motiv als Grundlage schwieriger zu erkennen?
3. Was möchte Gott uns in Vers 3 in bezug auf sich selbst klarmachen?

Für das Leben heute

4. Welches Sprichwort in diesem Kapitel ist Ihnen in Ihrer gegenwärtigen Situation besonders wichtig geworden – und warum?

Sprüche 18

Was steht im Text?

1. Überlegen Sie, welches Thema jedes Sprichwort in diesem Kapitel zum Inhalt hat. Erstellen Sie nun eine Liste aller angesprochenen Themen und ordnen Sie die entsprechenden Verse zu. Welches dieser Themen dominiert? Welches ist Ihrer Meinung nach besonders wichtig?

Das Wesentliche erfassen

2. Was möchte Gott uns in Vers 10 in bezug auf sich selbst klarmachen?

Für das Leben heute

3. Denken Sie noch einmal daran, daß das Wort *Weisheit* in den Sprüchen im Sinne einer Fertigkeit verwandt wird – der Fertigkeit, die nötig ist, um ein produktives Leben zu führen, das Gott gefällt. Welche Bereiche werden in

den Kapitel 16-18 angesprochen, in denen Sie in Ihrem Leben eine größere Fertigkeit erwerben möchten?

4. Wenn Sie über die Kapitel 16-18 eine fünfminütige Rede vor einer Gruppe Gymnasialschüler halten sollten, über welche Verse würden Sie sprechen? Welche Aussagen würden Sie machen, und mit welchen Beispielen aus dem Leben würden Sie Ihre Aussagen verdeutlichen?
5. Stellen Sie sich nun vor, Sie sollten eine fünfminütige Rede vor Zweitkläßlern halten. Welche Verse aus den Kapiteln 16-18 würden Sie auswählen? Welche Aussagen würden Sie machen, und mit welchen Beispielen aus dem Leben würden Sie Ihre Aussagen verdeutlichen?

Zur Vertiefung

Sehen Sie sich Vers 10 noch einmal an, und denken Sie über die Macht des Namens Gottes nach. Welche Gründe können Sie in den folgenden Bibelstellen für diese Macht erkennen: 2. Mose 3,13-15, Psalm 52,11, Matthäus 6,9 und Philipper 2,9-10?

Sprüche 19

Einstieg: In welchen Lebenssituationen ist es besonders schwierig, Geduld zu üben?

Was steht im Text?

1. Überlegen Sie, welches Thema jedes Sprichwort in diesem Kapitel zum Inhalt hat. Erstellen Sie nun eine Liste aller angesprochenen Themen und ordnen Sie die entsprechenden Verse zu. Welches dieser Themen dominiert? Welches ist Ihrer Meinung nach besonders wichtig?
2. Wie würden Sie Vers 21 in eigenen Worten erklären?

Das Wesentliche erfassen

3. Denken Sie noch einmal an das Gebot Christi, zuerst nach dem Reich Gottes und seiner Gerechtigkeit zu trachten. Welche Richtlinien Gottes für Könige oder Herrscher können Sie in diesem Kapitel finden? (Lesen Sie vor allem die Verse 6 und 12.) Und welche Schlußfolgerungen können Sie in bezug auf die Herrschaft und das Reich *Gottes* ziehen?
4. Welche Führungsprinzipien würden Sie diesen Versen entnehmen?

Für das Leben heute

5. Stellen Sie sich vor, Salomo hätte am Ende des Kapitels den Satz angefügt: »Und wenn dir nur eines aus diesem Kapitel in Erinnerung bleibt, so sei das ...« Wie würde er Ihrer Meinung nach diesen Satz vervollständigen, wenn er dabei an *Sie* denkt?

Sprüche 20

Was steht im Text?

1. Überlegen Sie, welches Thema jedes Sprichwort in diesem Kapitel zum Inhalt hat. Erstellen Sie nun eine Liste aller angesprochenen Themen und ordnen Sie die entsprechenden Verse zu. Welches dieser Themen dominiert? Welches ist Ihrer Meinung nach besonders wichtig?

Das Wesentliche erfassen

2. Lesen Sie Vers 27 noch einmal und erklären Sie in eigenen Worten, was Gott uns Ihrer Meinung nach in bezug auf sich selbst klarmachen möchte.
3. Denken Sie an das Gebot Christi, zuerst nach dem Reich Gottes und seiner Gerechtigkeit zu trachten. Welche Richtlinien Gottes für Könige oder Herrscher können Sie in diesem Kapitel finden? (Lesen Sie vor allem die Verse 2, 8, 26 und 28.) Welche Schlußfolgerungen können Sie aus diesen Versen in bezug auf die Herrschaft und das Reich Gottes ziehen?
4. Welche Führungsprinzipien können Sie diesen Versen entnehmen?

Für das Leben heute

5. Welches Sprichwort in diesem Kapitel möchte Gott Ihnen zum gegenwärtigen Zeitpunkt besonders ans Herz legen?

Sprüche 21

Was steht im Text?

1. Überlegen Sie, welches Thema jedes Sprichwort in diesem Kapitel zum Inhalt hat. Erstellen Sie nun eine Liste aller angesprochenen Themen und ordnen Sie die entsprechenden Verse zu. Welches dieser Themen dominiert? Welches ist Ihrer Meinung nach besonders wichtig?

Das Wesentliche erfassen

2. Erklären Sie in eigenen Worten, welche wichtigen Aussagen in den Versen 1-2 und 30-31 über das Wesen und die Persönlichkeit Gottes gemacht werden.

Für das Leben heute

3. Sehen Sie sich Vers 3 noch einmal an. Wenn Sie bedenken, was dort gesagt wird und wie Gott in Ihrem Leben handelt, welcher *nächste Schritt* Ihrerseits würde Gott wohl besonders gut gefallen? Was sollten Sie in der näheren Zukunft tun?
4. Denken Sie noch einmal daran, daß das Wort *Weisheit* in den Sprüchen im Sinne einer Fertigkeit verwandt wird – der Fertigkeit, die nötig ist, ein produktives Leben zu führen, das Gott gefällt. Welche Bereiche werden in den Kapiteln 19-21 der Sprüche angesprochen, in denen Sie in Ihrem Leben eine größere Fertigkeit erwerben möchten?
5. Wenn Sie über die Kapitel 19-21 eine fünfminütige Rede vor einer Gruppe Gymnasialschüler halten sollten, über welche Verse würden Sie sprechen? Welche Aussagen würden Sie machen, und mit welchen Beispielen aus dem Leben würden Sie Ihre Aussagen verdeutlichen?
6. Stellen Sie sich nun vor, Sie sollten eine fünfminütige Rede vor Zweitkläßlern halten. Welche Verse aus den Kapiteln 19-21 würden Sie auswählen? Welche Aussagen würden Sie machen, und mit welchen Beispielen aus dem Leben würden Sie Ihre Aussagen verdeutlichen?

Sprüche 22

Einstieg: Was sollte bei Ihrer Beerdigung gesagt werden?

Was steht im Text?

1. Überlegen Sie, welches Thema jedes Sprichwort in diesem Kapitel zum Inhalt hat. Erstellen Sie nun eine Liste aller angesprochenen Themen und ordnen Sie die entsprechenden Verse zu. Welches dieser Themen dominiert? Welches ist Ihrer Meinung nach besonders wichtig?

Das Wesentliche erfassen

2. Lesen Sie noch einmal, was in Vers 19 über das Vertrauen in Gott gesagt wird. Inwiefern trägt das Buch der Sprüche dazu bei, unseren Glauben an Gott aufzubauen?

3. Denken Sie noch einmal an das Gebot Christi, zuerst nach dem Reich Gottes und seiner Gerechtigkeit zu trachten. Welche Richtlinien Gottes für Könige oder Herrscher können Sie in diesem Kapitel finden? (Lesen Sie vor allem Vers 11.) Und welche Schlußfolgerungen können Sie daraus in bezug auf die Herrschaft und das Reich Gottes ziehen?

Für das Leben heute

4. Wenn Gott dieses Kapitel nur für Sie geschrieben hätte, welche Wörter oder Sätze hätte er Ihrer Meinung nach unterstrichen – und warum?

Sprüche 23

Was steht im Text?

1. Überlegen Sie, welches Thema jedes Sprichwort in diesem Kapitel zum Inhalt hat. Erstellen Sie nun eine Liste aller angesprochenen Themen und ordnen Sie die entsprechenden Verse zu. Welches dieser Themen dominiert? Welches ist Ihrer Meinung nach besonders wichtig?

Das Wesentliche erfassen

2. Denken Sie noch einmal an Salomos Aussage, daß die *Furcht des Herrn* der Weisheit Anfang ist. Überlegen Sie, was in diesem Kapitel zu unserer Einstellung und unserem Verhalten gesagt wird. In welchem Bereich erkennen Sie problemlos die Ehrfurcht vor Gott als zugrundeliegendes Motiv? In welchem Bereich ist dieses Motiv als Grundlage schwieriger zu erkennen?

Für das Leben heute

3. Welches Sprichwort in diesem Kapitel ist Ihnen in Ihrer gegenwärtigen Situation besonders wichtig geworden – und warum?

Sprüche 24

Was steht im Text?

1. Überlegen Sie, welches Thema jedes Sprichwort in diesem Kapitel zum Inhalt hat. Erstellen Sie nun eine Liste aller angesprochenen Themen und ordnen Sie die entsprechenden Verse zu. Welches dieser Themen dominiert? Welches ist Ihrer Meinung nach besonders wichtig?

Das Wesentliche erfassen

2. Lesen Sie die Verse 11-12 und erklären Sie in eigenen Worten, was Gott uns in diesem Abschnitt in bezug auf sich selbst besonders klarmachen möchte.

Für das Leben heute

3. Denken Sie noch einmal daran, daß das Wort *Weisheit* in den Sprüchen im Sinne einer Fertigkeit verwandt wird – der Fertigkeit, die nötig ist, ein produktives Leben zu führen, das Gott gefällt. Welche Bereiche werden in den Kapiteln 22-24 der Sprüche angesprochen, in denen Sie in Ihrem Leben eine größere Fertigkeit erwerben möchten?
4. Wenn Sie über die Kapitel 22-24 eine fünfminütige Rede vor einer Gruppe Gymnasialschüler halten sollten, über welche Verse würden Sie sprechen? Welche Aussagen würden Sie machen, und mit welchen Beispielen aus dem Leben würden Sie Ihre Aussagen verdeutlichen?
5. Stellen Sie sich nun vor, Sie sollten eine fünfminütige Rede vor Zweitkläßlern halten. Welche Verse aus den Kapiteln 22-24 würden Sie auswählen? Welche Aussagen würden Sie machen, und mit welchen Beispielen aus dem Leben würden Sie Ihre Aussagen verdeutlichen?

Zur Vertiefung

Wie wird die Aussage in den Versen 21-22 in 1. Petrus 2,13-17 (vor allem wie in 1. Petrus 2,17 zusammengefaßt) weiterentwickelt?

Sprüche 25

Einstieg: Welche interessante Stelle haben Sie in der vergangenen Woche in der Bibel gelesen?

Was steht im Text?

1. Überlegen Sie, welches Thema jedes Sprichwort in diesem Kapitel zum Inhalt hat. Erstellen Sie nun eine Liste aller angesprochenen Themen und ordnen Sie die entsprechenden Verse zu. Welches dieser Themen dominiert? Welches ist Ihrer Meinung nach besonders wichtig?

Das Wesentliche erfassen

2. Wie trägt Ihrer Meinung nach dieses Kapitel dazu bei, die in 1,1-7 genannte Absicht für dieses Buch umzusetzen?

Für das Leben heute

3. Wenn Gott dieses Kapitel nur für Sie geschrieben hätte, welche Wörter oder Sätze hätte er Ihrer Meinung nach unterstrichen und aus welchem Grund?

Zur Vertiefung

Sehen Sie sich die Verse 21-22 noch einmal an und lesen Sie, wie Paulus diesen Abschnitt in Römer 12,20 verwendet. Inwiefern entwickelt Paulus dieses Sprichwort in Römer 12,21 weiter?

Sprüche 26

Was steht im Text?

1. Überlegen Sie, welches Thema jedes Sprichwort in diesem Kapitel zum Inhalt hat. Erstellen Sie nun eine Liste aller angesprochenen Themen und ordnen Sie die entsprechenden Verse zu. Welches dieser Themen dominiert? Welches ist Ihrer Meinung nach besonders wichtig?

Das Wesentliche erfassen

2. Wie sollte nach dem, was wir in diesem Kapitel lesen, das Wort *Narr* definiert werden? Was würde Gott wollen?

Für das Leben heute

3. Denken Sie noch einmal daran, daß das Wort *Weisheit* in den Sprüchen im Sinne einer Fertigkeit verwandt wird – der Fertigkeit, die nötig ist, ein produktives Leben zu führen, das Gott gefällt. Welche Bereiche werden in den Kapiteln 14 und 15 der Sprüche angesprochen, in denen Sie in Ihrem Leben eine größere Fertigkeit erwerben möchten?
4. Wenn Sie über die Kapitel 25 und 26 eine fünfminütige Rede vor einer Gruppe Gymnasialschüler halten sollten, über welche Verse würden Sie sprechen? Welche Aussagen würden Sie machen, und mit welchen Beispielen aus dem Leben würden Sie Ihre Aussagen verdeutlichen?
5. Stellen Sie sich nun vor, Sie sollten eine fünfminütige Rede vor Zweitkläßlern halten. Welche Verse aus den Kapiteln 25 und 26 würden Sie auswählen? Welche Aussagen würden Sie machen, und mit welchen Beispielen aus dem Leben würden Sie Ihre Aussagen verdeutlichen?

Zur Vertiefung

Sehen Sie sich Vers 11 noch einmal an. Petrus zitiert diesen Abschnitt in 2. Petrus 2,22. Über wen spricht Petrus da?

Sprüche 27

Einstieg: Worauf freuen Sie sich hier auf der Erde am meisten?

Was steht im Text?

1. Überlegen Sie, welches Thema jedes Sprichwort in diesem Kapitel zum Inhalt hat. Erstellen Sie nun eine Liste aller angesprochenen Themen und ordnen Sie die entsprechenden Verse zu. Welches dieser Themen dominiert? Welches ist Ihrer Meinung nach besonders wichtig?

Das Wesentliche erfassen

2. Denken Sie noch einmal an die Aussage Salomos, daß die *Furcht des Herrn* der Weisheit Anfang ist. Überlegen Sie, was in diesem Kapitel zu unserer Einstellung und unserem Verhalten gesagt wird. In welchem Bereich erkennen Sie problemlos die Ehrfurcht vor Gott als zugrundeliegendes Motiv? In welchem Bereich ist dieses Motiv als Grundlage schwieriger zu erkennen?

Für das Leben heute

3. Stellen Sie sich vor, am Ende dieses Kapitels hätte Salomo den folgenden Satz angefügt: »Und wenn dir nur eines aus diesem Kapitel in Erinnerung bleiben sollte, so sollte dies .... sein.« Wie würde er diesen Satz vervollständigt haben?

Zur Vertiefung

Vergleichen Sie Vers 1 mit dem, was Jakobus in Jakobus 4,13-16 sagt. Welche Übereinstimmung besteht zwischen diesen beiden Abschnitten?

Sprüche 28

Was steht im Text?

1. Überlegen Sie, welches Thema jedes Sprichwort in diesem Kapitel zum Inhalt hat. Erstellen Sie nun eine Liste aller angesprochenen Themen und ordnen Sie

die entsprechenden Verse zu. Welches dieser Themen dominiert? Welches ist Ihrer Meinung nach besonders wichtig?

Das Wesentliche erfassen

2. Welche Führungsprinzipien würden Sie den Versen 2, 3 und 16 entnehmen?

Für das Leben heute

3. Welches Sprichwort dieses Kapitels möchte Gott Ihnen besonders ans Herz legen?
4. In Jeremia 23,29 sagt Gott, daß sein Wort wie ein Feuer und wie ein Hammer ist. Er kann durch sein Wort unsere unsauberen Gedanken und Sehnsüchte wegbrennen. Mit seinem Wort kann er uns aber auch hart treffen und unsere geistliche Härte zerschmettern. Wie würden Sie diese »Feuer-und-Hammer-Macht« Gottes in Ihrem Leben gern am Werk sehen?

Sprüche 29

Was steht im Text?

1. Überlegen Sie, welches Thema jedes Sprichwort in diesem Kapitel zum Inhalt hat. Erstellen Sie nun eine Liste aller angesprochenen Themen und ordnen Sie die entsprechenden Verse zu. Welches dieser Themen dominiert? Welches ist Ihrer Meinung nach besonders wichtig?

Das Wesentliche erfassen

2. Welche Führungsprinzipien würden Sie den Versen 4, 12, 14 und 26 entnehmen?

Für das Leben heute

3. Denken Sie noch einmal daran, daß das Wort *Weisheit* in den Sprüchen im Sinne einer Fertigkeit verwandt wird – der Fertigkeit, die nötig ist, ein produktives Leben zu führen, das Gott gefällt. Welche Bereiche werden in den Kapiteln 27-29 der Sprüche angesprochen, in denen Sie in Ihrem Leben eine größere Fertigkeit erwerben möchten?
4. Wenn Sie über die Kapitel 27-29 eine fünfminütige Rede vor einer Gruppe Gymnasialschüler halten sollten, über welche Verse würden Sie sprechen? Welche Aussagen würden Sie machen, und mit welchen Beispielen aus dem Leben würden Sie Ihre Aussagen verdeutlichen?

5. Stellen Sie sich nun vor, Sie sollten eine fünfminütige Rede vor Zweitkläßlern halten. Welche Verse aus den Kapiteln 27-29 würden Sie auswählen? Welche Aussagen würden Sie machen, und mit welchen Beispielen aus dem Leben würden Sie Ihre Aussagen verdeutlichen?

Sprüche 30

Einstieg: In welchem wichtigen Lebensbereich möchten Sie in den nächsten Monaten weiterkommen?

Was steht im Text?

1. Was sagt Agur in den Versen 2-3 über sich selbst? Und warum sagt er das wohl? (In den nachfolgenden Versen finden Sie vielleicht Hinweise auf die Antwort darauf.)
2. Sehen Sie sich die Verse 5-6 an. Was wird uns in Vers 6 zu tun aufgetragen?
3. Welche Bitten spricht Agur in den Versen 7-9 aus, und welche Gründe gibt er dafür an?

Das Wesentliche erfassen

4. Was möchte Gott uns in den Versen 4-5 in bezug auf sich selbst klarmachen?
5. Welche Bilder und Konzepte der Verse 11-33 fallen Ihnen besonders ins Auge?

Für das Leben heute

6. Wie gut beschreibt die letzte Zeile von Vers 5 zum gegenwärtigen Zeitpunkt Ihre eigene Erfahrung mit Gott im Vergleich zu einem Zeitpunkt in der Vergangenheit? Nehmen Sie als Bewertungshilfe eine Skala von eins bis zehn (eins = sehr viel geringer als früher, zehn = sehr viel stärker als früher).

Zur Vertiefung

Sehen Sie sich Vers 6 noch einmal an. Lesen Sie nun 5. Mose 4,1-2 und Offenbarung 22,18-19. Würden Sie sagen, daß alle diese Stellen dieselbe Aussage enthalten? Warum oder warum nicht?

Sprüche 31

Was steht im Text?

1. Welche Aufforderungen finden Sie in den Aussprüchen König Lemuels (Verse 1-9)?
2. Welche Warnungen enthalten diese Verse?
3. Wie würden Sie die *Schönheit* der Verse 10-31 beschreiben? Was macht diesen Abschnitt so eindrucksvoll?
4. Wie viele positive Charakterzüge der in den Versen 10-31 beschriebenen Frau können Sie nennen?
5. Auf welche Beziehungen der Frau wird in diesem Abschnitt eingegangen?

Das Wesentliche erfassen

6. Welche Führungsprinzipien würden Sie den Versen 1-9 entnehmen?
7. Würden Sie sagen, daß die Verse 10-31 in erster Linie für Frauen gelten, in erster Linie für Männer oder für beide gleichermaßen? Wie begründen Sie Ihre Antwort?
8. Warum hat Gott die Verse 10-31 wohl in die Bibel aufgenommen? Was möchte er damit sagen?
9. Inwiefern trägt dieses Kapitel dazu bei, die in 1,1-7 ausgesprochene Absicht Salomos für dieses Buch umzusetzen?

Für das Leben heute

10. Überlegen Sie, wie Sie auf der Grundlage dieses Kapitels den folgenden Satz vervollständigen würden: Was Gott eigentlich von mir möchte, ist ...

Die Sprüche: Der Gesamteindruck

(Sprechen Sie noch einmal über die im »Überblick« angegebenen Fragen und bearbeiten Sie die unten aufgeführten.)

1. Um den größtmöglichen Gewinn aus dem Buch der Sprüche zu ziehen, lesen Sie in 2. Timotheus 3,16-17 einmal, was der Apostel Paulus mit Blick auf das Alte Testament schrieb. Dort heißt es, daß *alle* Schrift von großem Nutzen für uns ist, um uns a) zu lehren, b) zu überführen, c) zurechtzuweisen und d) zu unterweisen in der Gerechtigkeit, damit der Mensch Gottes vollkommen sei, zu jedem guten Werk völlig zugerüstet. Wenn Sie ernsthaft über diese Auf-

gaben der Bibel nachdenken, in welchem dieser Bereiche kann Ihnen das Buch der Sprüche von besonderem Nutzen sein?

2. Lesen Sie noch einmal die folgenden Verse und wählen Sie den SCHLÜSSELVERS für das Buch der Sprüche – den Vers, der am besten das ausdrückt, worum es in diesem Buch geht: 1,5-7; 3,5-6; 4,23; 8,13 oder 9,10.
3. DEM ERRETTER AUF DER SPUR – Welche Wörter, Bilder oder Themen im Buch der Sprüche haben Sie besonders an Jesus erinnert?
4. Wie würden Sie die folgende Aussage auf der Grundlage Ihrer eigenen Erfahrung so vervollständigen, daß sie für Sie die größtmögliche Bedeutung gewinnt: Ich glaube, es ist wichtig, daß Christen das Buch der Sprüche lesen und durcharbeiten, weil ...
5. Angenommen, das Buch der Sprüche wäre das einzige Buch im Alten Testament. Inwiefern würde es dennoch eine gute Hinführung zu der Botschaft Jesu im Neuen Testament sein?

PREDIGER

Überblick

(Besprechen Sie diese Überblicksfragen sowohl zu Beginn Ihrer Bearbeitung des Predigers als auch, nachdem Sie alle zwölf Kapitel durchgenommen haben. Es könnte sein, daß Ihre Antworten vollkommen anders ausfallen, nachdem Sie sich sehr intensiv mit dem ganzen Buch auseinandergesetzt haben.)

Einstieg: Hat es Gelegenheiten in Ihrem Leben gegeben, wo Sie erfahren mußten, daß Dinge, die im Augenblick angenehm sind, nicht unbedingt ein dauerhaftes Vergnügen darstellen? Unter welchen Umständen mußten Sie diese Lektion lernen?

Was steht im Text?

1. Bevor Sie sich intensiver mit dem Buch des Predigers befassen, sollten Sie zusammentragen, was Sie bereits über dieses Buch wissen.
2. Lesen Sie die folgenden Verse und überlegen Sie, was der Prediger über *Glück* oder *Freude* sagt: 2,26; 3,12; 5,19; 7,14 und 11,9.
3. Überlegen Sie, welche Aktivität sich in den folgenden Versen immer wieder wiederholt: 2,24; 3,13; 4,9; 5,19; 8,15 und 10,15. Welchen Hinweis gibt Ihnen dies auf die zentrale Botschaft dieses Buches?
4. Sehen Sie sich das Wort an, das in 1,2 zweimal genannt wird. Überfliegen Sie das ganze Buch und suchen Sie heraus, wie häufig es sich wiederholt. Was wissen Sie über die Bedeutung dieses Wortes, wie es hier im Prediger verwendet wird?
5. Was sagt 11,9 und 12,1 über die Zuhörer aus, die dieses Buch anspricht?
6. Welchen Hinweis geben die folgenden Textstellen auf den Autor dieses Buches: 1,1; 1,12-13; 2,1-9 und 12,9-10?
7. Vergleichen Sie 1,2 mit 12,13-14. Welche Schlußfolgerungen können Sie aus diesen Aussagen am Anfang und Ende des Predigers auf den Zweck und das Wesen dieses Buches ziehen?
8. Sehen Sie sich auch auf Seite 10 die Liste mit Fragen an, die Sie sich vor der Bearbeitung dieses Buches stellen sollten.

Für das Leben heute

9. Der Prediger ist unter den verschiedensten Überschriften zusammengefaßt worden: »Alte Weisheit für den modernen Menschen«, »Die Dummheit, Gott zu vergessen«, »Ein weiser Mensch glaubt an Gott« und »Das nichtige Denken und Leben des natürlichen Menschen«. Welche Antworten und Richtlinien versprechen Sie sich auf diesem Hintergrund von der Bearbeitung des Predigers?
10. Wie würde nach dem, was Sie in Prediger 12,13 lesen, Ihr persönliches Gebet lauten, das Sie während der Bearbeitung dieses Buches sprechen würden?
11. Wenn Sie bedenken, *wer Gott ist,* und dann, *was die Bibel ist*, wie würden Sie auf einer Skala von eins bis zehn Ihren Wunsch einschätzen, das Buch des Predigers besser zu verstehen (eins = überhaupt kein Interesse, zehn = sehr großes Interesse)?
12. Wenn Sie in den Himmel kommen, sich mit Salomo unterhalten und er Sie fragt: »Was hat dir im Buch des Predigers besonders geholfen?«, was würden Sie gern antworten?

Prediger 1

Was steht im Text?

1. Welche beiden Fragen werden in diesem Kapitel gestellt?
2. Wie würden Sie in eigenen Worten die Schlußfolgerungen und Beobachtungen des Autors in diesem Kapitel zusammenfassen?
3. Sehen Sie sich auch auf Seite 10 die Liste mit Fragen an, die Sie sich während der Bearbeitung der einzelnen Kapitel stellen sollten.

Für das Leben heute

4. In Sprüche 2,1-5 wird von dem aufrichtigen Menschen gesprochen, der sich nach Weisheit und Verständnis sehnt und in der Schrift danach forscht, als wäre es ein vergrabener Schatz. Dieser Mensch, so sagt Salomo, wird die Furcht des Herrn verstehen und die Erkenntnis Gottes gewinnen. Welchen »verborgenen Schatz« soll Gott Ihnen zeigen, der Ihnen klarmacht, wie Gott und seine Weisheit sind? Wie würden Sie diesen Wunsch in Ihren eigenen Worten formulieren?

Prediger 2

Was steht im Text?

1. Welche Aspekte des Lebens durchforscht der Autor in diesem Kapitel, um die eigentliche Bedeutung des Lebens zu finden?
2. Wie oft wird Gott in diesem Kapitel erwähnt, und welche Informationen werden über ihn gegeben?

Das Wesentliche erfassen

3. Was sagen die Verse 17-26 über die richtigen Perspektiven aus, die wir in bezug auf unsere Arbeit haben sollten?
4. Fassen Sie zusammen, was in den Versen 24-26 über *Gott* gesagt wird und was über *uns*.
5. Welche Verse in diesem Kapitel sprechen von dem Glauben des Autors an Gott?

Zur Vertiefung

Sehen Sie sich die Verse 24-26 noch einmal an und vergleichen Sie sie mit dem, was Sie in 1. Korinther 10,31 und Kolosser 3,17 lesen. Würden Sie sagen, daß diese Stellen übereinstimmen? Warum oder warum nicht?

Prediger 3

Was steht im Text?

1. Welche drei Fragen werden in diesem Kapitel gestellt?
2. Wie oft wird Gott in diesem Kapitel erwähnt, und was wird über ihn gesagt?
3. Lesen Sie in den Versen 1-8 aufmerksam die Liste der Aktivitäten im Leben. Fallen Ihnen Aspekte des Lebens ein, die hier nicht erwähnt sind?
4. Sehen Sie sich die erste Hälfte von Vers 11 an. Wie würden Sie diese Aussage in eigenen Worten formulieren?
5. Konzentrieren Sie sich jetzt auf die letzte Hälfte von Vers 11. Falls diese Aussage stimmt, warum stimmt sie? Welche Gründe können Sie aus Ihrer Sicht dafür nennen?
6. Welches *Motiv* oder welche *Absicht* Gottes wird in Vers 14 angesprochen?

7. Der Prediger wird von einigen als das verwirrendste Buch der Bibel betrachtet. Welche unbeantworteten Fragen haben Sie nach dem, was Sie bereits in diesem Buch gelesen haben?

Das Wesentliche erfassen

8. Können Sie nach dem, was Sie bisher gelesen haben, sagen, daß die folgende Aussage eine exakte Zusammenfassung dessen ist, was dieses Buch sagen will: *Obwohl es im Leben viele Enttäuschungen gibt, können wir uns trotzdem daran freuen und die Kraft finden zu bewältigen, was immer auf uns zukommt.*
9. Diskutieren Sie nach dem, was Sie in den Versen 1-8 gelesen haben, die folgende Aussage: *Der richtige Zeitpunkt ist wichtig.*
10. Welche wichtigen Erkenntnisse hat Salomo in den Versen 10-15 in bezug auf das Wesen und die Persönlichkeit Gottes?
11. Sehen Sie sich die erste Aussage in Vers 11 noch einmal an und vergleichen Sie sie mit den Versen 18-21. Trifft die Aussage aus Vers 11 nur auf die Menschen zu? Wenn ja, wie wichtig ist sie als Hinweis auf den gravierenden Unterschied zwischen den Menschen und allen anderen Lebewesen auf der Erde?
12. Stellen Sie sich vor, Sie würden sich im Tempel in Jerusalem aufhalten, als der zwölfjährige Jesus hört, wie dieses Buch von den jüdischen Schriftgelehrten vorgelesen und ausgelegt wird. In Lukas 2,46 lesen wir, daß er auf diese Lehrer hörte und ihnen Fragen stellte. Welche Verse aus diesem Kapitel würden ihn wohl besonders beeindruckt haben, und welche Fragen würde er gestellt, welche Kommentare abgegeben haben?

Für das Leben heute

13. Sehen Sie sich die Liste in den Versen 1-8 noch einmal an und denken Sie über den Lebensabschnitt nach, in dem Sie sich gerade befinden. Welche Punkte dieser Liste treffen auf Sie zu?
14. In Philipper 4,8 heißt es: »Übrigens, Brüder, alles, was wahr, alles, was ehrbar, alles, was gerecht, alles, was rein, alles, was liebenswert, alles, was wohllautend ist, wenn es irgendeine Tugend und wenn es irgendein Lob gibt, das erwägt!« Welche Denkanstöße können Sie in diesem Psalm finden, die Ihnen als *wahr, ehrbar, gerecht, rein, liebenswert,* als *Tugend* und *Lob* ins Auge fallen?
15. Wenn Sie beschließen würden, eine neue »Zweckaussage« für Ihr Leben niederzuschreiben, welche Ideen oder Sätze aus Prediger 1-3 würden Sie einfließen lassen?
16. Welche Wörter oder Sätze in diesem Kapitel geben Hinweis auf den Glauben des Autors an Gott?

PREDIGER 4

Einstieg: Welche Art der Arbeit mögen Sie am liebsten?

WAS STEHT IM TEXT?

1. Welche beiden Fragen werden in diesem Kapitel gestellt?
2. Wie würden Sie in einem Satz zusammenfassen, was in diesem Kapitel gesagt wird?
3. Wie würden Sie den Stil beschreiben, in dem der Prediger geschrieben ist? Würden Sie sagen, daß der Autor kühl und objektiv geschrieben hat oder eher hitzig und leidenschaftlich? Was sagt der Schreibstil über den Autor des Buches aus?

DAS WESENTLICHE ERFASSEN

4. Diskutieren Sie die folgende Aussage: Es ist unmöglich, die Bedeutung des Lebens in dieser Welt zu verstehen, wenn man nicht über die Welt hinaussieht.

FÜR DAS LEBEN HEUTE

5. Welche Hinweise haben Sie bisher in diesem Buch gefunden, daß Gott einen Plan und ein Ziel für Ihr Leben hat?

ZUR VERTIEFUNG

Sowohl das Buch Hiob als auch der Prediger beschäftigen sich mit universalen Fragen über die Bedeutung des Lebens. Würden Sie sagen, daß sich diese beiden Bücher in Schreibstil und Ton ähneln? Vergleichen Sie das, was Sie bisher im Prediger gelesen haben, mit Abschnitten aus dem Buch Hiob, wie zum Beispiel Kapitel 3, 10, 27 und 31. Welches Buch ist Ihrer Meinung nach emotionaler geschrieben?

PREDIGER 5

WAS STEHT IM TEXT?

1. In welchen beiden Versen in diesem Kapitel wird eine Frage gestellt?
2. Wie viele Verbote enthält dieses Kapitel?

3. Wie oft wird Gott in diesem Kapitel erwähnt, und welche Informationen werden über ihn gegeben?

Das Wesentliche erfassen

4. Was wird in den Versen 17-19 über *Gott* gesagt, was über *uns*?
5. Was können wir nach dem, was wir in Vers 19 lesen, über die *Absicht* Gottes für unser Leben sagen?
6. Welche Verse in diesem Kapitel weisen hin auf den Glauben des Autors an Gott?
7. Welche der folgenden drei Aussagen halten Sie für die beste Beschreibung des Buches des Predigers – und warum? a) Dieses Buch will uns zeigen, wie wir leben sollen. b) Dieses Buch zeigt uns, daß wir das Leben besser bewältigen können, wenn Gott unser Mittelpunkt ist, als wenn wir uns nur um uns selbst drehen. c) Dieses Buch macht uns Mut, uns aller überflüssigen irdischen Besitztümer zu entledigen.

Für das Leben heute

8. In Römer 15,4 erinnert uns Paulus, daß die alttestamentlichen Schriften uns Geduld und Ausharren auf der einen Seite, aber auch Trost und Ermutigung geben können. Inwiefern werden die Psalmen in Ihrem Leben dieser Beschreibung gerecht? Inwiefern kann dieses Buch Ihr Bedürfnis nach *Ausharren* und *Ermutigung* erfüllen?

Zur Vertiefung

Vergleichen sie die Beobachtungen in den Versen 18-20 mit dem, was Jesus in Matthäus 6,25-34 sagt.

Prediger 6

Was steht im Text?

1. Welche Fragen werden in diesem Kapitel gestellt? Und welche davon haben Sie sich auch schon gestellt?

Das Wesentliche erfassen

2. Was können wir aus dem, was Gott in den Versen 1-2 gibt oder zurückhält, auf seine *Souveränität* über unser Leben und seinen *Plan* für unser Leben schließen?

3. Wenn Sie daran denken, daß der Prediger als eines der verwirrendsten Bücher der Bibel bezeichnet wurde, welche unbeantworteten Fragen haben Sie in bezug auf das, was Sie bisher gelesen haben?

Für das Leben heute

4. Wenn Sie beschließen würden, eine neue »Zweckaussage« für Ihr Leben zu formulieren, welche Ideen oder Sätze aus Prediger 4-6 würden Sie einfließen lassen?

Prediger 7

Einstieg: Welches Beispiel für *Weisheit* haben Sie in der vergangenen Woche im Verhalten eines anderen Menschen erlebt?

Was steht im Text?

1. Wie oft wird Gott in diesem Kapitel erwähnt, und was wird über ihn gesagt?

Das Wesentliche erfassen

2. Sehen Sie sich die letzte Aussage in Vers 14 an. *Warum* sind Sie der Meinung, daß diese Aussage stimmt? Und wenn sie stimmt, was bedeutet dies dann für unsere Zukunft und unsere Pläne für unsere Zukunft?
3. Welche Hinweise finden Sie an anderen Stellen in der Bibel, die die Aussagen in Vers 29 stützen?

Prediger 8

Was steht im Text?

1. Welche *Warnungen* – direkte oder indirekte – werden in den Versen 9-13 gegeben?
2. Welche Wörter oder Sätze aus diesem Kapitel geben Aufschluß über den Glauben des Autors an Gott?

Das Wesentliche erfassen

3. Sehen Sie sich die Verse 16-17 noch einmal genau an und diskutieren Sie die folgende Aussage: Der Prediger fordert uns auf, die Philosophie des Menschen und das damit verbundene ernsthafte Denken zu vergessen.

Für das Leben heute

4. In Jesaja 55,10-11 erinnert uns Gott daran, daß er Regen und Schnee vom Himmel schickt, um die Erde zu bewässern und das Leben zu erhalten. In gleichem Maße gibt er sein Wort, um einen bestimmten Zweck zu erfüllen. Was möchte *Gott* Ihrer Meinung nach aus dem, was Sie bisher gelesen haben, durch das Buch des Predigers im Leben der Christen heute erreichen?

Zur Vertiefung

Vergleichen Sie Vers 12 mit dem, was Paulus in Römer 8,28 sagt. Welche Ähnlichkeiten bestehen, welche Unterschiede gibt es?

Prediger 9

Was steht im Text?

1. Wie oft wird Gott in diesem Kapitel erwähnt, und was wird über ihn gesagt?

Das Wesentliche erfassen

2. Wie würden Sie die Schlußfolgerungen und Beobachtungen des Autors in diesem Kapitel zusammenfassen?

Prediger 10

Was steht im Text?

1. Wie würden Sie die Schlußfolgerungen und Beobachtungen des Autors in diesem Kapitel zusammenfassen?

Das Wesentliche erfassen

2. Denken Sie noch einmal daran, daß der Prediger eines der verwirrendsten Bücher der Bibel genannt worden ist. Welche unbeantworteten Fragen haben Sie in bezug auf das, was Sie bisher in diesem Buch gelesen haben?

Für das Leben heute

3. Wenn Sie beschließen würden, eine neue »Zweckaussage« für Ihr Leben niederzuschreiben, welche Ideen oder Sätze aus Prediger 7-10 würden Sie einfließen lassen?

Prediger 11

Einstieg: Was im Leben wird einfacher, wenn man älter wird, was wird schwieriger?

Was steht im Text?

1. Wie oft wird Gott in diesem Kapitel erwähnt, und was wird über ihn gesagt?
2. Welche Verse in diesem Kapitel geben Aufschluß über den Glauben des Autors an Gott?

Das Wesentliche erfassen

3. Was möchte Gott uns in Vers 5 in bezug auf sich selbst besonders klarmachen?

Prediger 12

Was steht im Text?

1. Kapitel 12 wurde der Schlüssel zum Buch des Predigers genannt. Wieso ist dieses Kapitel so bedeutungsvoll?
2. Wie oft wird Gott in diesem Kapitel erwähnt, und was wird über ihn gesagt?
3. Wie würden Sie die Schlußfolgerungen und Beobachtungen des Autors in diesem Kapitel zusammenfassen?

Das Wesentliche erfassen

4. Welches ist nach der Ansicht des Autors der beste Weg, Gott zu gefallen: a) sich von der Welt zurückzuziehen und sich statt dessen auf geistliche Angelegenheit zu konzentrieren oder b) irdische Angelegenheiten in geistliche *umzuwandeln*? Begründen Sie Ihre Antwort.

Für das Leben heute

5. Wenn Sie beschließen würden, eine neue »Zweckaussage« für Ihr Leben niederzuschreiben, welche Ideen oder Sätze aus Prediger 11 und 12 würden Sie einfließen lassen?

Zur Vertiefung

Sehen Sie sich Jakobus 4,13-17 und 1. Johannes 2,15-17 an. Welche Sätze aus dem Neuen Testament geben am besten wieder, was im Buch des Predigers gesagt wird?

Prediger: Der Gesamteindruck

(Sprechen Sie noch einmal über die im »Überblick« angegebenen Fragen und bearbeiten Sie die unten aufgeführten.)

1. Warum hat Gott Ihrer Meinung nach dieses Buch in die Bibel aufgenommen?
2. Um den größtmöglichen Gewinn aus dem Buch des Predigers zu ziehen, lesen Sie einmal, was der Apostel Paulus in 2. Timotheus 3,16-17 mit Blick auf das Alte Testament schrieb. Dort heißt es, daß *alle* Schrift von großem Nutzen für uns ist, um uns a) zu lehren, b) zu überführen, c) zurechtzuweisen und d) zu unterweisen in der Gerechtigkeit, damit der Mensch Gottes vollkommen sei, zu »jedem guten Werk« völlig zugerüstet. Wenn Sie ernsthaft über diese Aufgaben der Bibel nachdenken, in welchem dieser Bereiche kann Ihnen das Buch des Predigers von besonderem Nutzen sein?
3. Lesen Sie noch einmal die folgenden Verse und wählen Sie den SCHLÜSSELVERS für das Buch des Predigers – den Vers, der am besten das ausdrückt, worum es in diesem Buch geht: 1,2-3; 2,24 oder 12,13-14.
4. DEM ERRETTER AUF DER SPUR – Welche Wörter, Bilder oder Themen im Buch des Predigers haben Sie besonders an Jesus erinnert?
5. Angenommen, der Prediger wäre das einzige Buch im Alten Testament. Inwiefern würde es dennoch eine gute Hinführung zu der Botschaft Jesu im Neuen Testament sein?
6. Wie würden Sie die folgende Aussage auf der Grundlage Ihrer eigenen Erfahrung so vervollständigen, daß sie für Sie die größtmögliche Bedeutung gewinnt: Ich glaube, es ist wichtig, daß Christen das Buch des Predigers lesen und durcharbeiten, weil ...

DAS HOHELIED

Überblick

(Besprechen Sie diese Überblicksfragen sowohl zu Beginn Ihrer Bearbeitung des Hohenliedes als auch, nachdem Sie alle acht Kapitel durchgenommen haben. Es könnte sein, daß Ihre Antworten vollkommen anders ausfallen, nachdem Sie sich sehr intensiv mit dem ganzen Buch auseinandergesetzt haben.)

Einstieg: Kennen Sie ein Ehepaar, dessen Beziehung Sie besonders beeindruckt hat, das eine Ehe führt, in der die Eheleute sich besonders nahestehen und sich übereinander freuen?

Was steht im Text?

1. Bevor Sie sich intensiver mit dem Hohelied befassen, sollten Sie zusammentragen, was Sie bereits über dieses Buch wissen.
2. Suchen Sie in den folgenden Versen ein Wort, das Ihnen ganz besonders ins Auge fällt: 1,2; 2,4; 3,5; 4,10 und 8,6-7. Wie würden Sie dieses Wort nach dem, was es hier im Hohelied Salomos zu bedeuten scheint, definieren?
3. Sehen Sie sich auch auf Seite 10 die Liste mit Fragen an, die Sie sich vor der Bearbeitung der einzelnen Bücher stellen sollten.

Für das Leben heute

4. Das Hohelied ist unter den verschiedensten Überschriften zusammengefaßt worden: »Das Buch der himmlischen Liebe«, »Die Kunst der Bewunderung«, »Das größte Liebeslied« und »Die Verherrlichung der Liebe unter Eheleuten«. Welche Antworten, Richtlinien und Lösungen versprechen Sie sich auf diesem Hintergrund von der Bearbeitung dieses Buches?
5. Wenn Sie in den Himmel kommen, sich mit Salomo unterhalten und er Sie fragt: »Was hat dir in dem Hohelied besonders geholfen?«, was würden Sie gern antworten?
6. Wenn Sie bedenken, *wer Gott ist* und dann *was die Bibel ist*, wie würden Sie auf einer Skala von eins bis zehn Ihren Wunsch einschätzen, das Hohelied besser zu verstehen (eins = überhaupt kein Interesse, zehn = sehr großes Interesse)?

Hohelied 1

Was steht im Text?

1. Wie würden Sie nach dem, was Sie in diesem Kapitel lesen, die Leidenschaft der ehelichen Liebe beschreiben? Was denkt, sagt und tut diese Leidenschaft?

Für das Leben heute

2. In Sprüche 2,1-5 wird von dem aufrichtigen Menschen gesprochen, der sich nach Weisheit und Verständnis sehnt und in der Schrift danach forscht, als wäre es ein vergrabener Schatz. Dieser Mensch, so sagt Salomo, wird die Furcht des Herrn verstehen und die Erkenntnis Gottes gewinnen. Welchen »verborgenen Schatz« soll Gott Ihnen zeigen – der Ihnen klarmacht, wie Gott und seine Weisheit sind? Wie würden Sie diesen Wunsch mit Ihren eigenen Worten formulieren?

Hohelied 2

Was steht im Text?

1. Beschreiben Sie nach dem, was Sie in diesem Kapitel lesen, die Leidenschaft der ehelichen Liebe. Was denkt, sagt und tut diese Leidenschaft?

Hohelied 3

Was steht im Text?

1. Beschreiben Sie, wie die eheliche Liebe auch in diesem Kapitel dargestellt wird. Was denkt, sagt und tut sie?

Für das Leben heute

2. In Jesaja 55,10-11 erinnert uns Gott daran, daß er Regen und Schnee vom Himmel schickt, um die Erde zu bewässern und das Leben zu erhalten. In gleichem Maße gibt er sein Wort, um einen bestimmten Zweck zu erfüllen. Was möchte Gott Ihrer Meinung nach aus dem, was Sie bisher gelesen haben, durch das Hohelied im Leben der Christen heute erreichen?

Hohelied 4

Was steht im Text?

1. Beschreiben Sie, wie die eheliche Liebe in diesem Kapitel dargestellt wird. Was denkt, sagt und tut sie?

Das Wesentliche erfassen

2. Immer wieder verwendet Gott das Bild der Ehe für seine eigene Liebesbeziehung zu seinem Volk und der Liebesbeziehung Christi zu seiner Gemeinde. Denken Sie auf diesem Hintergrund über die Bilder und Themen nach, die bisher im Hohelied angesprochen wurden. Inwiefern können sie Ihrer Meinung nach auf die Beziehung des Herrn zu uns angewendet werden?

Hohelied 5

Was steht im Text?

1. Beschreiben Sie die Leidenschaft der ehelichen Liebe, wie sie in Kapitel 5 dargestellt wird. Was denkt, sagt und tut sie?
2. Wie würden Sie zusammenfassen, was Sie bisher in diesem Buch bereits gelesen haben?

Für das Leben heute

3. Welche Verse dieses Buches haben Ihnen besonders geholfen, Ihre Leidenschaft für Ihren Ehepartner zu vertiefen?

Hohelied 6

Was steht im Text?

1. Beschreiben Sie, wie die Leidenschaft der ehelichen Liebe in Kapitel 6 dargestellt wird. Was denkt, tut und sagt sie?

HOHELIED 7

WAS STEHT IM TEXT?

1. Beschreiben Sie, wie die Leidenschaft der ehelichen Liebe in Kapitel 7 dargestellt wird. Was denkt, tut und sagt diese Leidenschaft?

HOHELIED 8

WAS STEHT IM TEXT?

1. Beschreiben Sie, wie die Leidenschaft der ehelichen Liebe in Kapitel 8 dargestellt wird. Was denkt, tut und sagt diese Leidenschaft?

DAS WESENTLICHE ERFASSEN

2. Welche Hinweise finden Sie in diesem Kapitel darauf, daß die Leidenschaft der ehelichen Liebe sowohl *gut* als auch *schön* ist?
3. Denken Sie noch einmal daran, daß Gott in der Bibel die Ehe als Bild für seine Liebesbeziehung zu seinem Volk und Christi Liebesbeziehung zur Gemeinde verwendet. Denken Sie auf diesem Hintergrund über die Bilder und Themen nach, die Sie in der letzten Hälfte des Hohenliedes gefunden haben. Inwiefern können sie Ihrer Meinung nach auf die Beziehung des Herrn zu uns angewandt werden?

FÜR DAS LEBEN HEUTE

4. Welche Verse in diesem Buch beschreiben Ihre Leidenschaft für Ihren Partner?

DAS HOHELIED: DER GESAMTEINDRUCK

(Sprechen Sie noch einmal über die im »Überblick« angegebenen Fragen und bearbeiten Sie die unten aufgeführten.)

1. Um den größtmöglichen Gewinn aus dem Buch des Hohenliedes zu ziehen, lesen Sie einmal, was der Apostel Paulus in 2. Timotheus 3,16-17 mit Blick auf das Alte Testament schrieb. Dort heißt es, daß *alle* Schrift von großem Nutzen für uns ist, um uns a) zu lehren, b) zu überführen, c) zurechtzuweisen und d) zu unterweisen in der Gerechtigkeit, damit der Mensch Gottes vollkommen sei, zu »jedem guten Werk«, völlig zugerüstet. Denken Sie ernsthaft

über diese Aufgaben der Bibel nach und überlegen Sie, in welchem dieser Bereiche Ihnen das Hohelied von besonderem Nutzen sein kann.

2. Stellen Sie sich vor, Sie würden mit dem Stoff des Hohenliedes einen Film produzieren. Welche Kulissen, Darsteller, Hintergrundmusik, Lichteffekte etc. würden Sie wählen, um die zentrale Botschaft dieses Buches zu übermitteln?

3. Lesen Sie noch einmal die folgenden Verse und wählen Sie den SCHLÜSSELVERS für das Hohelied – den Vers, der am besten das ausdrückt, worum es in diesem Buch geht: 6,3; 7,10 oder 8,7.

4. Welches ist Ihrer Meinung nach das Hauptthema (die Hauptthemen) des Hohenliedes?

5. DEM ERRETTER AUF DER SPUR – Welche Wörter, Bilder oder Themen in diesem Buch haben Sie besonders an Jesus erinnert?

6. Wie würden Sie die folgende Aussage auf der Grundlage Ihrer eigenen Erfahrung so vervollständigen, daß sie für Sie die größtmögliche Bedeutung gewinnt: Ich glaube, es ist wichtig, daß Christen dieses Buch lesen und durcharbeiten, weil ...

JESAJA

Überblick

(Besprechen Sie diese Überblicksfragen sowohl zu Beginn Ihrer Bearbeitung des Buches Jesaja als auch, nachdem Sie alle sechsundsechzig Kapitel durchgenommen haben. Es könnte sein, daß Ihre Antworten vollkommen anders ausfallen, nachdem Sie sich sehr intensiv mit dem ganzen Buch auseinandergesetzt haben.)

Einstieg: Sprechen Sie über die folgende Frage: Welche Charaktereigenschaften sind nach dem, was Sie aus dem Alten Testament wissen, für einen Menschen besonders nützlich, den Gott zum Prophetenamt beruft?

Was steht im Text?

1. Bevor Sie sich intensiver mit dem Propheten Jesaja befassen, sollten Sie zusammentragen, was Sie bereits über dieses Buch wissen.
2. Suchen Sie den Satz, der in den folgenden Versen immer wiederkehrt: 30,15; 31,1; 37,23; 40,25-26; 41,14-16; 48,17 und 54,5. (Einen ähnlich wichtigen Ausdruck finden Sie in 29,23.) Welche Bedeutung messen Sie diesem Satz nach der Art, wie er in diesen Versen verwandt wird, bei? Was möchte Gott uns damit klarmachen?
3. Suchen Sie in den folgenden Versen das Wort, das besonders ins Auge fällt: 12,2-3; 25,9; 33,6; 49,6; 51,5-6 und 61,10. Wie würden Sie dieses Wort nach dem, was es hier in Jesaja bedeutet, definieren?
4. Sehen Sie sich auch auf Seite 10 die Liste mit Fragen an, die Sie sich vor der Bearbeitung der einzelnen Bücher stellen sollten.

Für das Leben heute

5. Das Buch Jesaja ist unter den verschiedensten Überschriften zusammengefaßt worden: »Umkehr, Reue und Erneuerung«, »Gottes Botschaft für schwierige Zeiten« und »Der kommende Erretter und Israels König«, während Jesaja selbst »Der messianische Prophet« und »Der evangelisierende Prophet« genannt wurde. Welche Antworten, Richtlinien und Lösungen versprechen Sie sich auf diesem Hintergrund von der Bearbeitung dieses Buches?
6. Wenn Sie bedenken, *wer Gott ist* und dann *was die Bibel ist*, wie würden Sie auf einer Skala von eins bis zehn Ihren Wunsch einschätzen, das Buch Jesaja besser zu verstehen (eins = überhaupt kein Interesse, zehn = sehr großes Interesse)?

7. Wie würde nach dem, was Sie in 55,10-11 lesen, Ihr persönliches Gebet lauten, das Sie während der Bearbeitung dieses Buches sprechen würden?
8. Wenn Sie in den Himmel kommen, sich mit Jesaja unterhalten und er Sie fragt: Was hat dir in meinem Buch am meisten geholfen?«, was würden Sie gern antworten?

JESAJA 1

WAS STEHT IM TEXT?

1. Welche eindrucksvollen Bilder werden in diesem Kapitel gezeichnet?
2. Auf welche bestimmten Sünden und auf welches Versagen wird in diesem Kapitel hingewiesen?
3. Welche bestimmten Gebote gibt Gott hier?
4. Welche Einladung spricht Gott seinem Volk ab Vers 18 aus?
5. Welche Warnungen spricht er aus?
6. Welche Zusagen macht er?
7. Sehen Sie sich auch auf Seite 9 die Liste mit Fragen an, die Sie sich während der Bearbeitung der einzelnen Kapitel stellen sollten.

DAS WESENTLICHE ERFASSEN

8. Häufig berauben wir uns selbst der Entdeckung tieferer Wahrheiten in der Bibel, weil wir einen Vers lesen und uns sagen: »Den kenne ich bereits.« Bei welchem Vers in diesem Kapitel kann das einem Christen sehr leicht passieren?
9. Wie würden Sie in eigenen Worten zusammenfassen, was in diesem Kapitel über Gottes *Absicht* und *Plan* für sein Volk gesagt wird?
10. Stellen Sie sich vor, Sie würden sich im Tempel in Jerusalem aufhalten, als der zwölfjährige Jesus hört, wie dieses Buch von den jüdischen Schriftgelehrten vorgelesen und ausgelegt wird. In Lukas 2,46 lesen wir, daß er auf diese Lehrer hörte und ihnen Fragen stellte. Welche Verse aus diesem Kapitel würden ihn wohl besonders beeindruckt haben, und welche Fragen würde er Ihrer Meinung nach gestellt, welche Kommentare abgegeben haben?

FÜR DAS LEBEN HEUTE

11. In Sprüche 2,1-5 wird von dem aufrichtigen Menschen gesprochen, der sich nach Weisheit und Verständnis sehnt und in der Schrift danach forscht, als

wäre es ein vergrabener Schatz. Dieser Mensch, so sagt Salomo, wird die Furcht des Herrn verstehen und die Erkenntnis Gottes gewinnen. Welchen »verborgenen Schatz« soll Gott Ihnen zeigen – der Ihnen klarmacht, wie Gott und seine Weisheit sind? Wenn Sie diesen Wunsch haben, wie würden Sie ihn mit eigenen Worten formulieren?

Zur Vertiefung

Formulieren Sie in Ihren eigenen Worten die grundlegenden Prinzipien, die Gott in den Versen 11-17 an uns weitergibt. Vergleichen Sie diese Verse mit den Worten, die Jesus in Matthäus 9,13 und 12,7 sagt.

Jesaja 2

1. Überlegen Sie erneut, welche eindrucksvollen Bilder in diesem Kapitel gezeichnet werden. (Stellen Sie sich diese Frage bei jedem Kapitel des Buches Jesaja.)
2. Welche Zukunftsvision hat Jesaja in den Versen 1-4?
3. Worum bittet Jesaja das Volk Gottes in Vers 5?
4. Welche Sünden und welches Versagen werden in den Versen 6-9 beschrieben?
5. Sehen Sie sich die Verse 6-21 genau an. Welches sind die stärksten Merkmale dieser Zukunftsvision?

Das Wesentliche erfassen

6. Wie würden Sie die wichtigsten Aussagen in bezug auf Gottes Absicht und Plan mit seinem Volk zusammenfassen?

Für das Leben heute

7. Sehen Sie sich die letzte Zeile in Vers 5 noch einmal an. Was würde das zum gegenwärtigen Zeitpunkt ganz praktisch für Sie bedeuten?

Zur Vertiefung

Inwiefern ist die Vision des Johannes vom Neuen Jerusalem in Offenbarung 21 eine Erfüllung der prophetischen Worte Jesajas in den ersten vier Versen dieses Kapitels?

Jesaja 3

Einstieg: Was ist Ihnen wichtiger, Freiheit oder Sicherheit?

Was steht im Text?

1. Welches ist Ihrer Meinung nach die wunderbarste Zusage in diesem Kapitel? Die schmerzlichste Anklage? Und das zutreffendste Bild von Strafgericht und Katastrophe?

Für das Leben heute

2. Welchen Vers in diesem Kapitel möchte Gott Ihnen besonders ans Herz legen?

Jesaja 4

Was steht im Text?

1. Welches ist Ihrer Meinung nach die wunderbarste Zusage in diesem Kapitel? Die ausdrucksstärkste Zukunftsvision? Und das zutreffendste Bild von Strafgericht und Katastrophe?

Jesaja 5

Einstieg: Was gefällt Ihnen an der Garten- oder Feldarbeit am besten?

Was steht im Text?

1. Wenn Sie diese an das Volk Gottes gerichteten Worte lesen, welches ist Ihrer Meinung nach die wunderbarste Zusage in diesem Text? Die eindringlichste Warnung? Die ausdrucksstärkste Zukunftsvision? Die schmerzlichste Anklage? Und das zutreffendste Bild von Strafgericht und Katastrophe?
2. Wie würden Sie die Liebe Gottes zu seinem Volk, so wie sie in diesem Kapitel dargestellt wird, beschreiben?

Das Wesentliche erfassen

3. Lesen Sie Vers 2 und diskutieren Sie die folgende Aussage: Mehr als alles andere ist *Gerechtigkeit* die »gute Frucht«, die Gott in meinem Leben gern ernten möchte.

Jesaja 6

Was steht im Text?

1. Was genau sieht und hört Jesaja in den Versen 1-4, und was sagte Jesaja als Reaktion in Vers 5?
2. Was sagt und tut der Engel in den Verse 6-7?
3. Welche Frage stellt der Herr in Vers 8, und wie antwortet Jesaja?
4. Welche Gebote gibt Gott Jesaja in den Versen 9-10 und aus welchen Gründen?
5. Welche Frage stellt Jesaja in den Vers 11-13, und wie würden Sie Gottes Antwort erklären?

Das Wesentliche erfassen

6. Welche wichtigen Erkenntnisse hat Jesaja nach dem, was Sie in diesem Kapitel lesen, in bezug auf das Wesen und die Persönlichkeit Gottes?
7. Wie würden Sie nach Jesajas furchtsamer Reaktion in Vers 5 den Mut beschreiben, mit dem er in Vers 8 auf Gottes Frage antwortet? Welche dramatische Veränderung hat sich zwischen Vers 5 und Vers 8 in Jesajas Innerem vollzogen?
8. Lesen Sie noch einmal, was der Engel in Vers 7 zu Jesaja sagt. Trifft dies auch auf Sie zu? Wenn ja, wie würden Sie Ihre Reaktion mit der von Jesaja vergleichen? »Schickt« Gott auch Sie auf irgendeine Weise zu jemandem in Ihrem Umfeld? Wenn ja, wie würden Sie das erklären?

Zur Vertiefung

Lesen Sie aufmerksam, was der Apostel in Johannes 12,39-41 schreibt, nachdem er aus Vers 10 zitiert hat. Was sagt Johannes in bezug auf die Identität des Einen, der in den Versen 1-4 auf dem Thron sitzt?

Jesaja 7

Einstieg: Wenn Sie in den Himmel kommen und Jesaja begegnen, welche Frage würden Sie ihm als erstes stellen?

Was steht im Text?

1. Welche Gebote gibt Gott in den Versen 4-11 durch Jesaja dem König Ahas? Und wie reagiert König Ahas darauf?
2. Wie würden Sie das Zeichen erklären, das Gott in den Versen 14-16 gibt?
3. Welche Bilder von Strafgericht und Katastrophe zeigt Gott Ahas in den Versen 18-25?

Das Wesentliche erfassen

4. Stellen Sie sich vor, Sie würden sich im Tempel in Jerusalem aufhalten, als der zwölfjährige Jesus hört, wie dieses Kapitel von den jüdischen Schriftgelehrten vorgelesen und ausgelegt wird. Welche Verse aus diesem Kapitel würden ihn wohl besonders beeindruckt haben, und welche Fragen würde er Ihrer Meinung nach gestellt, welche Kommentare abgegeben haben?

Zur Vertiefung

Sprechen Sie in der Gruppe über die Erfüllung der Prophezeiung von Vers 14, von der Sie in Matthäus 1,18-25 und Lukas 1,26-38 lesen. Warum ist die Jungfrauengeburt Jesu eine wichtige Tatsache, die wir wissen und glauben müssen?

Jesaja 8

Was steht im Text?

1. Fassen Sie zusammen, was Jesaja in den Versen 1-4 passiert.
2. Welche Anklagen und Worte von Strafgericht und Katastrophe spricht Gott in den Versen 6-8?
3. Welchen Auftrag hat Gott in den Versen 11-12 für Jesaja?
4. Wie würden Sie in eigenen Worten erklären, was Gott in den Versen 13-15 in bezug auf sich selbst offenbart?
5. Welchen Vorsatz faßt Jesaja in Vers 17?
6. Wie würden Sie die Warnung Jesajas in den Versen 19-22 erklären?

Für das Leben heute

7. Suchen Sie sich einen der folgenden Sätze aus und vervollständigen Sie ihn so gut Sie es vermögen: a) Was ich in diesem Kapitel lese, ist wichtig für mein Leben, weil ... ODER: b) Was ich in diesem Kapitel lese, scheint mir zum gegenwärtigen Zeitpunkt in meinem Leben NICHT wichtig, weil ...

Jesaja 9

Was steht im Text?

1. Denken Sie hier daran (und auch bei allen anderen Kapiteln) zu überlegen, welche Bilder in den Worten Jesajas in diesem Kapitel sich Ihnen ganz besonders einprägen.
2. Welches ist Ihrer Meinung nach die wundervollste Zusage in diesem Kapitel? Die eindringlichste Warnung? Die ausdrucksstärkste Zukunftsvision? Die schmerzlichste Anklage? Und das zutreffendste Bild von Strafgericht und Katastrophe?

Das Wesentliche erfassen

3. Lesen Sie die Verse 2-7 noch einmal. Was sagt dieser prophetische Abschnitt über den kommenden Messias in bezug auf das *Wesen* und den *Dienst* Jesu Christi aus?
4. Lesen Sie Vers 6 und diskutieren Sie die folgende Aussage: Es ist unmöglich, Gottes Kind zu sein, wenn wir nicht zuerst wie ein Kind werden.

Für das Leben heute

5. Welcher Vers in diesem Kapitel ist Ihnen in Ihrer gegenwärtigen Situation besonders wichtig geworden – und warum?

Zur Vertiefung

Vergleichen Sie die Verse 1-2 mit Matthäus 4,15-16, wo Matthäus diese Stelle zitiert. Welches »große Licht« hat Jesaja in dieser nördlichen Ecke Israels aufgehen sehen?

Jesaja 10

Einstieg: Wenn Sie drei neue Gesetze erlassen könnten, wie würden sie aussehen?

Was steht im Text?

1. Wenn Sie diese Worte Jesajas lesen, welches ist Ihrer Meinung nach die wunderbarste Zusage in diesem Text? Die eindringlichste Warnung? Die ausdrucksstärkste Zukunftsvision? Die schmerzlichste Anklage? Und das zutreffendste Bild von Strafgericht und Katastrophe?

Das Wesentliche erfassen

2. Was offenbart Gott in diesem Kapitel in bezug auf sein Wesen?

Jesaja 11

Was steht im Text?

1. Wenn Sie diese Worte Jesajas lesen, welches ist Ihrer Meinung nach die wunderbarste Zusage in diesem Text? Die eindringlichste Warnung? Die ausdrucksstärkste Zukunftsvision? Die schmerzlichste Anklage? Und das zutreffendste Bild von Strafgericht und Katastrophe?

Das Wesentliche erfassen

2. Was sagt dieses Kapitel als prophetische Aussage über den kommenden Messias in bezug auf das *Wesen* und den *Dienst* Jesu Christi aus?
3. Denken Sie noch einmal an das Bild in den Versen 6-9, und diskutieren Sie die folgende Aussage: Gott gab uns diese Friedensvision, damit wir hier auf der Erde nach ihrer Verwirklichung streben.

Für das Leben heute

4. In Philipper 4,8 heißt es: »Übrigens, Brüder, alles, was wahr, alles, was ehrbar, alles, was gerecht, alles, was rein, alles, was liebenswert, alles, was wohllautend ist, wenn es irgendeine Tugend und wenn es irgendein Lob gibt, das erwägt!« Welche Denkanstöße können Sie in diesem Kapitel finden, die Ihnen als *wahr, ehrbar, gerecht, rein, liebenswert*, als *Tugend* und *Lob* ins Auge fallen?

Zur Vertiefung

Sehen Sie sich noch einmal die Hinweise auf die »Wurzel« Isais in den Versen 1 und 10 an. Welche zusätzlichen Namen werden in Offenbarung 5,5-6 genannt?

Jesaja 12

Was steht im Text?

1. Welches Lob und welcher Dank wird in der Zukunft von den Lippen des Volkes Gottes erschallen?
2. Welche Zusage macht Gott in Vers 3, und wie würden Sie dies in eigenen Worten formulieren?
3. Welches Gebot gibt Gott seinem Volk in den Versen 5-6, und welcher Grund für dieses Gebot wird genannt?

Für das Leben heute

4. Können Sie ehrlichen Herzens die Worte in den Versen 1, 2 und 4 nachsprechen?
5. Erleben Sie, daß sich die Zusage von Vers 3 in Ihrem eigenen Leben erfüllt?

Zur Vertiefung

Inwiefern gibt Zephanja 3,14-17 die himmlischen »Melodien« wieder, die durch die Anbetungslieder in diesem Kapitel schallen?

Jesaja 13

Einstieg: Welche Angewohnheiten und Denkweisen können sehr leicht verhindern, daß das Buch Jesaja in unseren Gedanken und Herzen lebendig wird?

Was steht im Text?

1. Welches ist Ihrer Meinung nach die ausdrucksstärkste Zukunftsvision in diesem Kapitel? Und das zutreffendste Bild von Strafgericht und Katastrophe?

Jesaja 14

Was steht im Text?

1. Wenn Sie über Jesajas Prophezeiung in diesem Kapitel nachdenken, welches ist Ihrer Meinung nach die wunderbarste Zusage? Die eindringlichste Warnung? Die ausdrucksstärkste Zukunftsvision? Die schmerzlichste Anklage? Und das zutreffendste Bild von Strafgericht und Katastrophe?

Das Wesentliche erfassen

2. Welches sind Ihrer Meinung nach die wichtigsten Erkenntnisse in bezug auf das Wesen und die Persönlichkeit Gottes in den Versen 24-27?

Jesaja 15

Was steht im Text?

1. Welches ist Ihrer Meinung nach das zutreffendste Bild von Strafgericht und Katastrophe in diesem Kapitel?

Jesaja 16

Was steht im Text?

1. Wenn Sie über dieses Kapitel nachdenken, welches ist Ihrer Meinung nach die wunderbarste Zusage? Die schmerzlichste Anklage? Und das zutreffendste Bild von Strafgericht und Katastrophe?

Jesaja 17

Was steht im Text?

1. Welches ist Ihrer Meinung nach die eindringlichste Zukunftsvision in diesem Kapitel? Die schmerzlichste Anklage? Und das zutreffendste Bild von Strafgericht und Katastrophe?

Jesaja 18

Was steht im Text?

1. Welches ist Ihrer Meinung nach die eindringlichste Zukunftsvision in diesem Kapitel?

Jesaja 19

Einstieg: Haben Sie schon einmal auf die Wolken herabgeblickt, entweder von einem Flugzeug aus oder von einem hohen Berg? Welchen Eindruck hat dieses Erlebnis auf Sie gemacht?

Was steht im Text?

1. Wenn Sie diese an das Volk Gottes gerichteten Worte lesen, welches ist Ihrer Meinung nach die wunderbarste Zusage in diesem Text? Die eindringlichste Warnung? Die ausdrucksstärkste Zukunftsvision? Die schmerzlichste Anklage? Und das zutreffendste Bild von Strafgericht und Katastrophe?

Das Wesentliche erfassen

2. Was offenbart Gott in diesem Kapitel in bezug auf sein Wesen?
3. Würden Sie nach dem, was Sie in diesem Kapitel lesen, sagen, daß Gott in erster Linie als der Gott seines Volkes Israel oder als der Gott der ganzen Welt gesehen werden möchte? Erklären Sie Ihre Antwort.

Jesaja 20

Was steht im Text?

1. Welche bestimmten Gebote gibt der Herr Jesaja? Wofür waren diese ein Zeichen?

Jesaja 21

Was steht im Text?

1. Welches ist Ihrer Meinung nach in diesem Kapitel das eindringlichste Gebot? Die ausdrucksstärkste Zukunftsvision? Das zutreffendste Bild von Strafgericht und Katastrophe?
2. Wie reagiert Jesaja auf seine Vision? Warum reagiert er Ihrer Meinung nach so?

Zur Vertiefung

In den Versen 6-9 wird von einem Späher gesprochen, der auf einem Beobachtungsturm den Horizont nach einem Zeichen von Israels Feinden absucht.

Jesaja 22

Was steht im Text?

1. Denken Sie auch hier wieder wie bei jedem Kapitel dieses Buches daran, sich über die eindrucksvollsten Bilder Jesajas auszutauschen.
2. Welches ist Ihrer Meinung nach die eindringlichste Warnung in diesem Kapitel? Die ausdrucksstärkste Zukunftsvision? Das zutreffendste Bild von Strafgericht und Katastrophe?

Für das Leben heute

3. Können Sie sagen, daß die Verse 12-13 eine exakte Beschreibung des Volkes Gottes heute sind, vor allem der Menschen in Ihrer Gemeinde?

Jesaja 23

Was steht im Text?

1. Welches ist Ihrer Meinung nach in Jesajas Botschaft an das Volk Gottes in diesem Kapitel die wunderbarste Zusage? Die schmerzlichste Anklage? Und das zutreffendste Bild von Strafgericht und Katastrophe?

Das Wesentliche erfassen

2. Was erkennen wir in diesem Kapitel in bezug auf das Wesen Gottes, vor allem in Vers 9?

Jesaja 24

Einstieg: Welche Vorstellung haben Sie vom Ende der Welt?

Was steht im Text?

1. Wenn Sie diese an das Volk Gottes gerichteten Worte lesen, welches ist Ihrer Meinung nach die wunderbarste Zusage in diesem Text? Die eindringlichste Warnung? Die ausdrucksstärkste Zukunftsvision? Die schmerzlichste Anklage? Und das zutreffendste Bild von Strafgericht und Katastrophe?

Zur Vertiefung

Denken Sie an das in Kapitel 24 beschriebene Strafgericht und die weltweite Zerstörung, und schlagen Sie nun 2. Petrus 3,10-15 auf. Welchen Rat gibt der Apostel Petrus denen, die Gottes gerechtes Gericht erwarten?

Jesaja 25

Was steht im Text?

1. Wofür lobt Jesaja Gott in diesem Kapitel?
2. Welche Taten Gottes erkennt Jesaja an? Was hat Gott bereits getan?
3. Welche Zusagen werden dem ganzen Volk in den Versen 6-9 gegeben?
4. Welche Worte des Gerichts werden in den Versen 10-12 gesprochen?

Das Wesentliche erfassen

5. Was möchte Gott uns in diesem Kapitel in bezug auf sich selbst klarmachen?

Für das Leben heute

6. Welcher Vers in diesem Kapitel ist Ihnen in Ihrer gegenwärtigen Situation besonders wichtig geworden – und warum?

Jesaja 26

Was steht im Text?

1. Wofür lobt das Volk Gottes in dieser Zukunftsvision seinen Gott? Worum bittet es ihn? Was bekennt es? Welcher Hoffnung verleiht es Ausdruck?

Das Wesentliche erfassen

2. Lieder sind häufig ein Weg, tiefe Emotionen freizusetzen. Welche Emotionen stehen hinter dem Lied in diesem Kapitel?

Für das Leben heute

3. Sind die Verse 8, 12 und 13 eine exakte Beschreibung des Volkes Gottes heute, vor allem der Menschen in Ihrer Gemeinde?

Jesaja 27

Was steht im Text?

1. Welches ist in diesem Kapitel die wunderbarste Zusage? Die ausdrucksstärkste Zukunftsvision? Und das zutreffendste Bild von Strafgericht und Katastrophe?

Für das Leben heute

2. In Römer 15,4 erinnert uns Paulus, daß die alttestamentlichen Schriften uns Geduld und Ausharren auf der einen Seite, aber auch Trost und Ermutigung geben können. Inwiefern wird dieses Buch in Ihrem Leben dieser Beschreibung gerecht? Inwiefern kann dieses Buch Ihr Bedürfnis nach *Ausharren* und *Ermutigung* erfüllen?

Jesaja 28

Einstieg: Sehen Sie die Bibel eher als ein Handbuch, einen Brief von einem Freund, ein philosophisches Essay oder ein Buch mit klassischer Literatur?

Was steht im Text?

1. Welches ist Ihrer Meinung nach die wunderbarste Zusage in diesem Kapitel? Die eindringlichste Warnung? Die dringlichste Aufforderung? Die ausdrucksstärkste Zukunftsvision? Und die schmerzlichste Anklage?

Das Wesentliche erfassen

2. Was offenbart Gott in diesem Kapitel in bezug auf sein Wesen?
3. Stellen Sie sich vor, Sie würden sich im Tempel in Jerusalem aufhalten, als der zwölfjährige Jesus hört, wie dieses Buch von den jüdischen Schriftgelehrten vorgelesen und ausgelegt wird. Welche Verse aus diesem Kapitel würden ihn wohl besonders beeindruckt haben, und welche Fragen würde er gestellt, welche Kommentare abgegeben haben?

Zur Vertiefung

Vergleichen Sie Vers 16 mit dem, was in 1. Petrus 2,4-8 steht. Können die Worte des Petrus Ihnen helfen, das, was Jesaja hier sagt, besser zu verstehen?

Jesaja 29

Was steht im Text?

1. Welches ist Ihrer Meinung nach die wunderbarste Zusage in diesem Text? Die eindringlichste Warnung? Die ausdrucksstärkste Zukunftsvision? Die schmerzlichste Anklage? Und das zutreffendste Bild von Strafgericht und Katastrophe?

Jesaja 30

Was steht im Text?

1. Welches ist Ihrer Meinung nach die wunderbarste Zusage in diesem Kapitel? Die eindringlichste Warnung? Die ausdrucksstärkste Zukunftsvision? Die schmerzlichste Anklage? Und das zutreffendste Bild von Strafgericht und Katastrophe?

Das Wesentliche erfassen

2. Was möchte Gott uns mit Vers 15 in bezug auf seine Erlösung klarmachen?
3. Was möchte Gott uns in den Versen 18 und 27-28 in bezug auf sich selbst klarmachen?

Für das Leben heute

4. Falls Gott dieses Kapitel nur für Sie geschrieben hätte, welche Wörter oder Sätze hätte er Ihrer Meinung nach unterstrichen – und warum?

Jesaja 31

Was steht im Text?

1. Welches ist Ihrer Meinung nach die wunderbarste Zusage in diesem Kapitel? Die eindringlichste Warnung? Die dringlichste Aufforderung? Die ausdrucksstärkste Zukunftsvision? Und das zutreffendste Bild von Strafgericht und Katastrophe?

Das Wesentliche erfassen

2. Welche wichtigen Erkenntnisse in bezug auf sein Wesen und seine Persönlichkeit möchte Gott uns in diesem Kapitel vermitteln?

Jesaja 32

Was steht im Text?

1. Wenn Sie diese an das Volk Gottes gerichteten Worte lesen, welches ist Ihrer Meinung nach die wunderbarste Zusage in diesem Kapitel? Die dringlichste Aufforderung? Die ausdrucksstärkste Zukunftsvision? Und das zutreffendste Bild von Strafgericht und Katastrophe?

Das Wesentliche erfassen

2. Was möchte Gott uns mit diesem Kapitel in bezug auf das klarmachen, was richtig ist und was falsch?
3. In Matthäus 6,33 trägt Jesus uns auf, zuerst nach dem Reich Gottes und seiner Gerechtigkeit zu trachten. Was erfahren Sie in diesem Kapitel über die *Gerechtigkeit* Gottes, vor allem in Vers 17?

Für das Leben heute

4. Sehen Sie sich Vers 17 noch einmal an. Wie wird diese Gerechtigkeit – und ihre Auswirkungen – in Ihrem Leben sichtbar?

Jesaja 33

Was steht im Text?

1. Welches ist Ihrer Meinung nach die wunderbarste Zusage in diesem Text? Die eindringlichste Warnung? Die ausdrucksstärkste Zukunftsvision? Und das zutreffendste Bild von Strafgericht und Katastrophe?
2. Welche Bitten werden in Vers 2 an Gott gerichtet?

Das Wesentliche erfassen

3. Lesen Sie Vers 22 noch einmal und überlegen Sie, was Gott uns mit diesem Vers in bezug auf sich selbst klarmachen möchte.
4. Was erfahren Sie aus diesem Kapitel über die Bedeutung von *Gerechtigkeit?*
5. Fassen Sie die wichtigsten Aussagen dieses Buches zusammen, nachdem Sie nun die Hälfte des Buches Jesaja durchgearbeitet haben.

Für das Leben heute

6. Sehen Sie sich Vers 2 an. Ist dies auch der Wunsch Ihres Herzens und Ihr Gebet zu Gott?

Jesaja 34

Einstieg: Was fällt Ihnen ein, wenn Sie an das Wort *Rache* denken?

Was steht im Text?

1. Welches ist Ihrer Meinung nach das eindringlichste Gebot in diesem Kapitel? Die ausdrucksstärkste Zukunftsvision? Und das zutreffendste Bild von Strafgericht und Katastrophe?

Das Wesentliche erfassen

2. Diskutieren Sie die folgende Aussage: Wenn Gott zerstört, dann nur, um zu retten.

Jesaja 35

Was steht im Text?

1. Wenn Sie diese an das Volk Gottes gerichteten Worte lesen, welches ist Ihrer Meinung nach die wunderbarste Zusage in diesem Text? Das eindringlichste Gebot? Und die ausdrucksstärkste Zukunftsvision?

Für das Leben heute

2. Wie würden Sie nach dem, was Sie in diesem Kapitel lesen, die *Lebensqualität* beschreiben, die Gott sein Volk erfahren lassen möchte? Wie würden Sie ganz praktisch die Lebensqualität beschreiben, die *Sie* erleben sollen?
3. Blättern Sie vor zu 55,10-11, wo Gott uns daran erinnert, daß er Regen und Schnee vom Himmel schickt, um die Erde zu bewässern und das Leben zu erhalten. In gleichem Maße gibt er sein Wort, um einen bestimmten Zweck zu erfüllen. Was möchte Gott Ihrer Meinung nach mit dem Buch Jesaja im Leben der Christen heute erreichen?

Zur Vertiefung

Der Schreiber des Hebräerbriefes zitiert aus den Versen 3 und 4 von Jesaja 35. Lesen Sie dieses Zitat in Hebräer 12,12. Warum geben diese biblischen Schreiber Ihrer Meinung nach eine so strenge Ermahnung weiter?

Jesaja 36

Einstieg: Haben Sie schon einmal das Gefühl gehabt, mit dem Rücken an der Wand zu stehen? Beschreiben Sie die Umstände, und wie Sie diese Schwierigkeit schließlich überwunden haben.

Was steht im Text?

1. Wie würden Sie die Situation beschreiben, in der Hiskia sich befand?

Jesaja 37

Was steht im Text?

1. Wie reagiert Hiskia in der Krise? Welche wichtigen Dinge sagt er Gott in seinem Gebet?
2. Wie beantwortet Gott Hiskias Gebet durch Jesaja? Welche wichtigen Dinge gibt Gott über sich selbst an Hiskia weiter?

Jesaja 38

Was steht im Text?

1. Wie offenbart sich Gott Hiskia in diesem Kapitel? Welche wichtigen Erkenntnisse möchte er ihm vermitteln?

Jesaja 39

Was steht im Text?

1. Was möchte Gott Ihrer Meinung nach dadurch erreichen, daß er dieses Kapitel der Bibel hinzugefügt hat?

Zur Vertiefung

Inwiefern steigert die Beschreibung in 2. Könige 25,1-21 Ihr Bewußtsein für Jesajas düstere Prophezeiung für König Hiskia in den Versen 3-8?

Jesaja 40

Einstieg: Haben Sie Gottes Majestät und Größe schon einmal in ganz besonderer Weise erlebt?

Was steht im Text?

1. Welches ist die schönste Ermutigung in diesem Kapitel? Die ausdrucksstärkste Zukunftsvision? Und der tiefste Einblick in das Wesen Gottes?

2. Mit Kapitel 40 beginnen wir einen neuen Abschnitt im Buch Jesaja. Welche wichtigen Lehren wurden bisher in diesem Buch weitergegeben?
3. Denken Sie daran, darüber zu sprechen, welche Bilder Ihnen von dem, was Jesaja sagt, besonders haften bleiben.

Das Wesentliche erfassen

4. Was möchte Gott uns nach dem, was Sie in diesem Kapitel lesen, in bezug auf sich selbst klarmachen?
5. Was möchte Gott uns durch dieses Kapitel in bezug auf seinen Plan und sein Ziel mit seinem Volk klarmachen?
6. Überlegen Sie noch einmal, was den zwölfjährigen Jesus im Tempel wohl besonders beeindruckt hätte, wenn er gehört hätte, wie dieses Kapitel im Tempel in Jerusalem vorgelesen und ausgelegt worden wäre. Welche Fragen würde er wohl gestellt, welche Kommentare abgegeben haben?

Für das Leben heute

7. In Philipper 4,8 heißt es: »Übrigens, Brüder, alles, was wahr, alles, was ehrbar, alles, was gerecht, alles, was rein, alles, was liebenswert, alles, was wohllautend ist, wenn es irgendeine Tugend und wenn es irgendein Lob gibt, das erwägt!« Welche Denkanstöße können Sie in diesem Kapitel finden, die Ihnen als *wahr, ehrbar, gerecht, rein, liebenswert,* als *Tugend* und *Lob* ins Auge fallen?
8. Überlegen Sie, wie ausgeprägt Ihr Wunsch ist, Gott besser kennenzulernen, und stellen Sie sich die folgende Frage: *Welche Erkenntnisse in bezug auf Gott möchte er mir zum gegenwärtigen Zeitpunkt in meinem Leben besonders vermitteln?*

Zur Vertiefung

Jesaja hörte in den Versen 3-8 das prophetische Echo einer fernen Stimme. Nehmen Sie sich die Zeit, sich in Johannes 1,19-27 mit dem Auftrag eines Menschen zu beschäftigen, der von sich behauptete, diese Stimme zu sein.

Jesaja 41

Was steht im Text?

1. Welches ist Ihrer Meinung nach die wunderbarste Zusage in diesem Kapitel? Die schönste Ermutigung? Die ausdrucksstärkste Zukunftsvision? Die schmerzlichste Anklage? Und der tiefste Einblick in das Wesen Gottes?

Das Wesentliche erfassen

2. Was wird in den Versen 9-10 über das Wesen und die Persönlichkeit Gottes gesagt?
3. Was möchte Gott uns in den Versen 8-16 in bezug auf seinen Plan und sein Ziel mit seinem Volk klarmachen?

Für das Leben heute

4. Welchen Vers in diesem Kapitel möchte Gott Ihnen besonders ans Herz legen?

Jesaja 42

Einstieg: Welche Bilder fallen Ihnen ein, wenn Sie an das Wort *Diener* denken?

Was steht im Text?

1. Wenn Sie diese an das Volk Gottes gerichteten Worte lesen, welches ist Ihrer Meinung nach die wunderbarste Zusage in diesem Text? Das eindringlichste Gebot? Die ausdrucksstärkste Zukunftsvision? Die schmerzlichste Anklage? Das zutreffendste Bild von Strafgericht und Katastrophe? Und der tiefste Einblick in das Wesen Gottes?
2. Wie genau zeigt Gott in diesem Kapitel seine Sorge für die ganze Welt?

Das Wesentliche erfassen

3. Sehen Sie sich die Verse 1-7 noch einmal an. Was wird in diesem prophetischen Abschnitt über den kommenden Messias über das *Wesen* und den *Dienst* Jesu Christi gesagt?
4. Was wird in Vers 8 über das Wesen und die Persönlichkeit Gottes gesagt?
5. Welche Aspekte des Wesens und der Persönlichkeit Gottes möchte er uns in den Versen 13-17 klarmachen?

Zur Vertiefung

Sehen Sie sich die Beschreibung des »Knechts« des Herrn in den Versen 1-4 noch einmal an. Welche Merkmale dieses göttlichen Knechts betont der Schreiber des Lukasevangeliums in Lukas 4,14-19 ganz besonders?

Jesaja 43

Was steht im Text?

1. Welches ist Ihrer Meinung nach die wunderbarste Zusage in diesem Text? Die schönste Ermutigung? Das eindringlichste Gebot? Die ausdrucksstärkste Zukunftsvision? Die schmerzlichste Anklage? Das zutreffendste Bild von Strafgericht und Katastrophe? Und der tiefste Einblick in das Wesen Gottes?
2. Woran erinnert Gott sein Volk in den Versen 16-17?
3. Was ist das »Neue«, das Gott in Vers 19 schafft?
4. Was nennt Gott in Vers 21 als *Grund* dafür, daß er das Volk Israel gebildet hat?

Das Wesentliche erfassen

5. Was wird in den Versen 1-7 über den Plan und das Ziel Gottes für sein Volk gesagt?
6. Lesen Sie die Verse 10-13 noch einmal und überlegen Sie, was Gott uns durch diesen Abschnitt klarmachen möchte.
7. Welche Aspekte des Wesens und der Persönlichkeit Gottes möchte er uns in den Versen 22-28 klarmachen?

Jesaja 44

Einstieg: Welches sind Ihrer Meinung nach die mächtigsten Götzen in unserer Gesellschaft heute?

Was steht im Text?

1. Welches ist Ihrer Meinung nach die wunderbarste Zusage in diesem Text? Die schönste Ermutigung? Die dringlichste Aufforderung? Die ausdrucksstärkste Zukunftsvision? Die schmerzlichste Anklage? Und der tiefste Einblick in das Wesen Gottes?

Das Wesentliche erfassen

2. Was möchte Gott uns in den Versen 1-5 in bezug auf seinen Plan und sein Ziel für sein Volk klarmachen?
3. Was wird in den Versen 6-8 und 24 über das Wesen und die Persönlichkeit Gottes gesagt?

Jesaja 45

Was steht im Text?

1. Wenn Sie diese an das Volk Gottes gerichteten Worte lesen, welches ist Ihrer Meinung nach die wunderbarste Zusage? Die eindringlichste Warnung? Die dringlichste Aufforderung? Die ausdrucksstärkste Zukunftsvision? Und der tiefste Einblick in das Wesen Gottes?

Das Wesentliche erfassen

2. Was möchte Gott uns in diesem Kapitel in bezug auf sich selbst klarmachen?
3. Welche Wörter oder Sätze in diesem Kapitel sagen etwas aus über den *Plan* und das *Ziel* Gottes für sein Volk?

Zur Vertiefung

Lesen Sie zu den Versen 1-2 das erste Kapitel von Esra. Welches war zumindest eine der Aufgaben, zu dem der heidnische König Kyrus vom Herrn »gesalbt« wurde?

Jesaja 46

Einstieg: Welche Erwartungen haben Sie an das Alter? Wie stellen Sie sich Ihren Lebensstil dann vor?

Was steht im Text?

1. Welches ist die wunderbarste Zusage in diesem Kapitel? Die schönste Ermutigung? Das eindringlichste Gebot? Die ausdrucksstärkste Zukunftsvision? Und der tiefste Einblick in das Wesen Gottes?

Das Wesentliche erfassen

2. Welche Aspekte des Wesens Gottes werden in den Versen 9-10 besonders herausgehoben?
3. Welche Aspekte des Planes und Zieles Gottes für sein Volk betont er in den Versen 3-4 und 12-13 ganz besonders?

Jesaja 47

Was steht im Text?

1. Welches ist die eindringlichste Warnung in diesem Kapitel? Die schmerzlichste Anklage? Und das zutreffendste Bild von Strafgericht und Katastrophe?

Jesaja 48

Was steht im Text?

1. Welches ist die ausdrucksstärkste Zukunftsvision in diesem Kapitel? Die schmerzlichste Anklage? Und der tiefste Einblick in das Wesen Gottes?

Das Wesentliche erfassen

2. Was möchte Gott Ihnen in diesem Kapitel in bezug auf sich klarmachen?
3. Welche Wörter oder Sätze in diesem Kapitel sagen etwas aus über den Plan und das Ziel Gottes für sein Volk?

Zur Vertiefung

Beachten Sie, wie sich der Herr in den Versen 12-13 mit seinem Volk identifiziert. Welche Ähnlichkeiten erkennen Sie hier in der Art, wie Jesus sich in Offenbarung 1,4-8 und 1,17-19 mit Johannes identifizierte – und letztlich mit der Gemeinde?

Jesaja 49

Einstieg: Haben Sie schon einmal besonders schwer in Ihrem Leben gearbeitet?

Was steht im Text?

1. Welches ist Ihrer Meinung nach die wunderbarste Zusage in diesem Kapitel? Die schönste Ermutigung? Die ausdrucksstärkste Zukunftsvision?

Das Wesentliche erfassen

2. Was wird in den Versen 8-26 über Gottes Plan und Ziel für sein Volk gesagt?

Zur Vertiefung

Vergleichen Sie den in den Versen 3-4 beschriebenen leidvollen Unterton in der Stimme des Gottesknechts mit der Klage des Herrn Jesus in Matthäus 23,37-39.

Jesaja 50

Was steht im Text?

1. Welches ist die ausdrucksstärkste Zukunftsvision in diesem Kapitel? Und der tiefste Einblick in das Wesen Gottes?

Das Wesentliche erfassen

2. Was wird in den Versen 2-3 über das Wesen und die Persönlichkeit Gottes gesagt?
3. Sehen Sie sich die Verse 4-7 noch einmal an. Was sagt dieser prophetische Abschnitt über den kommenden Messias über das *Wesen* und den *Dienst* Jesu Christi aus?

Zur Vertiefung

Sprechen Sie über die prophetische Erfüllung von Vers 6, die Sie in Matthäus 26,67 und 27,30 und Markus 14,65 finden. Warum hat Gott Ihrer Meinung nach Prophezeiungen wie diese über das Leiden Christi in das Alte Testament aufgenommen, wo zum Zeitpunkt, als Jesus litt und starb, praktisch keiner der Juden bemerkte, daß Jesus genau diese Prophezeiungen erfüllte?

Jesaja 51

Einstieg: Wie gut ist Ihr Gehör?

Was steht im Text?

1. Wenn Sie diese an das Volk Gottes gerichteten Worte lesen, welches ist Ihrer Meinung nach die wunderbarste Zusage in diesem Text? Die schönste Ermutigung? Das eindringlichste Gebot? Die ausdrucksstärkste Zukunftsvision? Das zutreffendste Bild von Strafgericht und Katastrophe? Und der tiefste Einblick in das Wesen Gottes?

Das Wesentliche erfassen

2. Was möchte Gott uns in diesem Kapitel in bezug auf seinen Plan und sein Ziel für sein Volk klarmachen?
3. Was möchte Gott Ihnen in den Versen 12-16 über sich selbst klarmachen?

Jesaja 52

Was steht im Text?

1. Welches ist Ihrer Meinung nach die wunderbarste Zusage in diesem Kapitel? Das eindringlichste Gebot? Die ausdrucksstärkste Zukunftsvision? Und der tiefste Einblick in das Wesen Gottes?

Das Wesentliche erfassen

2. Was möchte Gott uns in den Versen 1-12 in bezug auf seinen Plan und sein Ziel für sein Volk klarmachen?
3. Sehen Sie sich die Verse 13-15 noch einmal an. Was sagt dieser prophetische Abschnitt über den kommenden Messias über das *Wesen* und den *Dienst* Jesu Christi aus?

Jesaja 53

Was steht im Text?

1. Kapitel 53 ist der Schlüssel zum Buch Jesaja genannt worden. Was macht dieses Kapitel so bedeutungsvoll?
2. Wie viele Namen finden Sie für die in diesem Kapitel beschriebene Person? Wie ist sie, was genau tut sie, und warum tut sie es?

Das Wesentliche erfassen

3. Dieses Kapitel ist im Neuen Testament häufiger als jede andere Stelle aus dem Alten Testament zitiert worden. Falls Sie das Neue Testament noch nie gelesen hätten, welche Teile des Evangeliums könnten Sie diesem Kapitel entnehmen?
4. Was sagt dieses Kapitel als Prophetie über den kommenden Messias über das *Wesen* und den *Dienst* Jesu Christi aus?

Für das Leben heute

5. In wie vielen Sätzen und Versen dieses Kapitels können Sie sich selbst wiederfinden?

Zur Vertiefung

Lesen Sie die Verse 1-3 und die ersten dreizehn Verse aus Johannes 1. Welche gemeinsamen Themen fallen Ihnen in diesen beiden Textstellen auf?

Jesaja 54

Einstieg: Haben Sie schon einmal das Gefühl gehabt, daß Gott sich von Ihnen abgewandt hat? Welches waren die Umstände?

Was steht im Text?

1. Welches ist Ihrer Meinung nach die wunderbarste Zusage in diesem Kapitel? Die schönste Ermutigung? Das eindringlichste Gebot? Die ausdrucksstärkste Zukunftsvision? Und der tiefste Einblick in das Wesen Gottes?

Das Wesentliche erfassen

2. Was möchte Gott uns in den Versen 5-10 über sich selbst klarmachen?
3. Welche Wörter oder Sätze in diesem Kapitel sagen etwas über den Plan und das Ziel Gottes für sein Volk?

JESAJA 55

WAS STEHT IM TEXT?

1. Wenn Sie Jesajas Botschaft für das Volk Gottes lesen, welches ist Ihrer Meinung nach die wunderbarste Zusage? Das eindringlichste Gebot? Und der tiefste Einblick in das Wesen Gottes?

DAS WESENTLICHE ERFASSEN

2. Was wird in den Versen 8-11 über das Wesen und die Persönlichkeit Gottes gesagt?
3. Welche Wörter oder Sätze in diesem Kapitel sagen etwas über Gottes Plan und Ziel für sein Volk aus?
4. Überlegen Sie, welche Verse in diesem Kapitel den zwölfjährigen Jesus besonders beeindruckt hätten, wenn dieses Kapitel im Tempel von Jerusalem vorgelesen und ausgelegt worden wäre. Welche Fragen würde er gestellt, welche Kommentare abgegeben haben?

FÜR DAS LEBEN HEUTE

5. In Philipper 4,8 heißt es: »Übrigens, Brüder, alles, was wahr, alles, was ehrbar, alles, was gerecht, alles, was rein, alles, was liebenswert, alles, was wohllautend ist, wenn es irgendeine Tugend und wenn es irgendein Lob gibt, das erwägt!« Welche Denkanstöße können Sie in diesem Kapitel finden, die Ihnen als *wahr, ehrbar, gerecht, rein, liebenswert*, als *Tugend* und *Lob* ins Auge fallen?

ZUR VERTIEFUNG

Nehmen Sie sich die Zeit, in Johannes 4,1-38 zu lesen, wie Jesus der samaritischen Frau begegnet ist, und lesen Sie dazu Gottes gnädige Einladung in den Versen 1-7. Welche Parallele finden Sie zwischen dem Bericht aus dem Evangelium und dieser Stelle in Jesaja?

JESAJA 56

WAS STEHT IM TEXT?

1. Welches ist Ihrer Meinung nach die wunderbarste Zusage in diesem Kapitel? Das eindringlichste Gebot? Und die schmerzlichste Anklage?

Das Wesentliche erfassen

2. Inwiefern hilft uns dieses Kapitel zu verstehen, was Gott sich am meisten für sein Volk wünscht?

Für das Leben heute

3. In Jeremia 23,29 sagt Gott, daß sein Wort wie ein Feuer und wie ein Hammer ist. Durch sein Wort kann er unsere unsauberen Gedanken und Sehnsüchte wegbrennen. Mit seinem Wort kann er uns aber auch hart treffen und unsere geistliche Härte zerschmettern. Wie würden Sie diese »Feuer-und-Hammer-Macht« Gottes in Ihrem Leben gern am Werk sehen?

Jesaja 57

Was steht im Text?

1. Welches ist Ihrer Meinung nach die wunderbarste Zusage in diesem Kapitel? Die schönste Ermutigung? Die ausdrucksvollste Zukunftsvision? Die schmerzlichste Anklage? Das zutreffendste Bild von Strafgericht und Katastrophe? Und der tiefste Einblick in das Wesen Gottes?

Das Wesentliche erfassen

2. Lesen Sie die Verse 14-21 noch einmal. Was wird in diesem Abschnitt über *Gott* gesagt, was über *uns*?

Jesaja 58

Einstieg: Haben Sie schon einmal gefastet?

Was steht im Text?

1. Welches ist Ihrer Meinung nach die wunderbarste Zusage in diesem Kapitel? Die ausdrucksstärkste Zukunftsvision? Die schmerzlichste Anklage? Und der tiefste Einblick in das Wesen Gottes?

Das Wesentliche erfassen

2. Was möchte Gott uns durch dieses Kapitel klarmachen in bezug auf das, was richtig ist und was falsch?

Für das Leben heute

3. Sind die Verse 1-4 Ihrer Meinung nach eine exakte Beschreibung des Volkes Gottes heute, vor allem der Leute in Ihrer Gemeinde?
4. Wenn alle in Ihrer Gemeinde dieses Kapitel genau verstanden hätten und sich danach richten würden, welche praktischen Veränderungen würden daraus entstehen?

Jesaja 59

Was steht im Text?

1. Denken Sie daran, bei jedem Kapitel dieses Buches zu überlegen, welche Bilder Ihnen die Worte Jesajas vor Augen stellen.
2. Welche Sünden, Schwächen und welches Versagen auf seiten des Volkes Gottes bekennt Jesaja in diesem Kapitel?
3. Welche Taten Gottes anerkennt Jesaja in den Versen 15-17? Was hat Gott bereits getan?
4. Welche Zukunftsvision wird in den Versen 18 und 19 beschrieben?
5. Welche erstaunlichen Zusagen gibt Gott in den Versen 20-21?

Das Wesentliche erfassen

6. Was möchte Gott uns in diesem Kapitel in bezug auf sich selbst klarmachen?

Für das Leben heute

7. Können Sie sagen, daß dieses Kapitel (vor allem die Verse 3-11) eine genaue Beschreibung des Volkes Gottes ist, vor allem der Leute in Ihrer Gemeinde?

Zur Vertiefung

Stellen Sie sich noch einmal vor Augen, wie der Prophet Jesaja in den Versen 1-15 die Sünde des Menschen anprangert, und sehen Sie sich an, welche Lösung Gott in den Versen 16-20 für das Dilemma des Menschen hat. Welche Parallele finden Sie in Römer 3,9-26 in dem, was der Apostel Paulus über das Dilemma und die Lösung Gottes sagt?

Jesaja 60

Was steht im Text?

1. Welches ist Ihrer Meinung nach die wunderbarste Zusage in diesem Kapitel? Das eindringlichste Gebot? Und die ausdrucksstärkste Zukunftsvision?

Das Wesentliche erfassen

2. Was möchte Gott uns in diesem Kapitel in bezug auf seinen Plan und sein Ziel für sein Volk klarmachen?

Jesaja 61

Einstieg: Welche Bilder oder Situationen fallen Ihnen ein, wenn Sie den Ausdruck *zerbrochenen Herzens* hören?

Was steht im Text?

1. Welches ist Ihrer Meinung nach die wunderbarste Zusage in diesem Kapitel? Die ausdrucksstärkste Zukunftsvision? Und der tiefste Einblick in das Wesen Gottes?

Das Wesentliche erfassen

2. Welche Wörter oder Sätze in diesem Kapitel sagen etwas aus über Gottes Plan und Ziel für sein Volk?

Für das Leben heute

3. Wenn stimmt, daß man »wird, wie man denkt«, welche wichtigen Gedanken aus diesem Kapitel möchten Sie sich zu eigen machen?

Zur Vertiefung

Als der Herr Jesus in seiner Heimatstadt Nazareth aufstand und laut aus den Schriften vorlas, wählte er Vers 1 und die Hälfte von Vers 2 (Lukas 4,16-20). Inwiefern stellte er sich selbst als die Erfüllung dieser Worte dar? Warum hat er wohl mitten in Vers 2 aufgehört zu lesen?

Jesaja 62

Was steht im Text?

1. Welches ist die wunderbarste Zusage in diesem Kapitel? Die schönste Ermutigung? Das eindringlichste Gebot? Und die ausdrucksstärkste Zukunftsvision?

Das Wesentliche erfassen

2. Inwiefern kann dieses Kapitel uns helfen zu verstehen, was Gottes größter Wunsch für sein Volk ist?

Jesaja 63

Was steht im Text?

1. Welches ist Ihrer Meinung nach die schönste Ermutigung in diesem Kapitel? Die ausdrucksstärkste Zukunftsvision? Die schmerzlichste Anklage? Das zutreffendste Bild von Strafgericht und Katastrophe? Und der tiefste Einblick in das Wesen Gottes?
2. Sehen Sie sich das Gebet in den Versen 15-19 genauer an. Welche Fragen werden an Gott gerichtet? Welche Bitten werden in der ersten Zeile von Vers 15 und in der letzten Hälfte von Vers 17 ausgesprochen?

Das Wesentliche erfassen

3. Was möchte Gott uns in diesem Kapitel in bezug auf sich selbst klarmachen?

Jesaja 64

Was steht im Text?

1. Lesen Sie aufmerksam jede Zeile des Gebets in diesem Kapitel. Welche Bitten werden in den Versen 2 und 9 an Gott gerichtet?
2. Inwiefern wird das Wesen Gottes in diesem Gebet anerkannt?
3. Welche Sünden und welches Versagen auf seiten des Volkes Gottes werden bekannt?

Für das Leben heute

4. Welche Teile dieses Gebetes wären angemessen als Botschaft Ihrer Gemeinde an Gott?

Zur Vertiefung

Lesen Sie gemeinsam in 1. Korinther 2,9-10, wie Vers 4 dort zitiert wird. Was sagen diese beiden Textstellen über das Wesen Gottes aus?

Jesaja 65

Einstieg: Welche großen *Überraschungen* haben Sie in Ihrem Leben schon erlebt?

Was steht im Text?

1. Welches ist Ihrer Meinung nach die wunderbarste Zusage in diesem Kapitel? Die ausdrucksstärkste Zukunftsvision? Die schmerzlichste Anklage? Und der tiefste Einblick in das Wesen Gottes?

Das Wesentliche erfassen

2. Was möchte Gott uns in diesem Kapitel in bezug auf seinen Plan und sein Ziel für sein Volk klarmachen?

Zur Vertiefung

Lesen Sie die Verse 1-3 noch einmal und danach in Römer 10,16 - 11,27, was Paulus über Israel und die Heiden sagt. Inwiefern stützt Paulus die Aussage Gottes in Jesaja über Israels eigensinnigen Unglauben und erweitert sie sogar?

Jesaja 66

Was steht im Text?

1. Wenn Sie diese an das Volk Gottes gerichteten Worte lesen, welches ist Ihrer Meinung nach die wunderbarste Zusage in diesem Kapitel? Das eindringlichste Gebot? Die ausdrucksstärkste Zukunftsvision? Die schmerzlichste Anklage? Das zutreffendste Bild von Strafgericht und Katastrophe? Und der tiefste Einblick in das Wesen Gottes?

DAS WESENTLICHE ERFASSEN

2. Was möchte Gott uns in den Versen 1-2 in bezug auf sich selbst klarmachen?
3. Welche Wörter oder Sätze in diesem Kapitel sagen etwas aus über Gottes Plan und Ziel für sein Volk?

JESAJA: DER GESAMTEINDRUCK

(Sprechen Sie noch einmal über die im »Überblick« angegebenen Fragen und bearbeiten Sie die unten aufgeführten.)

1. Um den größtmöglichen Gewinn aus dem Buch Jesaja zu ziehen, lesen Sie einmal, was der Apostel Paulus in 2. Timotheus 3,16-17 mit Blick auf das Alte Testament schrieb. Dort heißt es, daß *alle* Schrift von großem Nutzen für uns ist, um uns a) zu lehren, b) zu überführen, c) zurechtzuweisen und d) zu unterweisen in der Gerechtigkeit, damit der Mensch Gottes vollkommen sei, zu »jedem guten Werk« völlig zugerüstet. Denken Sie ernsthaft über diese Aufgaben der Bibel nach und überlegen Sie, in welchem dieser Bereiche Ihnen das Buch Jesaja von besonderem Nutzen sein kann.
2. Stellen Sie sich vor, Sie würden den Dienst des Propheten Jesajas verfilmen. Welche Kulissen, Darsteller, Hintergrundmusik, Lichteffekte etc. würden Sie wählen, um die zentrale Botschaft dieses Buches zu übermitteln?
3. Lesen Sie noch einmal die folgenden Verse und wählen Sie den SCHLÜSSELVERS für das Buch Jesaja – den Vers, der am besten das ausdrückt, worum es in diesem Buch geht: 9,6-7; 53,5 oder 53,6.
4. DEM ERRETTER AUF DER SPUR – Im Buch Jesaja deuten viele Wörter, Bilder oder Themen auf Jesus hin. Welche davon haben Sie besonders beeindruckt?
5. Angenommen, das Buch Jesaja wäre das einzige Buch im Alten Testament. Inwiefern würde es dennoch eine gute Hinführung zu der Botschaft Jesu im Neuen Testament sein?
6. Wie würden Sie die folgende Aussage auf der Grundlage Ihrer eigenen Erfahrung so vervollständigen, daß sie für Sie die größtmögliche Bedeutung gewinnt: Ich glaube, es ist wichtig, daß Christen das Buch Jesaja lesen und durcharbeiten, weil ...

JEREMIA

ÜBERBLICK

(Besprechen Sie diese Überblicksfragen sowohl zu Beginn Ihrer Bearbeitung des Buches Jeremia als auch, nachdem Sie alle zweiundfünfzig Kapitel durchgenommen haben. Es könnte sein, daß Ihre Antworten vollkommen anders ausfallen, nachdem Sie sich sehr intensiv mit dem ganzen Buch auseinandergesetzt haben.)

Einstieg: Sprechen Sie über die folgende Frage: Welches sind Ihrer Meinung nach die wichtigsten drei Kriterien für Erfolg in der heutigen Zeit?

WAS STEHT IM TEXT?

1. Bevor Sie sich intensiver mit dem Buch Jeremia befassen, sollten Sie zusammentragen, was Sie bereits über dieses Buch wissen.
2. Suchen Sie das Wort, das in den folgenden Versen immer wiederkehrt: 3,1; 4,1; 8,4-5 und 24,7. Welche Hinweise gibt dieses Wort auf die zentrale Botschaft des Propheten Jeremia?
3. Überlegen Sie, welches Wort sich in den folgenden Versen wiederholt: 11,20; 17,9-10; 24,7 und 29,13. Welchen *Fortschritt* erkennen Sie beim Lesen dieser Verse in der Art, wie dieses Konzept dargestellt wird?
4. Suchen Sie in den folgenden Versen ein weiteres, häufig gebrauchtes Wort: 3,21; 9,1; 9,10; 13,17; 22,10; 31,9; 31,15-17; 41,6; 48,5 und 48,32. Was kommt darin in bezug auf die *Emotionen* dieses Buch zum Ausdruck?
5. Sehen Sie sich auch auf Seite 10 die Liste mit Fragen an, die Sie sich vor der Bearbeitung der einzelnen Bücher stellen sollten.

FÜR DAS LEBEN HEUTE

6. Das Buch Jeremia ist unter den verschiedensten Überschriften zusammengefaßt worden: »Das Buch des Schreckens und der Hoffnung«, »Eine Warnung vor der Gefangenschaft«, »Todeswehen eines abgefallenen Volkes«, »Gottes letzter Versuch, Jerusalem zu retten«, »Buße oder Strafgericht« und »Jerusalems Gericht und bevorstehende Herrlichkeit«, während Jeremia selbst »Der weinende Prophet« genannt worden ist. Welche Antworten, Richtlinien und Lösungen versprechen Sie sich auf diesem Hintergrund von der Bearbeitung dieses Buches?
7. Wenn Sie bedenken, *wer Gott ist* und dann *was die Bibel ist*, wie würden Sie

auf einer Skala von eins bis zehn Ihren Wunsch einschätzen, das Buch Jeremia besser zu verstehen (eins = überhaupt kein Interesse; zehn = sehr großes Interesse)?

8. Wie würde nach dem, was Sie in 23,29 lesen, Ihr persönliches Gebet lauten, das Sie während der Bearbeitung dieses Buches sprechen würden?
9. Wenn Sie in den Himmel kommen, sich mit Jeremia unterhalten und er Sie fragt: »Was hat dir in meinem Buch am meisten geholfen?«, was würden Sie gern antworten?

JEREMIA 1

WAS STEHT IM TEXT?

1. Was sagt Gott in Vers 5 zu Jeremia, und wie reagiert Jeremia in Vers 6?
2. Welche Schlußfolgerung hätte Jeremia aus dem, was Gott ihm in den Versen 7-9 sagte, in bezug auf seinen zukünftigen Dienst ziehen können?
3. Welche Sünde wirft Gott dem Volk Israel in den Versen 14-16 vor, und welche Strafe kündigt er an?
4. Welche Gebote und welche Zusagen bekommt Jeremia in den Versen 17-19 von Gott?
5. Sehen Sie sich auch auf Seite 9 die Liste mit Fragen an, die Sie sich während der Bearbeitung der einzelnen Kapitel stellen sollten.

DAS WESENTLICHE ERFASSEN

6. Was lernt Jeremia in diesem Kapitel in bezug auf Gott?

FÜR DAS LEBEN HEUTE

7. In Sprüche 2,1-5 wird von dem aufrichtigen Menschen gesprochen, der sich nach Weisheit und Verständnis sehnt und in der Schrift danach forscht, als wäre es ein vergrabener Schatz. Dieser Mensch, so sagt Salomo, wird die Furcht des Herrn verstehen und die Erkenntnis Gottes gewinnen. Welchen »verborgenen Schatz soll Gott Ihnen zeigen, der Ihnen klarmacht, wie Gott und seine Weisheit sind? Wenn Sie diesen Wunsch haben, wie würden Sie ihn mit eigenen Worten formulieren?

ZUR VERTIEFUNG

Wie läßt sich Jeremias von Gott gegebener Auftrag mit dem von Mose in Exodus 3,1 - 4,17 vergleichen?

Jeremia 2

Was steht im Text?

1. Kapitel 2 ist der Schlüssel zum Propheten Jeremia genannt worden. Was macht dieses Kapitel so bedeutungsvoll?
2. Welche eindrucksvollen Bilder sind in diesem Kapitel zu finden?
3. Welches ist Ihrer Meinung nach die schmerzlichste Anklage in diesem Kapitel? Und das zutreffendste Bild von Strafgericht und Katastrophe?

Für das Leben heute

4. Würden Sie sagen, daß die Verse 31-32 eine exakte Beschreibung des Volkes Gottes heute wiedergeben, vor allem der Leute in Ihrer Gemeinde?

Jeremia 3

Was steht im Text?

1. Sprechen Sie wie im vorhergehenden Kapitel über die für Sie ausdrucksvollsten Bilder in diesem Kapitel. (Stellen Sie sich diese Frage bei jedem Kapitel des Propheten Jeremia.)
2. Welches ist Ihrer Meinung nach die wunderbarste Zusage in diesem Kapitel? Die schönste Ermutigung? Die dringlichste Aufforderung? Die schmerzlichste Anklage? Und das zutreffendste Bild von Strafgericht und Katastrophe?
3. Welches Bekenntnis finden Sie in der Hälfte des Verse 22? Sehen Sie Anzeichen für beginnende Reue?

Für das Leben heute

4. Würden Sie sagen, daß in den Versen 21-22 eine exakte Beschreibung des Volkes Gottes zu finden ist, vor allem der Leute in Ihrer Gemeinde?

Jeremia 4

Was steht im Text?

1. Wenn Sie diese an das Volk Gottes gerichteten Worte lesen, welches ist Ihrer Meinung nach die wunderbarste Zusage in diesem Text? Die dringlichste Aufforderung? Die ausdrucksstärkste Zukunftsvision? Die schmerzlichste Anklage? Das zutreffendste Bild von Strafgericht und Katastrophe? Und der tiefste Einblick in das Wesen Gottes?
2. Wie wirkt sich das, was Gott in Vers 19 sagt, auf Jeremia aus? Warum reagiert er Ihrer Meinung nach so?

Für das Leben heute

3. Suchen Sie sich einen der Sätze aus und vervollständigen Sie ihn so ausführlich wie möglich: a) Was ich in diesem Kapitel lese, ist wichtig für mein Leben, weil ... ODER: b) Was ich in diesem Kapitel lese ist im Augenblick NICHT wichtig für mein Leben, weil ...

Jeremia 5

Was steht im Text?

1. Welches ist Ihrer Meinung nach die schmerzlichste Anklage in diesem Kapitel? Das zutreffendste Bild von Strafgericht und Katastrophe? Und der tiefste Einblick in das Wesen Gottes?

Das Wesentliche erfassen

2. Was wird in Vers 22 über das Wesen und die Persönlichkeit Gottes gesagt?

Für das Leben heute

3. Würden Sie sagen, daß dieses Kapitel eine exakte Beschreibung des Volkes Gottes ist, vor allem der Leute in Ihrer Gemeinde?

Jeremia 6

Einstieg: Wie sieht Gott Ihrer Meinung nach den geistlichen Zustand unseres Volkes heute?

Was steht im Text?

1. Welches ist Ihrer Meinung nach die eindringlichste Warnung in diesem Kapitel? Die dringlichste Aufforderung? Die ausdrucksstärkste Zukunftsvision? Die schmerzlichste Anklage? Das zutreffendste Bild von Strafgericht und Katastrophe? Und der tiefste Einblick in das Wesen Gottes?
2. Was sagt der Herr Jeremia in den Versen 27-30? Formulieren Sie es in eigenen Worten.

Das Wesentliche erfassen

3. Was wünscht sich Gott nach Vers 16 für sein Volk?
4. Diskutieren Sie die folgende Aussage: Wenn es um Reue vor Gott geht, ist es niemals zu spät.

Jeremia 7

Was steht im Text?

1. Welches ist Ihrer Meinung nach die dringlichste Aufforderung in diesem Kapitel? Die schmerzlichste Anklage? Das zutreffendste Bild von Strafgericht und Katastrophe? Und der tiefste Einblick in das Wesen Gottes?
2. Wie viele der zehn Gebote haben die Israeliten nach Vers 9 gebrochen? (Sie können sich die zehn Gebote in 2. Mose 20 noch einmal ansehen.)

Für das Leben heute

3. Würden Sie sagen, daß in den Versen 8-11 eine exakte Beschreibung des Volkes Gottes heute gegeben wird, vor allem der Leute in Ihrer Gemeinde?

Zur Vertiefung

Wiederholen Sie noch einmal die grundlegenden Prinzipien, die Gott in den Versen 21-23 darlegt. Vergleichen Sie dies mit dem, was Jesus in Matthäus 9,13 und 12,7 sagt.

Jeremia 8

Was steht im Text?

1. Welches ist die ausdrucksstärkste Zukunftsvision in diesem Kapitel? Die schmerzlichste Anklage? Das zutreffendste Bild von Strafgericht und Katastrophe? Und der tiefste Einblick in das Wesen Gottes?
2. Wie reagiert das Volk in den Versen 14-16 und in Vers 20?
3. Wie reagiert Jeremia in den Versen 18-19 und 21-22?

Das Wesentliche erfassen

4. Stellen Sie sich vor, Sie würden sich im Tempel in Jerusalem aufhalten, als der zwölfjährige Jesus hört, wie dieses Kapitel von den jüdischen Schriftgelehrten vorgelesen und ausgelegt wird. In Lukas 2,46 lesen wir, daß er auf diese Lehrer hörte und ihnen Fragen stellte. Welche Verse aus diesem Kapitel würden ihn wohl besonders beeindruckt haben, und welche Fragen würde er Ihrer Meinung nach gestellt, welche Kommentare abgegeben haben?

Zur Vertiefung

Sehen Sie sich die Verse 21-22 noch einmal an. Welche Wortbilder und Aussagen, die unser Verständnis dieser Aussage vertiefen, finden Sie in Jeremia 30,12-17?

Jeremia 9

Was steht im Text?

1. Welche Gefühle und Sorgen bringt Jeremia in den Versen 1-2 und Vers 10 zum Ausdruck?
2. Welche Anklagen und Warnungen spricht der Herr in den Versen 3-9 aus und welches Wort des Gerichts in Vers 11?
3. Welche Fragen stellt Jeremia in Vers 12, und wie antwortet Gott ihm?
4. Denken Sie daran, hier (und in diesem ganzen Buch) immer wieder zu überlegen, welche ausdrucksstarken Bilder Jeremia in seinen Worten gebraucht.

Das Wesentliche erfassen

5. Was möchte Gott uns in Vers 23 in bezug auf sich selbst klarmachen?

Für das Leben heute

6. Sehen Sie sich Vers 23 noch einmal an. Welches dieser drei Dinge – Weisheit, Kraft oder Reichtümer – würden Sie sich vermutlich am ehesten rühmen?
7. Wie können Sie in Ihrem Leben ganz praktisch umsetzen, was Gott in Vers 23 sagt?

Jeremia 10

Was steht im Text?

1. Lesen Sie die Verse 6-16 noch einmal und erklären Sie, was Gott uns Ihrer Meinung nach mit diesem Abschnitt in bezug auf sich selbst klarmachen möchte.
2. Was trägt Gott in den Versen 17-18 dem Volk zu tun auf und aus welchem Grund?
3. Wie würden Sie Jeremias Reaktion in den Versen 19-20 erklären?
4. Welche Bitten richtet Jeremia in den Versen 23-24 an Gott?

Jeremia 11

Einstieg: Welche Denkweisen können sehr leicht verhindern, daß die Worte des Propheten in unseren Gedanken und Herzen lebendig werden?

Was steht im Text?

1. Welches ist die eindringlichste Warnung in diesem Kapitel? Die schmerzlichste Anklage? Und das zutreffendste Bild von Strafgericht und Katastrophe?
2. Was trägt Gott Jeremia in Vers 14 auf?
3. Von welchen Entwicklungen in Jeremias Lebensumständen wird in diesem Kapitel berichtet?

Das Wesentliche erfassen

4. Welche wichtigen Erkenntnisse hat Jeremia nach dem, was er in Vers 20 sagt, in bezug auf das Wesen und die Persönlichkeit Gottes?

Für das Leben heute

5. Wie kontinuierlich ist im Vergleich zu früher Ihr Wunsch, Gott zum gegenwärtigen Zeitpunkt Ihres Lebens zu dienen und an ihn zu denken? Nehmen Sie eine Skala von eins bis zehn als Bewertungshilfe (eins = sehr viel geringer als früher, zehn = sehr viel stärker als früher).

Jeremia 12

Was steht im Text?

1. Welche Fragen stellt Jeremia in den Versen 1-4, und welche Antworten gibt Gott in den Versen 5-6?
2. Welches ist Ihrer Meinung nach die wunderbarste Zusage in den Versen 7-17? Die eindringlichste Warnung? Die ausdrucksstärkste Zukunftsvision? Und das zutreffendste Bild von Strafgericht und Katastrophe?

Das Wesentliche erfassen

3. Was lernt Jeremia in diesem Kapitel in bezug auf Gott?

Zur Vertiefung

In den Versen 1-4 beklagt sich Jeremia über den offensichtlichen Reichtum und die guten, nicht zu übersehenden Lebensumstände des Gottlosen. Vergleichen Sie seine Aussage mit ähnlichen Aussagen von Hiob (Hiob 21,4-21), Asaph (Psalm 73) und Habakuk (Habakuk 1,2-4).

Jeremia 13

Was steht im Text?

1. Welchen Auftrag gibt Gott Jeremia in den ersten Versen dieses Kapitels?
2. Welches ist Ihrer Meinung nach die eindringlichste Warnung in diesem Kapitel? Die dringlichste Aufforderung? Die ausdrucksstärkste Zukunftsvision? Die schmerzlichste Anklage? Und das zutreffendste Bild von Strafgericht und Katastrophe?

Jeremia 14

Was steht im Text?

1. Wie beschreibt Gott in den Versen 1-6 die Dürre, die über Juda kommen wird?
2. Welchen Auftrag gibt Gott Jeremia in den Versen 11-12?
3. Sehen Sie sich Jeremias Gebete in den Versen 7-9 und 13-22 an. Welches sind seine *Fragen* an Gott, was *bekennt* er Gott, und worum *bittet* er Gott?

Jeremia 15

Was steht im Text?

1. Welche Worte des Gerichts spricht Gott in den Versen 1-9?
2. Worüber beklagt sich Jeremia in Vers 10, und welche Zusage macht Gott in Vers 11?
3. Was sagt Jeremia in den Versen 15-18 zu Gott, und was sagen diese Worte über Jeremias Wesen, aber auch über seine Lebensumstände zu dieser Zeit aus?
4. Wie antwortet Gott Jeremia in den Versen 19-21?

Das Wesentliche erfassen

5. Was lernt Jeremia in diesem Kapitel in bezug auf Gott?

Für das Leben heute

6. Was können Sie von Jeremias Beispiel in diesem Kapitel lernen in bezug auf Ihr Vertrauen in Gott?

Jeremia 16

Einstieg: Was haben Sie in den vergangenen Monaten in bezug auf Ihren Ehepartner gelernt?

Was steht im Text?

1. Welchen Auftrag gibt Gott Jeremia in Vers 2?

2. Welches ist in diesem Kapitel die wunderbarste Zusage? Die dringlichste Aufforderung? Die ausdrucksstärkste Zukunftsvision? Die schmerzlichste Anklage? Das zutreffendste Bild von Strafgericht und Katastrophe? Und der tiefste Einblick in das Wesen Gottes?

Jeremia 17

Was steht im Text?

1. Denken Sie daran, darüber zu sprechen, welche eindrucksvollen Bilder Ihnen in Jeremias Worten in diesem Kapitel vor Augen gestellt werden.
2. Welches ist in den Versen 1-13 die wunderbarste Zusage? Die eindringlichste Warnung? Die schmerzlichste Anklage? Das zutreffendste Bild von Strafgericht und Katastrophe? Und der tiefste Einblick in das Wesen Gottes?
3. Sehen Sie sich Jeremias Gebet in den Versen 12-18 an. Wofür lobt er Gott? Und worum bittet er Gott?
4. Was sagt Gott in den Versen 19-27 über den Sabbat?

Das Wesentliche erfassen

5. Lesen Sie die Verse 9-10 noch einmal. Was sagt dieser Abschnitt über *Gott* aus, was über *uns*?
6. Welche wichtigen Erkenntnisse hat Jeremia nach dem, was Sie in den Versen 12-18 lesen, in bezug auf das Wesen und die Persönlichkeit Gottes?

Für das Leben heute

7. Sehen Sie sich die Verse 7-8 noch einmal an. Wie stark spiegelt dieser Abschnitt Ihre eigene Erfahrung mit Gott im Vergleich zu einem Zeitpunkt in der Vergangenheit wider? Nehmen Sie eine Skala von eins bis zehn als Bewertungshilfe (eins = sehr viel geringer als früher, zehn = sehr viel stärker als früher).

Zur Vertiefung

Lesen Sie die Anweisungen in den Versen 19-27 noch einmal. Nach der Zerstörung Jerusalems, der Verbannung seines Volkes und der Rückkehr der Verbannten taucht dieses Thema in Nehemia 13,15-22 noch einmal auf. Welche Ähnlichkeiten erkennen Sie in den beiden Situationen – obwohl so viele Jahre dazwischenliegen?

Jeremia 18

Was steht im Text?

1. Was sieht und hört Jeremia in den Versen 1-4?
2. Welches ist in den Versen 5-17 die dringlichste Aufforderung? Die schmerzlichste Anklage? Das zutreffendste Bild von Strafgericht und Katastrophe? Und der tiefste Einblick in das Wesen Gottes?
3. Sehen Sie sich die Worte von Jeremias Feinden in Vers 18 noch einmal an und Jeremias Gebet zu Gott in den Versen 19-23. Worum bittet Jeremia Gott, und auf welcher Grundlage spricht er diese Bitten aus?

Das Wesentliche erfassen

4. Was sagen die Verse 5-11 über das Wesen und die Persönlichkeit Gottes aus?

Für das Leben heute

5. Blättern Sie vor zu 23,29, wo Gott sagt, daß sein Wort wie ein Feuer und wie ein Hammer ist. Er kann durch sein Wort unsere unsauberen Gedanken und Sehnsüchte wegbrennen. Mit seinem Wort kann er uns aber auch hart treffen und unsere geistliche Härte zerschmettern. Wie würden Sie diese »Feuer-und-Hammer-Macht« Gottes in Ihrem Leben gern am Werke sehen?

Jeremia 19

Was steht im Text?

1. Welches ist Ihrer Meinung nach die ausdrucksstärkste Zukunftsvision in diesem Kapitel? Die schmerzlichste Anklage? Und das zutreffendste Bild von Strafgericht und Katastrophe?

Jeremia 20

Was steht im Text?

1. Von welchen Veränderungen in Jeremias Lebensumständen wird in diesem Kapitel berichtet? Was offenbart der Prophet in seinem nächsten Gebet zu

Gott von seinen inneren Kämpfen, die er zusammen mit seinen äußeren Kämpfen durchzufechten hat?

Das Wesentliche erfassen

2. Welche wichtigen Erkenntnisse hat Jeremia nach dem, was Sie in den Versen 7-18 lesen, in bezug auf das Wesen und die Persönlichkeit Gottes?
3. Wie würden Sie Jeremias Wesen und Persönlichkeit zu diesem Zeitpunkt beurteilen?

Für das Leben heute

4. Haben Sie sich schon einmal in einer Situation befunden, in der Sie sich mit Jeremias Gebet in diesem Kapitel identifizieren konnten?
5. In Römer 15,4 erinnert uns Paulus, daß die alttestamentlichen Schriften uns Geduld und Ausharren auf der einen Seite, aber auch Trost und Ermutigung geben können. Inwiefern wird das Buch Jeremia in Ihrem Leben dieser Beschreibung gerecht? Inwiefern kann dieses Buch Ihr Bedürfnis nach *Ausharren* und *Ermutigung* erfüllen?

Jeremia 21

Einstieg: Gibt es Probleme in Ihrem Leben, die, wenn sie gelöst wären, Ihr ganzes Leben verändern würden?

Was steht im Text?

1. Fassen Sie die Ereignisse dieses Kapitels zusammen. Welche Botschaften hat Jeremia für den König Zedekia und für das Volk von Jerusalem?

Für das Leben heute

2. In Jesaja 55,10-11 erinnert uns Gott daran, daß er Regen und Schnee vom Himmel schickt, um die Erde zu bewässern und das Leben zu erhalten. In gleichem Maße gibt er sein Wort, um einen bestimmten Zweck zu erfüllen. Was möchte Gott Ihrer Meinung nach aus dem, was Sie bisher gelesen haben, durch das Buch des Propheten Jeremia im Leben der Christen heute erreichen?

Jeremia 22

Was steht im Text?

1. Welches ist Ihrer Meinung nach die eindrücklichste Warnung in diesem Kapitel? Die dringlichste Aufforderung? Die schmerzlichste Anklage? Und das zutreffendste Bild von Strafgericht und Katastrophe?

Jeremia 23

Was steht im Text?

1. Welches ist die wunderbarste Zusage in diesem Kapitel? Die eindringlichste Warnung? Die dringlichste Aufforderung? Die ausdrucksstärkste Zukunftsvision? Die schmerzlichste Anklage? Das zutreffendste Bild von Strafgericht und Katastrophe? Und der tiefste Einblick in das Wesen Gottes?

Das Wesentliche erfassen

2. Sehen Sie sich die Verse 5-6 an. Was sagt dieser prophetische Abschnitt über den kommenden Messias über das Wesen und den Dienst Christi?
3. Welche Aspekte des Wesens und der Persönlichkeit Gottes möchte Gott uns in den Versen 23-24 klarmachen?

Zur Vertiefung

Vergleichen Sie die Verse 9-14 mit Jeremia 6,13-15. Welche Ähnlichkeiten bestehen?

Jeremia 24

Was steht im Text?

1. Welches ist Ihrer Meinung nach die wunderbarste Zusage in diesem Kapitel? Und das zutreffendste Bild von Strafgericht und Katastrophe?

JEREMIA 25

Einstieg: Welche Bilder fallen Ihnen ein, wenn Sie das Wort *Schuld* hören?

WAS STEHT IM TEXT?

1. Welches ist Ihrer Meinung nach die ausdrucksstärkste Zukunftsvision in diesem Kapitel? Die schmerzlichste Anklage? Das zutreffendste Bild von Strafgericht und Katastrophe? Und der tiefste Einblick in das Wesen Gottes?

DAS WESENTLICHE ERFASSEN

2. Lesen Sie die Verse 11 und 12 und diskutieren Sie die folgende Aussage: Gottes Strafe hat Grenzen, Gottes Gericht jedoch nicht.

ZUR VERTIEFUNG

Konzentrieren Sie sich in den Versen 15-38 noch einmal auf den »Becher des Zornes Gottes«, vor allem in Vers 28. Lesen Sie nun die folgenden Bibelstellen, die ebenfalls dieses Thema behandeln: Jeremia 49,12 und 51,7; Jesaja 51,17; Hesekiel 23,31-34 und Offenbarung 14,10 und 16,19.

JEREMIA 26

WAS STEHT IM TEXT?

1. Welche Entwicklungen in Jeremias Leben werden in diesem Kapitel beschrieben? Was beeindruckt Sie in diesem Kapitel an dem Propheten ganz besonders?

JEREMIA 27

WAS STEHT IM TEXT?

1. Welches ist Ihrer Meinung nach die wunderbarste Zusage in diesem Kapitel? Die eindringlichste Warnung? Die dringlichste Aufforderung? Die schmerzlichste Anklage? Das zutreffendste Bild von Strafgericht und Katastrophe? Und der tiefste Einblick in das Wesen Gottes?

Das Wesentliche erfassen

2. Fassen Sie nun, da Sie die Hälfte des Propheten Jeremia durchgearbeitet haben, die wichtigsten Aussagen dieses Buches zusammen.

Jeremia 28

Was steht im Text?

1. Wie würden Sie die Konfrontation zwischen Jeremia und dem falschen Propheten Hanania in diesem Kapitel beschreiben?

Jeremia 29

Was steht im Text?

1. Welches ist in Jeremias Brief an die Gefangenen in Babylon die wunderbarste Zusage (Verse 4-23)? Die dringlichste Aufforderung? Die schmerzlichste Anklage? Und das zutreffendste Bild von Strafgericht und Katastrophe?

Das Wesentliche erfassen

2. Was möchte Gott uns in Jeremias Brief in bezug auf seinen *Plan* und sein *Ziel* für sein Volk klarmachen?

Jeremia 30

Einstieg: Welche Bilder fallen Ihnen ein, wenn Sie an das Wort *wiederherstellen* denken?

Was steht im Text?

1. Wenn Sie diese an das Volk Gottes gerichteten Worte lesen, welches ist Ihrer Meinung nach die wunderbarste Zusage in diesem Kapitel? Die dringlichste Aufforderung? Die ausdrucksstärkste Zukunftsvision? Und das zutreffendste Bild von Strafgericht und Katastrophe?

Das Wesentliche erfassen

2. Was möchte Gott uns in diesem Kapitel in bezug auf seinen Plan und sein Ziel für sein Volk klarmachen?
3. Stellen Sie sich vor, Sie würden sich im Tempel in Jerusalem aufhalten, als der zwölfjährige Jesus hört, wie dieses Buch von den jüdischen Schriftgelehrten vorgelesen und ausgelegt wird. Welche Verse aus diesem Kapitel würden ihn wohl besonders beeindruckt haben, und welche Fragen würde er gestellt, welche Kommentare abgegeben haben?

Für das Leben heute

4. Lesen Sie in Vers 9, was Jeremia über den Dienst für Gott sagt. Falls Gott aufschreiben würde, wie Sie ihm in der vergangenen Woche gedient haben, was würde wohl auf dieser Liste stehen?

Jeremia 31

Was steht im Text?

1. Denken Sie daran, bei jedem Kapitel zu überlegen, welche Bilder im Text besonderen Eindruck auf Sie machen.
2. Sehen Sie sich die letzten drei Wörter in Vers 14 an. Wie oft wird dieser Satz in diesem Kapitel wiederholt? Welche Aussagen unterstreicht Gott mit diesem Satz noch einmal ganz besonders?
3. Wie viele *Zusagen von Gott* können Sie in diesem Kapitel finden? Welche davon sind Ihrer Meinung nach besonders wichtig?
4. Sehen Sie sich vor allem Gottes überwältigende Zusage in den Versen 31-34 an. Dieser Abschnitt wird als der Höhepunkt der Prophezeiungen Jeremias betrachtet. Was ist wohl der Grund dafür?

Das Wesentliche erfassen

5. Was möchte Gott uns in diesem Kapitel in bezug auf seinen Plan und sein Ziel für sein Volk klarmachen?
6. Was wird in diesem Kapitel über das Wesen und die Persönlichkeit Gottes gesagt?

Für das Leben heute

7. Betrachten Sie sorgfältig die Verse 39-40. In welchem Maße spiegeln nach Ihrem Eindruck diese Verse Ihre Erfahrungen Ihrer Gemeinde wieder?

Zur Vertiefung

Inwiefern wird Ihr Verständnis der Aussage der Verse 29-30 durch 5. Mose 24,16 und Hesekiel 18,1-20 erweitert?

Jeremia 32

Einstieg: An welchem Ort im Umkreis von hundert Kilometern Ihres jetzigen Wohnortes würden Sie auf keinen Fall ein Haus kaufen?

Was steht im Text?

1. Welche großen Entwicklungen in Jeremias Situation werden in diesem Kapitel beschrieben?
2. Wofür lobt Jeremia Gott in den Versen 17-25? Und welche Zweifel und Unsicherheiten gesteht er ein?
3. Was betont Gott in seiner Antwort auf Jeremias Gebet ab Vers 26?
4. Welche Zusagen in bezug auf das Volk Gottes macht Gott in den Versen 37-44?

Das Wesentliche erfassen

5. Welche wichtigen Erkenntnisse in bezug auf das Wesen und die Persönlichkeit Gottes gibt Jeremia in seinem Gebet in den Versen 17-25 weiter?
6. Welche Aspekte des Wesens und der Persönlichkeit Gottes möchte Gott Ihnen in Vers 27 besonders vor Augen stellen?

Für das Leben heute

7. Sehen Sie sich die Verse 39-40 noch einmal an. Können Sie sagen, daß diese Verse die Erfahrung Ihrer Gemeinde beschreiben?

Jeremia 33

Was steht im Text?

1. Welche wichtigen Zusagen Gottes sind in diesem Kapitel zu finden, und welche Bedeutung haben sie?

Das Wesentliche erfassen

2. Was möchte Gott uns in diesem Kapitel in bezug auf seinen Plan und sein Ziel für sein Volk klarmachen?
3. Sehen Sie sich die Verse 14-16 noch einmal an. Was sagt dieser prophetische Abschnitt zum kommenden Messias über das *Wesen* und den *Dienst* Jesu Christi aus?

Für das Leben heute

4. Welcher Vers ist Ihnen in Ihrer gegenwärtigen Situation besonders wichtig geworden – und warum?
5. In Philipper 4,8 heißt es: »Übrigens, Brüder, alles, was wahr, alles, was ehrbar, alles, was gerecht, alles, was rein, alles, was liebenswert, alles, was wohllautend ist, wenn es irgendeine Tugend und wenn es irgendein Lob gibt, das erwägt!« Welche Denkanstöße können Sie in diesem Kapitel finden, die Ihnen als *wahr, ehrbar, gerecht, rein, liebenswert,* als *Tugend* und *Lob* ins Auge fallen?

Zur Vertiefung

Lesen Sie in Vers 3 noch einmal die wunderbare Zusage des Herrn an seinen Knecht. Inwiefern unterstreichen die folgenden Bibelstellen diese Zusage: Psalm 105,1 und 145,18, Jesaja 55,6 und 58,9 und Matthäus 7,7-11.

Jeremia 34

Einstieg: Was würden Sie bevorzugen – in einer Schlacht (als freier Mensch) sterben oder den Rest Ihres Lebens als Gefangener eines grausamen Feindes verbringen?

Was steht im Text?

1. Wie würden Sie Jeremias Botschaft an den König Zedekia zusammenfassen?
2. Welche Anklagen erhebt der Herr in der letzten Hälfte dieses Kapitels gegen sein Volk, und welche Strafe droht er an?

Jeremia 35

Was steht im Text?

1. Warum hat Gott Ihrer Meinung nach dieses Kapitel in die Bibel eingefügt?

Zur Vertiefung

Sehen Sie sich die Geschichte der Rechabiter in diesem Kapitel noch einmal an. Lesen Sie als Hintergrundinformation zu diesem Sippengründer 2. Könige 10,15-28.

Jeremia 36

Was steht im Text?

1. Was stößt Jeremia in diesem Kapitel zu?
2. EINZELHEITEN BEACHTEN – *Versuchen Sie, die folgende Frage zu beantworten, ohne in Ihrer Bibel nachzusehen:* Warum ging Baruch in den Tempel, um die Prophezeiungen Jeremias laut vorzulesen, warum ging Jeremia nicht selbst? (Siehe Verse 5-6.)

Jeremia 37

Einstieg: Welche Bilder fallen Ihnen ein, wenn Sie an das Wort *Leid* denken?

Was steht im Text?

1. Vor welcher Krise steht Jeremia in diesem Kapitel? Was wird von ihm erwartet?
2. EINZELHEITEN BEACHTEN – *Versuchen Sie, die folgende Frage zu beantworten, ohne in Ihrer Bibel nachzusehen*: Warum brach die babylonische Armee ihre Belagerung Jerusalems ab? (Siehe Vers 5.)

Jeremia 38

Was steht im Text?

1. Welche wichtigen Entscheidungen werden in diesem Kapitel getroffen, und wie würden Sie jede einzelne analysieren?
2. EINZELHEITEN BEACHTEN – *Versuchen Sie, die folgende Frage zu beantworten, ohne in Ihrer Bibel nachzusehen:* Wo wurde Jeremia hingebracht, nachdem man ihn aus der schlammigen Zisterne gezogen hatte? (Siehe Vers 13.)

Zur Vertiefung

Sehen Sie sich in den Kapiteln 37 und 38 an, wie König Zedekia Jeremia behandelt hat. Welches Bild bekommen Sie von Judas letztem König? Würden Sie sagen, daß die Stelle in Jakobus 1,5-8 eine Beschreibung dieses Mannes ist?

Jeremia 39

Einstieg: Wenn Sie in den Himmel kommen und Jeremia begegnen, welche Frage würden Sie ihm als erstes stellen?

Was steht im Text?

1. Welche politischen und militärischen Entwicklungen werden in diesem Kapitel beschrieben?
2. Welche Zusagen macht Gott dem Mann, der Jeremia in Kapitel 38 aus der Zisterne geholt hat?

Zur Vertiefung

Die Einzelheiten zu König Zedekias Schicksal wie in den Versen 1-7 beschrieben, werden in Hesekiel den gefangenen Juden im fernen Babylon vorhergesagt. Welche zusätzlichen Informationen zu diesem historischen Ereignis bekommen Sie aus Hesekiel 12,1-14?

Jeremia 40

Was steht im Text?

1. Welche wichtigen Entwicklungen in der Geschichte Jeremias und Judas werden in diesem Kapitel beschrieben?

Jeremia 41

Was steht im Text?

1. Überfliegen Sie die letzten Kapitel noch einmal. Was ist passiert, seit Jeremia ins Gefängnis geworfen wurde?
2. Welche weiteren Entwicklungen können wir in diesem Kapitel verfolgen?

Jeremia 42

Was steht im Text?

1. Welche Zusagen und Warnungen gibt Gott in diesem Kapitel dem in Juda verbliebenen Volk?

Jeremia 43

Was steht im Text?

1. Welche wichtigen Entscheidungen werden in diesem Kapitel getroffen, und wie würden Sie jede einzelne analysieren?

Jeremia 44

Einstieg: Welche wichtige Entscheidung haben Sie in den kommenden Monaten zu treffen?

Was steht im Text?

1. Wie würden Sie nach dem, was Sie in diesem Kapitel lesen, den geistlichen Zustand der nun mit Jeremia in Ägypten lebenden Juden beschreiben?

Zur Vertiefung

Vergleichen Sie die Verse 2-6 mit dem, was Sie in 5. Mose 13,6-11 lesen.

Jeremia 45

Was steht im Text?

1. Wie würden Sie die Antwort erklären, die Gott in diesem Kapitel auf die Beschwerde Baruchs gibt?

Für das Leben heute

2. Sehen Sie sich die Frage zu Beginn von Vers 5 an. Wenn Gott Ihnen heute diese Frage stellen würde, was würden Sie antworten?

Jeremia 46

Einstieg: Mit welcher großen Chance rechnen Sie im kommenden Jahr? Und wie können Sie sich darauf vorbereiten?

Was steht im Text?

1. Sprechen Sie auch in diesem Kapitel darüber, welche Bilder in den Worten Jeremias besonderen Eindruck auf Sie machen.
2. Welches ist Ihrer Meinung nach die wunderbarste Zusage in diesem Kapitel? Die ausdrucksstärkste Zukunftsvision? Die eindringlichste Aufforderung? Die schmerzlichste Anklage? Und das zutreffendste Bild von Strafgericht und Katastrophe?

Jeremia 47

Was steht im Text?

1. Welches ist die ausdrucksstärkste Zukunftsvision in diesem Kapitel? Und das zutreffendste Bild von Strafgericht und Katastrophe?

Jeremia 48

Was steht im Text?

1. Wenn Sie Jeremias an das Volk Gottes gerichteten Worte lesen, welches ist die wunderbarste Zusage in diesem Text? Die eindringlichste Warnung? Die dringlichste Aufforderung? Die ausdrucksstärkste Zukunftsvision? Die schmerzlichste Anklage? Und das zutreffendste Bild von Strafgericht und Katastrophe?

Zur Vertiefung

Lesen Sie das Klagelied des Herrn über Moab in den Versen 31-32. Welchen zusätzlichen Einblick in das Herz und Wesen Gottes gewinnen Sie aus Hesekiel 18,32; Klagelieder 3,33 und 2. Petrus 3,9?

Jeremia 49

Was steht im Text?

1. Welches ist Ihrer Meinung nach die wunderbarste Zusage in diesem Kapitel? Die dringlichste Aufforderung? Die ausdrucksstärkste Zukunftsvision? Die schmerzlichste Anklage? Und das zutreffendste Bild von Strafgericht und Katastrophe?

Jeremia 50

Einstieg: Welche Bilder fallen Ihnen ein, wenn Sie an *Babylon* denken?

Was steht im Text?

1. Welches ist Ihrer Meinung nach die wunderbarste Zusage in diesem Kapitel? Die dringlichste Aufforderung? Die ausdrucksstärkste Zukunftsvision? Die schmerzlichste Anklage? Und das zutreffendste Bild von Strafgericht und Katastrophe?

Das Wesentliche erfassen

2. Welche Aspekte des Wesens und der Persönlichkeit Gottes möchte Gott uns in Vers 19 besonders vor Augen stellen?

Jeremia 51

Was steht im Text?

1. Welches ist Ihrer Meinung nach die dringlichste Aufforderung in diesem Kapitel? Die ausdrucksstärkste Zukunftsvision? Die schmerzlichste Anklage? Das zutreffendste Bild von Strafgericht und Katastrophe? Und der tiefste Einblick in das Wesen Gottes?

Das Wesentliche erfassen

2. Welche wichtigen Erkenntnisse in bezug auf das Wesen und die Persönlichkeit Gottes sind in den Versen 15-19 zu finden?

Jeremia 52

Was steht im Text?

1. Wie würden Sie die Ereignisse zusammenfassen, die dazu führten, daß Jerusalem Nebukadnezar in die Hände fiel?

Für das Leben heute

2. Denken Sie an das, was im Prophet Jeremia dem Volk Israel alles zugestoßen ist. Wenn stimmt, daß die *Vergangenheit eine Lektion für die Zukunft* ist, welche wichtige Lektion sollte das Volk Gottes aus diesen Ereignissen lernen?

Zur Vertiefung

Lesen Sie in den Versen 12-23 noch einmal Jeremias Beschreibung der Zerstörung. Vergleichen Sie dieses Gericht mit Gottes Warnung in 1. Könige 9,1-9 an König Salomo Hunderte Jahre zuvor, als die »Farbe an der Wand des Tempels noch frisch« war.

Jeremia: Der Gesamteindruck

(Sprechen Sie über die im »Überblick« angegebenen Fragen und bearbeiten Sie die unten aufgeführten.)

1. Um den größtmöglichen Gewinn aus dem Propheten Jeremia zu ziehen, lesen Sie einmal, was der Apostel Paulus in 2. Timotheus 3,16-17 mit Blick auf das Alte Testament schrieb. Dort heißt es, daß *alle* Schrift von großem Nutzen für uns ist, um uns a) zu lehren, b) zu überführen, c) zurechtzuweisen und d) zu unterweisen in der Gerechtigkeit, damit der Mensch Gottes vollkommen sei, zu »jedem guten Werk« völlig zugerüstet. Denken Sie ernsthaft über diese Aufgaben der Bibel nach und überlegen Sie, in welchem dieser Bereiche Ihnen der Prophet Jeremia von besonderem Nutzen sein kann.
2. Stellen Sie sich vor, Sie sollten das Leben und den Dienst des Propheten Jeremia in einem Film verarbeiten. Welche Kulissen, Darsteller, Hintergrundmusik, Lichteffekte etc. würden Sie wählen, um die zentrale Botschaft dieses Propheten zu übermitteln?
3. Lesen Sie noch einmal die folgenden Verse und wählen Sie den SCHLÜSSELVERS für den Propheten Jeremia – den Vers, der am besten das ausdrückt, worum es in diesem Buch geht: 2,19; 7,23-24 oder 8,11-12.
4. DEM ERRETTER AUF DER SPUR – Welche Wörter, Bilder oder Themen im Propheten Jeremia haben Sie besonders an Jesus erinnert?
5. Wenn das Alte Testament nur den Propheten Jeremia enthalten würde, inwiefern wäre es trotzdem eine gute Hinführung zu der Botschaft Jesu im Neuen Testament?
6. Wie würden Sie die folgende Aussage auf der Grundlage Ihrer eigenen Erfahrung so vervollständigen, daß sie für Sie die größtmögliche Bedeutung gewinnt: Ich glaube, es ist wichtig, daß Christen den Propheten Jeremia lesen und durcharbeiten, weil ...

KLAGELIEDER

Überblick

(Besprechen Sie diese Überblicksfragen sowohl zu Beginn Ihrer Bearbeitung der Klagelieder als auch, nachdem Sie alle fünf Kapitel durchgenommen haben. Es könnte sein, daß Ihre Antworten vollkommen anders ausfallen, nachdem Sie sich sehr intensiv mit dem ganzen Buch auseinandergesetzt haben.)

Einstieg: Sprechen Sie über die folgende Frage: Wie können Sie einem Menschen helfen, der tiefen Schmerz erlebt?

Was steht im Text?

1. Bevor Sie sich intensiver mit den Klageliedern beschäftigen, sollten Sie zusammentragen, was Sie bereits über dieses Buch wissen.
2. Überlegen Sie, welches Thema in den folgenden Versen immer wiederkehrt: 1,2; 1,6; 2,18 und 3,48. Welchen Hinweis gibt Ihnen dies auf die zentrale Botschaft der Klagelieder?
3. Sehen Sie sich auch auf Seite 10 die Liste mit Fragen an, die Sie sich vor der Bearbeitung der einzelnen Bücher stellen sollten.

Für das Leben heute

4. Das Buch der Klagelieder ist unter den verschiedensten Überschriften zusammengefaßt worden: »Das Buch der Tränen« und »Ein Trauerlied über Jerusalems Zerstörung«. Welche Antworten, Richtlinien und Lösungen versprechen Sie sich auf diesem Hintergrund von der Bearbeitung dieses Buches?
5. Wenn Sie bedenken, *wer Gott ist* und dann *was die Bibel ist*, wie würden Sie auf einer Skala von eins bis zehn Ihren Wunsch einschätzen, die Klagelieder besser zu verstehen (eins = überhaupt kein Interesse; zehn = sehr großes Interesse)?
6. Wie würde nach dem, was Sie in 3,24 lesen, Ihr persönliches Gebet lauten, das Sie während der Bearbeitung dieses Buches sprechen würden?

Klagelieder 1

Was steht im Text?

1. Lesen Sie aufmerksam, was in diesem Kapitel geschrieben steht. Was genau ist passiert? Was ist verloren worden – und warum? Welche Bitten werden an Gott gerichtet? Welche Beobachtungen in bezug auf ihn gemacht? Welches Bekenntnis wird abgelegt?
2. Sehen Sie sich auch auf Seite 9 die Liste mit Fragen an, die Sie sich während der Bearbeitung der einzelnen Kapitel stellen sollten.

Für das Leben heute

3. In Sprüche 2,1-5 wird von dem aufrichtigen Menschen gesprochen, der sich nach Weisheit und Verständnis sehnt und in der Schrift danach forscht, als wäre es ein vergrabener Schatz. Dieser Mensch, so sagt Salomo, wird die Furcht des Herrn verstehen und die Erkenntnis Gottes gewinnen. Welchen »verborgenen Schatz« soll Gott Ihnen zeigen – der Ihnen klarmacht, wie Gott und seine Weisheit sind? Wenn Sie diesen Wunsch haben, wie würden Sie ihn mit Ihren eigenen Worten formulieren?

Klagelieder 2

Was steht im Text?

1. Welche Klage stimmt der Autor in diesem Kapitel an? Was hat Gott getan? Wie sieht er Gott? Welches Leid wird beschrieben? Wie sieht Jerusalem nun aus?

Klagelieder 3

Was steht im Text?

1. Wie verleiht der Autor in diesem Kapitel seiner Trauer Ausdruck? Was hat Gott ihm angetan? Welche Hoffnung und welchen Glauben hat er? Wie ist Gottes Liebe beschrieben? Was müssen die Einwohner Jerusalems nach Meinung des Autors jetzt tun? Welche Bitten werden an Gott gerichtet und aus welchem Grund?
2. Welchen Hinweis auf echte Reue finden Sie in diesem Kapitel?

Das Wesentliche erfassen

3. Was möchte Gott uns in den Versen 19-26 in bezug auf die *Hoffnung* klarmachen? Wie kann dieser Abschnitt Ihnen helfen zu definieren, was Hoffnung aus der Sicht der Bibel eigentlich ist?
4. Stellen Sie sich vor, Sie würden sich im Tempel in Jerusalem aufhalten, als der zwölfjährige Jesus hört, wie dieses Buch von den jüdischen Schriftgelehrten vorgelesen und ausgelegt wird. In Lukas 2,46 lesen wir, daß er auf diese Lehrer hörte und ihnen Fragen stellte. Welche Verse aus diesem Kapitel würden ihn wohl besonders beeindruckt haben, und welche Fragen würde er gestellt, welche Kommentare abgegeben haben?

Für das Leben heute

5. Sehen Sie sich die Verse 21-27 und Vers 40 noch einmal an. Welche Prinzipien und Richtlinien werden uns heute in diesen Versen gegeben für den Umgang mit Trauer und Verlust?
6. In Römer 15,4 erinnert uns Paulus, daß die alttestamentlichen Schriften uns Geduld und Ausharren auf der einen Seite, aber auch Trost und Ermutigung geben können. Inwiefern werden die Klagelieder in Ihrem Leben dieser Beschreibung gerecht? Inwiefern kann dieses Buch Ihr Bedürfnis nach *Ausharren* und *Ermutigung* erfüllen?

Zur Vertiefung

Lesen Sie in den Versen 55-60 Jeremias dramatisches Wortbild für das Versinken eines Volkes in Sünde und Gericht. Lesen Sie nun in Jeremia 38,6-13 noch einmal, durch welche Lebensumstände diese Illustration des Propheten vielleicht inspiriert war.

Klagelieder 4

Was steht im Text?

1. Wie wird Jerusalem beschrieben? Wie groß ist ihr Leiden?

Für das Leben heute

2. In Jesaja 55,10-11 erinnert uns Gott daran, daß er Regen und Schnee vom Himmel schickt, um die Erde zu bewässern und das Leben zu erhalten. In gleichem Maße gibt er sein Wort, um einen bestimmten Zweck zu erfüllen. Was möchte Gott Ihrer Meinung nach aus dem, was Sie bisher gelesen haben, durch das Buch der Klagelieder im Leben der Christen heute erreichen?

Was steht im Text?

1. Welche Bitten werden an Gott gerichtet? Wie ist Jerusalems Leiden weiter beschrieben? Welche Fragen werden Gott gestellt?
2. Welchen Hinweis auf tief empfundene Reue finden Sie in diesem Kapitel?

Für das Leben heute

3. Sehen Sie sich Vers 15 noch einmal an. Wenn die Freude aus Ihrem Leben gewichen ist, haben Sie dann ähnliche Gedanken und Gefühle wie die in den Klageliedern beschriebenen? Welche Richtlinien finden Sie in diesem Buch für den Umgang mit Trauer?

Klagelieder: Der Gesamteindruck

(Sprechen Sie über die im »Überblick« angegebenen Fragen und bearbeiten Sie die unten aufgeführten.)

1. Um den größtmöglichen Gewinn aus dem Buch der Klagelieder zu ziehen, lesen Sie einmal, was der Apostel Paulus in 2. Timotheus 3,16-17 mit Blick auf das Alte Testament schrieb. Dort heißt es, daß *alle* Schrift von großem Nutzen für uns ist, um uns a) zu lehren, b) zu überführen, c) zurechtzuweisen und d) zu unterweisen in der Gerechtigkeit, damit der Mensch Gottes vollkommen sei, zu »jedem guten Werk« völlig zugerüstet. Denken Sie ernsthaft über diese Aufgaben der Bibel nach und überlegen Sie, in welchem dieser Bereiche Ihnen das Buch der Klagelieder von besonderem Nutzen sein kann.
2. Lesen Sie die folgenden Verse und wählen Sie den SCHLÜSSELVERS für das Buch der Klagelieder – den Vers, der am besten das ausdrückt, worum es in diesem Buch geht: 1,1; 2,5-6; 2,11 oder 3,22-23.
3. DEM ERRETTER AUF DER SPUR – Welche Wörter, Bilder oder Themen in den Klageliedern haben Sie besonders an Jesus erinnert?
4. Wie würden Sie die folgende Aussage auf der Grundlage Ihrer eigenen Erfahrung so vervollständigen, daß sie für Sie die größtmögliche Bedeutung gewinnt: Ich glaube, es ist wichtig, daß Christen das Buch der Klagelieder lesen und durcharbeiten, weil ...
5. Angenommen, die Klagelieder wären das einzige Buch im Alten Testament, inwiefern würden sie dennoch eine gute Hinführung zu der Botschaft Jesu im Neuen Testament sein?

HESEKIEL

Überblick

(Besprechen Sie diese Überblicksfragen sowohl zu Beginn Ihrer Bearbeitung des Propheten Hesekiel als auch, nachdem Sie alle achtundvierzig Kapitel durchgenommen haben. Es könnte sein, daß Ihre Antworten vollkommen anders ausfallen, nachdem Sie sich sehr intensiv mit dem ganzen Buch auseinandergesetzt haben.)

Einstieg: Gibt es Menschen, die einen ganz besonderen Eindruck auf Sie gemacht haben, weil sie sich nicht davor gescheut haben, jederzeit von Jesus Christus zu erzählen?

Was steht im Text?

1. Bevor Sie sich intensiver mit dem Propheten Hesekiel befassen, sollten Sie zusammentragen, was Sie bereits über dieses Buch wissen.
2. Suchen Sie den Satz, der in den folgenden Versen besonders ins Auge fällt: 6,13-14; 7,9; 12,15-16; 12,20; 20,25-26; 20,41-44; 36,37-38 und 37,13-14. Was sagt dieser Satz über Gottes *Plan* für das Volk Gottes aus? Und inwiefern lassen diese Stellen darauf schließen, daß Gott seinen Plan durchführen wird?
3. Sehen Sie sich auch auf Seite 10 die Liste mit Fragen an, die Sie sich vor der Bearbeitung der einzelnen Bücher stellen sollten.

Für das Leben heute

4. Der Prophet Hesekiel ist unter den verschiedensten Überschriften zusammengefaßt worden: »Das Buch der verlorenen und wiedergefundenen Herrlichkeit«, »Gottes Botschaft an die Gefangenen«, »Zukünftige Wiederherstellung Israels und des verheißenen Landes« und »Die Rolle der göttlichen Strafe«. Welche Antworten, Richtlinien und Lösungen versprechen Sie sich auf diesem Hintergrund von der Bearbeitung dieses Buches?
5. Wenn Sie in den Himmel kommen, sich mit Hesekiel unterhalten und er Sie fragt: »Was hat dir in dem Buch über mich am meisten geholfen?«, was würden Sie gern antworten?
6. Wenn Sie bedenken, *wer Gott ist* und dann *was die Bibel ist*, wie würden Sie auf einer Skala von eins bis zehn Ihren Wunsch einschätzen, den Propheten Hesekiel besser zu verstehen (eins = überhaupt kein Interesse, zehn = sehr großes Interesse)?

7. Wie würde nach dem, was Sie in Gottes Zusage an sein Volk in 11,19-20 lesen, Ihr persönliches Gebet lauten, das Sie während der Bearbeitung dieses Buches sprechen würden?

Hesekiel 1

Was steht im Text?

1. Stellen Sie sich beim Lesen dieses Kapitels vor, Sie wären Hesekiel und Gott würde mit diesen Visionen in Ihre Welt »eindringen«. Welchen Einfluß würde diese Erfahrung auf Sie haben? Was würden diese Visionen Ihnen bedeuten?
2. Sehen Sie sich auch auf Seite 9 die Liste mit Fragen an, die Sie sich während der Bearbeitung der einzelnen Kapitel stellen sollten.

Das Wesentliche erfassen

3. Welche Erkenntnisse in bezug auf Gott waren für Hesekiel nach dem, was in diesem Kapitel passiert, besonders wichtig? Wie haben diese Visionen seine Sichtweise von Gott verändert oder vertieft?

Für das Leben heute

4. In Sprüche 2,1-5 wird von dem aufrichtigen Menschen gesprochen, der sich nach Weisheit und Verständnis sehnt und in der Schrift danach forscht, als wäre es ein vergrabener Schatz. Dieser Mensch, so sagt Salomo, wird die Furcht des Herrn verstehen und die Erkenntnis Gottes gewinnen. Welchen »verborgenen Schatz« soll Gott Ihnen beim Durcharbeiten des Propheten Hesekiel zeigen – der Ihnen klarmacht, wie Gott und seine Weisheit sind? Wenn Sie diesen Wunsch haben, wie würden Sie ihn mit Ihren eigenen Worten formulieren?

Zur Vertiefung

Vergleichen Sie Hesekiels bemerkenswerte Vision in den Versen 4-14 mit der des Apostels Johannes in Offenbarung 4. Welche Ähnlichkeiten erkennen Sie in diesen Visionen, zwischen denen Hunderte Jahre liegen?

Hesekiel 2

Was steht im Text?

1. Wie lautet Hesekiels Auftrag? Und wie schwierig erscheint dieser Auftrag?

Hesekiel 3

Was steht im Text?

1. Wie will Gott Hesekiel für diese Aufgabe zurüsten? Wohin führt Gottes Geist den Propheten? Welche Warnung spricht Gott aus? Und was trägt Gott Hesekiel auf?

Das Wesentliche erfassen

2. Welche Erkenntnisse in bezug auf Gott waren nach dem, was in den Kapiteln 2-3 passierte, besonders wichtig für Hesekiel?

Für das Leben heute

3. Wenn Gott dieses Kapitel nur für Sie geschrieben hätte, welche Wörter oder Sätze hätte er wohl unterstrichen – und warum?

Hesekiel 4

Das Wesentliche erfassen

1. Wie würden Sie die Bedeutung dessen, was Hesekiel in diesem Kapitel wie in Kapitel 5 zu tun aufgetragen wird, zusammenfassen?

Hesekiel 5

Was steht im Text?

1. Welche Worte des Gerichts spricht Gott über sein Volk? Welches ist sein Plan und sein Ziel für dieses Volk?

Hesekiel 6

Was steht im Text?

1. Welches sind die *Gründe* für den Zorn und das Gericht Gottes? Inwieweit ist sein Herz beteiligt? Woran soll sich sein Volk erinnern?

Für das Leben heute

2. Überlegen Sie, wie ausgeprägt Ihr Wunsch ist, Gott besser kennenzulernen, und stellen Sie sich die folgende Frage: *Was wird in diesem Kapitel darüber gesagt, was es bedeutet, Gott zu kennen? Und was bedeutet dies für mich persönlich?*

Hesekiel 7

Was steht im Text?

1. Welche tragischen Worte spricht Gott in diesem Kapitel? Was möchte Gott seinem Volk jetzt klarmachen?

Hesekiel 8

Was steht im Text?

1. Wie zeigt sich die Macht Gottes in Hesekiels Leben – und im Leben des Volkes Israel? Wohin geht Hesekiel, und was läßt Gott ihn sehen? Warum ist Gott zornig?

Hesekiel 9

Was steht im Text?

1. Wie beginnt das Strafgericht? Wie reagiert Hesekiel, als er das Töten sieht, und was antwortet Gott ihm?

Hesekiel 10

Was steht im Text?

1. Was passiert nun mit der Herrlichkeit Gottes? Was sieht Hesekiel noch einmal?

Hesekiel 11

Was steht im Text?

1. In welche Begegnung stellt Gott Hesekiel hinein? Und welche Worte des Gerichts legt er Hesekiel in den Mund? Hesekiel ist furchtbar erschrocken über etwas, das er sieht. Wie antwortet Gott auf die gequälte Frage des Propheten? Welche erstaunliche Zusage gibt Gott?

Das Wesentliche erfassen

2. Wie würden Sie die folgende Frage beantworten: Sollte in unserem Leben mit Gott eher die Gnade Gottes im Vordergrund stehen oder seine Heiligkeit?

Für das Leben heute

3. Sehen Sie sich noch einmal die Gaben an, die Gott in Vers 19 verheißt. Haben Sie diese Gaben empfangen? Und beschreibt Vers 20 Ihre gegenwärtige Situation?

Zur Vertiefung

Wenn Sie an die Zusagen des Herrn in den Versen 16-17 denken, welche zusätzlichen Erkenntnisse gewinnen Sie aus Jeremia 24,1-7?

Hesekiel 12

Was steht im Text?

1. Welchen Auftrag gibt Gott Hesekiel? Und was symbolisiert das Handeln des Propheten?

Das Wesentliche erfassen

2. Was möchte Gott uns in diesem Kapitel in bezug auf seinen Plan und sein Ziel für sein Volk besonders klarmachen?

Hesekiel 13

Was steht im Text?

1. Wie sieht das Gericht Gottes über die falschen Propheten aus? Was sagt Gott über den schrecklichen Schaden, den sie angerichtet haben? Welche Zusage gibt Gott seinem Volk?

Hesekiel 14

Was steht im Text?

1. Wie wird Gott mit denen verfahren, die in ihrem Herzen Götzen anbeten? Und was wird Gott mit dem Volk tun, das ihm nicht gehorcht? Was sagt Gott über Noah, Daniel und Hiob?

Für das Leben heute

2. Sehen Sie sich Vers 3 noch einmal an. Welche Götzen beanspruchen Raum in unseren Herzen heute?

Hesekiel 15

Was steht im Text?

1. Inwiefern wird Gott wie Feuer Menschen gegenüber sein, die bereits verbrannt worden sind?

Hesekiel 16

Was steht im Text?

1. Welche tragische Geschichte erzählt Gott, um sein Herz zu offenbaren? Was sagt diese Geschichte über sein Volk?

Das Wesentliche erfassen

2. Was sagt dieses Kapitel vor allem über Gottes *Motive* und *Absichten* seines Handelns mit seinem Volk aus?

Hesekiel 17

Was steht im Text?

1. Es wird noch eine weitere Geschichte erzählt. Was zeigt sie in bezug auf doppelte Untreue?

Hesekiel 18

Was steht im Text?

1. Worauf erhebt Gott Besitzansprüche? Teilt ein Sohn die Schuld seines Vaters? Hat ein gerechter Vater garantiert einen gerechten Sohn? Wer soll leben und wer soll sterben? Ist Gott ungerecht?

Das Wesentliche erfassen

2. Was sagt dieses Kapitel über *Gott*, was über *uns*?

Hesekiel 19

Was steht im Text?

1. Warum trauert Gott um die Fürsten von Israel?

Für das Leben heute

2. In Jesaja 55,10-11 erinnert uns Gott daran, daß er Regen und Schnee vom Himmel schickt, um die Erde zu bewässern und das Leben zu erhalten. In gleichem Maße gibt er sein Wort, um einen bestimmten Zweck zu erfüllen. Was möchte Gott Ihrer Meinung nach aus dem, was Sie bisher im Buch Hesekiel gelesen haben, im Leben der Christen heute erreichen?

Hesekiel 20

Was steht im Text?

1. Wie sieht die lange Geschichte der Auflehnung Israels von Gottes Standpunkt

her aus? Welches ist Gottes Plan und Ziel für sein Volk? Welche Zusagen gibt Gott diesem Volk und aus welchem Grund?

Für das Leben heute

2. Überlegen Sie noch einmal, wie ausgeprägt Ihr Wunsch ist, Gott besser kennenzulernen, und stellen Sie sich die folgende Frage: *Was wird in diesem Kapitel darüber gesagt, was es bedeutet, Gott zu kennen? Und was bedeutet dies für mich persönlich?*

Hesekiel 21

Was steht im Text?

1. Welches Schicksal hat Gott Babylon bestimmt?

Hesekiel 22

Was steht im Text?

1. Welche Strafe wartet auf eine Stadt des Blutvergießens? Welche Strafe wartet auf Fürsten, die Blut vergießen? Wer wird in den Ofen des Zornes Gottes geworfen? Wonach sucht Gott zuerst, bevor er seinen Zorn ausgießt?

Für das Leben heute

2. Sehen Sie sich Vers 30 an. Gibt es Situationen, in denen Gott noch immer nach einem Menschen sucht, wie er hier beschrieben ist? Wenn das so ist, könnten Sie diese Person sein?

Zur Vertiefung

In Vers 23 gibt Gott Hesekiel den Auftrag, gegen die apathischen, rücksichtslosen Priester zu weissagen. Lesen Sie Maleachi 1,6 - 2,9 und beantworten Sie die folgende Frage: Sind die Priester, die *nach* dem Exil in dem wiedererbauten Tempel in Jerusalem ihren Dienst versahen, ihren Pflichten besser nachgekommen?

Hesekiel 23

Was steht im Text?

1. Wer sind die beiden Prostituierten in diesem Kapitel, und was ist ihre Geschichte?

Das Wesentliche erfassen

2. Inwiefern hilft dieses Kapitel uns zu verstehen, was Gott sich von seinem Volk wünscht?

Hesekiel 24

Was steht im Text?

1. Was ist der Kochtopf, und was wird hineinkommen? Hesekiels Frau stirbt, aber warum wird Hesekiel nicht erlaubt, um sie zu trauern?

Das Wesentliche erfassen

2. Nachdem Sie den Propheten Hesekiel nun zur Hälfte durchgearbeitet haben, welche wichtigen Dinge möchte dieses Buch uns sagen?

Hesekiel 25

Was steht im Text?

1. Welche Worte des Gerichts spricht Gott gegen die Feinde Israels?

Zur Vertiefung

Als Hintergrundinformation zu dem Gericht über diese Feinde der Juden (Verse 12-14) lesen Sie die folgenden Bibelstellen, die die Feindschaft der Edomiter den Israeliten gegenüber beschreiben: 4. Mose 20,14-21; 1. Samuel 14,47; 2. Samuel 8,13-14; 1. Könige 11,14-22; 2. Könige 8,20-22; 2. Chronik 28,16-17; Jeremia 49,7-22; Amos 1,11-12 und den Propheten Obadja.

Hesekiel 26

Was steht im Text?

1. Wie lautet Gottes Gericht über Tyrus? Warum wird dieses Gericht über Tyrus gesprochen?

Hesekiel 27

Was steht im Text?

1. Wie sah Tyrus' Ruhm aus? Und welches ist nun Tyrus' Schande?

Hesekiel 28

Was steht im Text?

1. Mit welchen Worten prangert Gott den Stolz und die Korruption des Königs von Tyrus an? Und wie lauten Gottes Verheißungen an Israel?

Hesekiel 29

Was steht im Text?

1. Warum ist Gott gegen Pharao und Ägypten? Was wird Gott mit ihnen machen? Wem gehört der Nil – Gott oder dem Pharao?

Hesekiel 30

Was steht im Text?

1. Warum fordert Gott ein Klagelied und Trauer um Ägypten? Und wer bricht die Arme des Pharao?

Hesekiel 31

Was steht im Text?

1. Welches ist die Bedeutung dieser Geschichte einer Zeder?

Hesekiel 32

Was steht im Text?

1. Inwiefern gleicht der Pharao einem Ungeheuer? Und wie wird er gefangen und zerbrochen werden?

Hesekiel 33

Was steht im Text?

1. Inwiefern ist Hesekiel ein Wächter? Welche Warnung soll er weitergeben? Jerusalem ist gefallen – aber welche weitere Katastrophe wird über Israel hereinbrechen?

Für das Leben heute

2. In Römer 15,4 erinnert uns Paulus, daß die alttestamentlichen Schriften uns Geduld und Ausharren auf der einen Seite, aber auch Trost und Ermutigung geben können. Inwiefern wird das Buch Hesekiel in Ihrem Leben dieser Beschreibung gerecht? Inwiefern kann dieses Buch Ihr Bedürfnis nach *Ausharren* und *Ermutigung* erfüllen?

Zur Vertiefung

Hesekiels Prophezeiungen waren offensichtlich unterhaltsam (Lesen Sie die Verse 30-33 noch einmal), aber der Herr wollte dadurch Leben und Herzen verändern. Was tragen Lukas 6,46-49 und Jakobus 1,22-25 zu Ihrem Verständnis dieser Verse bei?

HESEKIEL 34

WAS STEHT IM TEXT?

1. Was sagt Gott über Hirten und Schafe? Welches sind die Aufgaben eines guten Hirten? Was wird Hirten zustoßen, die sich nur um sich selbst kümmern? Welches sind Gottes Verheißungen für die Schafe?

DAS WESENTLICHE ERFASSEN

2. Was möchte Gott uns in diesem Kapitel in bezug auf sich selbst klarmachen?
3. Stellen Sie sich vor, Sie würden sich im Tempel in Jerusalem aufhalten, als der zwölfjährige Jesus hört, wie dieses Buch von den jüdischen Schriftgelehrten vorgelesen und ausgelegt wird. In Lukas 2,46 lesen wir, daß er auf diese Lehrer hörte und Ihnen Fragen stellte. Welche Verse aus diesem Kapitel würden ihn wohl besonders beeindruckt haben? Welche Fragen würde er gestellt, welche Kommentare abgegeben haben?

FÜR DAS LEBEN HEUTE

4. In Philipper 4,8 heißt es: »Übrigens, Brüder, alles, was wahr, alles, was ehrbar, alles, was gerecht, alles, was rein, alles, was liebenswert, alles, was wohllautend ist, wenn es irgendeine Tugend und wenn es irgendein Lob gibt, das erwägt!« Welche Denkanstöße können Sie in diesem Kapitel finden, die Ihnen als *wahr, ehrbar, gerecht, rein, liebenswert,* als *Tugend* und *Lob* ins Auge fallen?
5. Wie können Sie die Richtlinien, die in diesem Kapitel gegeben werden, auf die Führung Ihrer Gemeinde anwenden? Welche Konzepte in diesem Kapitel sollten die Leiter einer Gemeinde ganz besonders beherzigen?

ZUR VERTIEFUNG

Lesen Sie die Verse 23-31 noch einmal und schlagen Sie gemeinsam Matthäus 14,13-21 auf. Können Sie sagen, daß sich die Prophezeiungen Hesekiels in diesem Abschnitt aus dem Evangelium erfüllt haben?

Hesekiel 35

Was steht im Text?

1. Wie sieht Gottes Gericht über das Gebirge Seir und Edom aus?

Hesekiel 36

Was steht im Text?

1. Was sagt Gott zu den Bergen Israels? Welche Zusagen macht Gott in bezug auf ihre Zukunft?
2. Welche Sorge hat Gott in bezug auf seinen Namen? Und wie überträgt sich diese Sorge auf die Verheißungen für Israel?
3. Welche neue Gabe wird Gott dem Volk Israel geben? Was wird dieses Geschenk bewirken?

Das Wesentliche erfassen

4. Was möchte Gott uns in diesem Kapitel in bezug auf den Plan und das Ziel für sein Volk klarmachen?

Zur Vertiefung

Vergleichen Sie das, was Sie in den Versen 26-27 lesen, mit Hesekiel 11,19-20 und Jeremia 31,27-28. Welche Ähnlichkeiten bestehen zwischen diesen beiden Bibelstellen, welche Unterschiede gibt es?

Hesekiel 37

Was steht im Text?

1. Kapitel 37 ist der Schlüssel zu dem Propheten Hesekiel genannt worden. Was macht dieses Kapitel so bedeutungsvoll?
2. Was ist das Tal der Totengebeine, und was geschieht dort? Was bedeutet das für das Volk Gottes? Welche weiteren Zusagen macht Gott ihnen?

Das Wesentliche erfassen

3. Was möchte Gott uns in diesem Kapitel in bezug auf seinen Plan und sein Ziel für sein Volk klarmachen?

Für das Leben heute

4. Sehen Sie sich den in Vers 26 beschriebenen Bund noch einmal an. Haben Sie teil an diesem Bund? Was wissen Sie über den Frieden Gottes?

Hesekiel 38

Was steht im Text?

1. Wer fällt in diesem Kapitel in Israel ein? Welcher mächtige Eindringling wird wie eine Wolke über Israel herfallen und es plündern, während Israel in Sicherheit wohnt? Was passiert, wenn Gottes Zorn erregt worden ist?

Hesekiel 39

Was steht im Text?

1. Was wird Gott mit diesem Eindringling machen und zu welchem Zweck? Was wird Gott für seinen Namen tun? Wie wird Gottes Botschaft an jeden Vogel und an jedes wilde Tier lauten? Welche Bedeutung wird all das für Israel haben? Was wird Gott für sein Volk tun?

Das Wesentliche erfassen

2. Was möchte Gott uns in diesem Kapitel in bezug auf seinen Plan und sein Ziel für sein Volk klarmachen?

Für das Leben heute

3. In Jeremia 23,29 sagt Gott, daß sein Wort wie ein Feuer und wie ein Hammer ist. Er kann durch sein Wort unsere unsauberen Gedanken und Sehnsüchte wegbrennen. Mit seinem Wort kann er uns aber auch hart treffen und unsere geistliche Härte zerschmettern. Wie würden Sie diese »Feuer-und-Hammer-Macht« Gottes in Ihrem Leben gern am Werk sehen?

Hesekiel 40

Was steht im Text?

1. Wohin führt Gott Hesekiel, und was sieht und hört der Prophet? Was sieht er vom Osttor des neuen Tempels aus?

Hesekiel 41

Was steht im Text?

1. Welche Details sieht Hesekiel von dem äußeren Heiligtum des Tempels und dem Allerheiligsten in seinem Innern?

Zur Vertiefung

Sehen Sie sich in den Versen 3-4 noch einmal die Beschreibung des Allerheiligsten im Tempel an. Lesen Sie in 2. Mose 26,33-34, wie dieses Allerheiligste in der von Mose erbauten Stiftshütte gestaltet und ausgestattet war und im Tempel von Salomo in 1. Könige 6,16; 6,23-28; 8,6-9 und Hebräer 9,3-5. Untersuchen Sie, welche Unterschiede zwischen dem Allerheiligsten in der Stiftshütte und dem Tempel Salomos und dem hier in Hesekiel beschriebenen neuen Tempel bestehen.

Dieses Allerheiligste befand sich auch in dem Tempel, den Herodes in Jerusalem gebaut hat und der zur Zeit des Dienstes Jesu dort stand. Lesen Sie in Matthäus 27,50-51, was mit dem Vorhang geschah, der das Allerheiligste vom Heiligsten abtrennte.

Und lesen Sie nun noch in Hebräer 9,3-9 und 10,10-22, wie das Volk Gottes dieses Allerheiligste in Gottes Wohnstatt sehen soll.

Hesekiel 42

Was steht im Text?

1. Welche Details sieht Hesekiel von den Räumen für die Priester im Tempel?

Hesekiel 43

Was steht im Text?

1. Was sieht und hört Hesekiel, als die Herrlichkeit Gottes in den Tempel kam? Welche Einzelheiten sieht Hesekiel von dem Altar?

Zur Vertiefung

Das grundlegende Gesetz für den Tempel Gottes war *Heiligkeit*. Lesen Sie die Verse 10-12 noch einmal. Welche zusätzlichen Informationen bekommen Sie aus 3. Mose 19,1-2 und 1. Petrus 1,15-16?

Hesekiel 44

Was steht im Text?

1. Hesekiel sieht, wie die Herrlichkeit Gottes den Tempel erfüllt, und fällt mit dem Gesicht zur Erde nieder. Was sagt Gott ihm über die Leute, die in dem Tempel arbeiten werden?

Das Wesentliche erfassen?

2. Dieser Tempel, den Hesekiel beschreibt, ist noch nicht gebaut worden. Wofür steht er Ihrer Meinung nach? Ist dies ein irdischer oder ein himmlischer Tempel?

Hesekiel 45

Was steht im Text?

1. Wie ist das neue Land Israel geteilt? Und wird es neue Opferungen und Festtage geben?

Hesekiel 46

Was steht im Text?

1. Welche Aufgaben wird der Fürst haben?

Hesekiel 47

Was steht im Text?

1. Wie sieht der neue Fluß aus, der neben dem Tempel fließt?

Zur Vertiefung

Welche Ähnlichkeiten erkennen Sie zwischen dem in den Versen 1-12 beschriebenen Fluß und dem, der in 1. Mose 2,10 und Offenbarung 22,1-2 beschrieben wird? Was könnten diese Flüsse symbolisieren?

Hesekiel 48

Was steht im Text?

1. Wie werden die Stämme des Volkes im neuen Land angeordnet sein? Wie werden die Tore zur neuen Stadt aussehen, und wie wird die neue Stadt heißen?

Hesekiel: Der Gesamteindruck

(Sprechen Sie noch einmal über die im »Überblick« angegebenen Fragen und bearbeiten Sie die unten aufgeführten.)

1. Um den größtmöglichen Gewinn aus dem Buch von Hesekiel zu ziehen, lesen Sie einmal, was der Apostel Paulus mit Blick auf das Alte Testament schrieb. Dort heißt es, daß *alle* Schrift von großem Nutzen für uns ist, um uns a) zu lehren, b) zu überführen, c) zurechtzuweisen und d) zu unterweisen in der Gerechtigkeit, damit der Mensch Gottes vollkommen sei, zu jedem guten Werk völlig zugerüstet. Denken Sie ernsthaft über diese Aufgaben der Bibel nach und überlegen Sie, in welchem dieser Bereiche Ihnen der Prophet Hesekiel von Nutzen sein kann.

2. Stellen Sie sich vor, Sie würden mit dem Stoff des Buches Hesekiel einen Film produzieren. Welche Kulissen, Darsteller, Hintergrundmusik, Lichteffekte etc. würden Sie wählen, um die zentrale Botschaft dieses Buches zu übermitteln?
3. Lesen Sie noch einmal die folgenden Verse und wählen Sie den SCHLÜSSELVERS für den Propheten Hesekiel – den Vers, der am besten das ausdrückt, worum es in diesem Buch geht: 1,1; 36,24-26; 36,33-35 oder 37,14.
4. DEM ERRETTER AUF DER SPUR – Welche Wörter, Bilder oder Themen im Propheten Hesekiel haben Sie besonders an Jesus erinnert?
5. Angenommen, der Prophet Hesekiel wäre das einzige Buch im Alten Testament. Inwiefern würde es dennoch eine gute Hinführung zu der Botschaft Jesu im Neuen Testament sein?
6. Wie würden Sie die folgende Aussage auf der Grundlage Ihrer eigenen Erfahrung so vervollständigen, daß sie für Sie die größtmögliche Bedeutung gewinnt: Ich glaube, es ist wichtig, daß Christen den Propheten Hesekiel lesen und durcharbeiten, weil ...

DANIEL

Überblick

(Besprechen Sie diese Überblicksfragen sowohl zu Beginn Ihrer Bearbeitung des Propheten Daniel als auch, nachdem Sie alle zwölf Kapitel durchgenommen haben. Es könnte sein, daß Ihre Antworten vollkommen anders ausfallen, nachdem Sie sich sehr intensiv mit dem ganzen Buch auseinandergesetzt haben.)

Einstieg: Haben Sie sich schon einmal wie ein »Fremder in einem fremden Land« gefühlt?

Was steht im Text?

1. Bevor Sie sich intensiver mit dem Propheten Daniel auseinandersetzen, sollten Sie zusammentragen, was Sie bereits über dieses Buch wissen.
2. Was sagt Jesus in Matthäus 24,15 von Daniel?
3. Der Prophet Daniel kann in zwei Hauptteile unterteilt werden. An welcher Stelle würden Sie diese Unterteilung vornehmen?
4. Sehen Sie sich auf Seite 10 auch die Liste mit Fragen an, die Sie sich vor der Bearbeitung der einzelnen Bücher stellen sollten.

Für das Leben heute

5. Suchen Sie in den folgenden Versen das Thema heraus, das besonders ins Auge fällt: 2,39-40; 2,44; 4,3; 4,34; 6,26; 7,14 und 7,27. Was möchte uns Gott durch die Art, wie dieses Thema dargestellt wird, klarmachen?
6. Lesen Sie, was in 9,23; 10,11 und 10,19 von einem Boten von Gott über Daniel gesagt wird. Lesen Sie auch, wie Daniel in 5,12 beschrieben wird. Wenn Sie Daniel persönlich gekannt hätten, was hätte Sie wohl besonders an ihm beeindruckt?

Für das Leben heute

7. Der Prophet Daniel ist unter den verschiedensten Überschriften zusammengefaßt worden: »Das Buch von Loyalität und Licht«, »Das Buch der Souveränität Gottes«, »Der Schlüssel zu aller biblischer Prophetie« und »Die Zeit der Heiden und das Reich Israel«. Welche Antworten, Richtlinien und Lösungen versprechen Sie sich auf diesem Hintergrund von der Bearbeitung dieses Buches?

8. Wie würde nach dem, was Sie in 2,19-23 lesen, Ihr persönliches Gebet lauten, das Sie während der Bearbeitung dieses Buches sprechen würden?

9. Wenn Sie bedenken, *wer Gott ist* und dann *was die Bibel ist,* wie würden Sie auf einer Skala von eins bis zehn Ihren Wunsch einschätzen, den Propheten Daniel besser zu verstehen (eins = überhaupt kein Interesse, zehn = sehr großes Interesse)?

10. Wenn Sie in den Himmel kommen, sich mit Daniel unterhalten, und er Sie fragt: »Was hat dir in dem Buch über mich am meisten geholfen?«, wie würden Sie gern antworten?

Daniel 1

Einstieg: Welches sind die wichtigsten *Prüfungen*, die Sie bisher erlebt haben – Zeiten, in denen Sie wußten, daß andere Sie beobachtet haben, um zu sehen, ob Sie standhaft bleiben oder zu Fall kommen?

Was steht im Text?

1. Beachten Sie die in den Versen 1-2 erwähnten historischen Tatsachen. Lesen Sie als Hintergrundinformation dazu 2. Könige 24 und 25 und Jeremia 39.
2. Welche wichtigen Entscheidungen werden in diesem Kapitel getroffen, und wie würden Sie jede einzelne analysieren?
3. Was möchte Gott uns in diesem Kapitel in bezug auf den Charakter Daniels und seiner drei hebräischen Freunde klarmachen?
4. Welchen Hinweis finden Sie in diesem Kapitel auf die souveräne Macht Gottes?
5. Welche wichtigen Einzelheiten in diesem Kapitel können sehr leicht übersehen werden?
6. Sehen Sie sich auch auf Seite 9 die Liste mit Fragen an, die Sie sich während der Bearbeitung der einzelnen Kapitel stellen sollten.

Das Wesentliche erfassen

7. Wie würden Sie die Charaktereigenschaften Daniels in den Versen 8-13 beschreiben?
8. Welches ist Daniels stärkstes Motiv in diesem Kapitel?
9. Wie würden Daniel und seine drei Freunde nach dem, was Sie in diesem Kapitel lesen, wohl die folgende Frage beantworten: Welche wichtigen Herausforderungen werden in der nahen Zukunft auf euch warten?

Für das Leben heute

10. Wenn Gott dieses Kapitel nur für Sie geschrieben hätte, welche Wörter oder Sätze hätte er Ihrer Meinung nach unterstrichen und aus welchem Grund?
11. Falls Sie nur dieses Kapitel aus der Bibel zur Verfügung hätten, inwiefern könnte es Ihnen helfen, die folgende Frage zu beantworten: *Wie kann ich mein Leben effektiv und grundlegend verändern?*
12. In Sprüche 2,1-5 wird von dem aufrichtigen Menschen gesprochen, der sich nach Weisheit und Verständnis sehnt und in der Schrift danach forscht, als wäre es ein vergrabener Schatz. Dieser Mensch, so sagt Salomo, wird die Furcht des Herrn verstehen und die Erkenntnis Gottes gewinnen. Welchen »verborgenen Schatz« soll Gott Ihnen beim Durcharbeiten des Buches Daniel zeigen, der Ihnen klarmacht, wie Gott und seine Weisheit sind? Wenn Sie diesen Wunsch haben, wie würden Sie ihn mit Ihren eigenen Worten formulieren?

Daniel 2

Was steht im Text?

1. Kapitel 2 ist der Schlüssel zum Buch des Propheten Daniel genannt worden. Was macht dieses Kapitel so bedeutungsvoll?
2. Welche wichtigen Entscheidungen werden in diesem Kapitel getroffen, und wie würden Sie jede einzelne analysieren?
3. Was in der Antwort für den König Nebukadnezar in den Versen 10-11 war korrekt, was war nicht korrekt?
4. Wie würden Sie den König Nebukadnezar, wie er sich Ihnen in diesem Kapitel darstellt, in aller Kürze beschreiben?
5. Fassen Sie die Ereignisse in Nebukadnezars Traum kurz zusammen.
6. Welchen Eindruck hinterläßt Nebukadnezars Traum bei Ihnen?
7. Welchen Hinweis finden Sie in diesem Kapitel auf die souveräne Macht Gottes?
8. EINZELHEITEN BEACHTEN – *Denken Sie an das, was Sie in den Kapiteln 1 und 2 bereits gelesen haben, und versuchen Sie, die folgende Frage zu beantworten, ohne in Ihrer Bibel nachzusehen:* Sadrach, Mesach und Abednego bekamen diese Namen, als sie nach Babylon kamen. Welches waren ihre hebräischen Namen? (Siehe 1,6-7.)

Das Wesentliche erfassen

9. Machen Sie einen Spaziergang durch die Ereignisse dieses Kapitels. Was würden Sie sehen, riechen, hören und empfinden?
10. Wie würden Sie die Charaktereigenschaften Daniels beschreiben, die in diesem Kapitel zum Ausdruck kommen?
11. Welche wichtigen Erkenntnisse hat Daniel nach dem, was in seinem Gebet in den Versen 19-23 zum Ausdruck kommt, in bezug auf das Wesen und die Persönlichkeit Gottes?
12. Wie würde Daniel nach dem, was Sie in diesem Kapitel lesen, die folgende Frage beantworten: Falls Satan dich als Gottes Diener sofort disqualifizieren wollte, wie könnte er das tun?
13. Stellen Sie sich vor, Sie würden sich im Tempel in Jerusalem aufhalten, als der zwölfjährige Jesus hört, wie dieses Buch von den jüdischen Schriftgelehrten vorgelesen und ausgelegt wird. In Lukas 2,46 lesen wir, daß er auf diese Lehrer hörte und ihnen Fragen stellte. Welche Verse aus diesem Kapitel würden ihn wohl besonders beeindruckt haben? Welche Fragen würde er gestellt, welche Kommentare abgegeben haben?

Für das Leben heute

14. Welche Hilfestellung kann Ihnen dieses Kapitel geben für Situationen, die Ihnen unmöglich erscheinen?
15. Was würden Sie aus diesem Kapitel einem neubekehrten Christen über die Macht des Gebets sagen?

Zur Vertiefung

Vergleichen Sie Vers 44 mit Daniel 7,27; 1. Korinther 14,24 und Offenbarung 11,15. Was möchte Gott uns nach dem, was Sie in diesen Stellen lesen, in bezug auf sein Reich klarmachen?

Daniel 3

Einstieg: Haben Sie sich schon einmal in einer ganz besonders *heißen* Umgebung aufgehalten?

Was steht im Text?

1. Welche Entscheidungen werden in diesem Kapitel von Sadrach, Mesach und Abednego getroffen?

2. Welche wichtigen Einzelheiten in diesem Kapitel können leicht übersehen werden?
3. Welchen Hinweis finden Sie in diesem Kapitel auf die Souveränität Gottes?

Das Wesentliche erfassen

4. Stellen Sie sich vor, Sie wären einer von Nebukadnezars Ratgebern und hätten die in den Versen 8-30 beschriebenen Ereignisse miterlebt. Versetzen Sie sich in diese Situation hinein und sprechen Sie über das, was Sie sehen, riechen, hören und empfinden würden.
5. Welche geistlichen Gesetze und Kräfte sehen Sie in diesem Kapitel am Werk?
6. Wie würden Sadrach, Mesach und Abednego nach dem, was Sie in diesem Kapitel lesen, Ihrer Meinung nach die folgende Frage beantworten: Welches sind im Augenblick eure großen Ängste?
7. Falls die drei jungen Männer beschlossen hätten, das Standbild des Königs Nebukadnezar doch anzubeten, welche Entschuldigungen hätten sie für diese Entscheidung vorbringen können?
8. Welche Erkenntnisse hatten diese drei Männer nach dem, was Sie in den Versen 16-18 lesen, in bezug auf das Wesen und die Persönlichkeit Gottes?
9. Diskutieren Sie die folgende Aussage: Es ist immer falsch, Gott nur aus dem Grund zu dienen, weil man von ihm etwas bekommen möchte.
10. Was bedeutet der *Glaube an Gott* tatsächlich? Was wird in diesem Kapitel darüber gesagt?

Für das Leben heute

11. Wie würden Sie nach dem, was Sie in diesem Kapitel lesen, den folgenden Satz vervollständigen: *Was Gott eigentlich von mir möchte, ist ...*
12. In Römer 15,4 erinnert uns Paulus, daß die alttestamentlichen Schriften uns Geduld und Ausharren auf der einen Seite, aber auch Trost und Ermutigung geben können. Inwiefern wird das Buch Daniel in Ihrem Leben dieser Beschreibung gerecht? Inwiefern kann dieses Buch Ihr Bedürfnis nach *Ausharren* und *Ermutigung* erfüllen?

Zur Vertiefung

Vergleichen Sie das Handeln von Sadrach, Mesach und Abednego mit den neutestamentlichen Richtlinien aus Jakobus 1,2-4. Inwiefern verdeutlicht das Beispiel dieser drei Männer die Stelle aus Jakobus?

Daniel 4

Was steht im Text?

1. Da ein historischer Bericht niemals *alle* Einzelheiten der beschriebenen Ereignisse wiedergeben kann, lesen Sie die Geschichte von Nebukadnezar noch einmal und tragen Sie zusammen, welche Einzelheiten hier doch beschrieben sind. Überlegen Sie, welche Einzelheiten anscheinend ausgelassen worden sind. Was sagt dieser Selektionsprozeß darüber aus, was Gott uns mit dieser Geschichte klarmachen möchte?
2. Wie würden Sie König Nebukadnezar in aller Kürze beschreiben, so wie er Ihnen in diesem Kapitel dargestellt wird?
3. Was sagt Vers 19 über Davids Charakter aus?
4. Welchen Hinweis finden Sie in diesem Kapitel auf Gottes souveräne Macht?
5. Wenn Nebukadnezar Ihnen dieses Kapitel laut vorlesen würde, welche Wörter oder Sätze würde er Ihrer Meinung nach besonders betonen?
6. EINZELHEITEN BEACHTEN – *Denken Sie an das, was Sie in den Kapiteln 3 und 4 bereits gelesen haben, und versuchen Sie, die folgende Frage zu beantworten, ohne in Ihrer Bibel nachzusehen:* Was trugen Sadrach, Mesach und Abednego, als sie in den Feuerofen geworfen wurden? (Siehe 3,21.)

Das Wesentliche erfassen

7. Warum hat Gott Ihrer Meinung nach diesen Zwischenfall mit Nebukadnezar in die Bibel eingefügt?
8. Was sagt dieses Kapitel über *Stolz* und den Umgang damit?
9. Welche Erkenntnisse Nebukadnezars in bezug auf das Wesen und die Persönlichkeit Gottes kommen in den Versen 34-37 zum Ausdruck?

Für das Leben heute

10. Analysieren Sie sorgfältig dieses Kapitel, um die folgende Frage beantworten zu können: Wie viele Gemeinsamkeiten können Sie zwischen Ihren Erfahrungen und dem, was Nebukadnezar erlebt hat, finden?
11. Diskutieren Sie die folgende Aussage: Je mehr Freiheit und Macht wir in dieser Welt haben, desto schwerer fällt es uns, die souveräne Macht Gottes in unserem Leben zu verstehen und uns ihr zu beugen.

Zur Vertiefung

Vergleichen Sie Nebukadnezars Erfahrung mit der des reichen Mannes, von dem Jesus in Lukas 12,16-21 berichtet. Welche Ähnlichkeiten gibt es zwischen diesen beiden Geschichten, welche Unterschiede bestehen? Würden Sie sagen, daß die moralische Lektion dieser beiden Stellen dieselbe ist?

Daniel 5

Einstieg: Haben Sie schon einmal ein äußerst ungewöhnliches Bankett oder Fest erlebt, und was machte es so ungewöhnlich?

Was steht im Text?

1. Stellen Sie sich vor, Sie gehörten zu König Belsazars Adeligen, die an dem großen Bankett teilnehmen. Versetzen Sie sich in diese Situation hinein und sprechen Sie über das, was Sie sehen, riechen, hören und empfinden würden.
2. Welches ist menschlich gesprochen die beste Tat in diesem Kapitel?
3. Welches ist die schlimmste oder fragwürdigste Tat in diesem Kapitel?
4. Wie würden Sie König Belsazar beschreiben, so wie er in diesem Kapitel dargestellt wird?
5. Welche wichtigen Einzelheiten in diesem Kapitel können sehr leicht übersehen werden?
6. Welchen Hinweis finden Sie in diesem Kapitel auf Gottes souveräne Macht?

Das Wesentliche erfassen

7. Welche wichtigen Entscheidungen werden in diesem Kapitel getroffen, und wie würden Sie jede einzelne beschreiben?
8. Welche geistlichen Gesetze und Kräfte sehen Sie in diesem Kapitel am Werk?
9. Sehen Sie sich die Verse 22-23 noch einmal an. Was hätte der König tun können, um sich aufrichtig zu demütigen und so seiner Strafe zu entgehen?
10. Warum hat Gott sich Ihrer Meinung nach so mitgeteilt, wie er es in diesem Kapitel getan hat?

Für das Leben heute

11. Überlegen Sie, wie stark Ihr Wunsch ist, Gott besser kennenzulernen, und stellen Sie sich die folgende Frage: Welche Erkenntnisse im Buch Daniel in

bezug auf ihn möchte Gott mir zum gegenwärtigen Zeitpunkt in meinem Leben besonders ans Herz legen?

12. In Jesaja 55,10-11 erinnert uns Gott daran, daß er Regen und Schnee vom Himmel schickt, um die Erde zu bewässern und das Leben zu erhalten. In gleichem Maße gibt er sein Wort, um einen bestimmten Zweck zu erfüllen. Was möchte Gott Ihrer Meinung nach durch das Buch Daniel im Leben der Christen heute erreichen?

DANIEL 6

WAS STEHT IM TEXT?

1. Welchen Hinweis (falls überhaupt einen) finden Sie bisher in diesem Buch darauf, daß Daniel etwas eindeutig Falsches getan hat?
2. Welchen Hinweis finden Sie in Kapitel 6 auf Gottes souveräne Macht?
3. Wie würden Sie König Darius, so wie er sich Ihnen in diesem Kapitel darstellt, in aller Kürze beschreiben?
4. Lesen Sie in Vers 3, wie Daniel den König beeindruckt. Welche besonderen Eigenschaften haben Daniel dieses Ansehen wohl eingetragen?
5. EINZELHEITEN BEACHTEN – *Denken Sie an das, was Sie in den Kapiteln 5 und 6 gelesen haben, und versuchen Sie, die folgende Frage zu beantworten, ohne in Ihrer Bibel nachzusehen:* Welche drei Dinge hat König Belsazar Daniel versprochen, wenn er die Schrift an der Wand lesen und auslegen könnte? (Siehe 5,16.)

DAS WESENTLICHE ERFASSEN

6. Wie würden Sie nach dem, was Sie in diesem Kapitel lesen, die Charaktereigenschaften Daniels beschreiben?
7. Wie würde Daniel nach dem, was Sie in diesem Kapitel lesen, die folgende Frage beantworten: Wie ist es im Augenblick um deine Beziehung zu Gott bestellt?
8. Wie würde Daniel wohl die folgende Fragen beantworten: Wenn Satan dich als Gottes Diener disqualifizieren wollte, wie könnte er das am besten tun?
9. Welche wichtigen Erkenntnisse hat König Darius nach dem, was Sie in den Versen 25-27 lesen, in bezug auf das Wesen und die Persönlichkeit Gottes?
10. Da Sie den Propheten Daniel nun zur Hälfte durchgelesen haben, wie würden Sie die wichtigsten Aussagen in diesem Buch zusammenfassen?

Für das Leben heute

11. Vergleichen Sie *Ihren* Glauben mit dem in diesem Kapitel beschriebenen Glauben Daniels.
12. Wenn es stimmt, daß man »wird, wie man denkt«, welche wichtigen Gedanken aus diesem Kapitel möchten Sie sich zu eigen machen?
13. In welchen Lebensumständen fällt es uns besonders schwer, an das zu glauben, was uns in Vers 27 gesagt wird?
14. Welche wichtige Lektion in bezug auf das *Gebet* kann ein neubekehrter Christ aus diesem Kapitel lernen?
15. In Philipper 4,8 heißt es: »Übrigens, Brüder, alles, was wahr, alles, was ehrbar, alles, was gerecht, alles, was rein, alles, was liebenswert, alles, was wohllautend ist, wenn es irgendeine Tugend und wenn es irgendein Lob gibt, das erwägt!« Welche Denkanstöße können Sie in diesem Kapitel finden, die Ihnen als *wahr, ehrbar, gerecht, rein, liebenswert,* als *Tugend* und *Lob* ins Auge fallen?

Zur Vertiefung

Inwiefern ähnelt Daniels Erfahrung der von Joseph im ersten Buch Mose?

Daniel 7

Einstieg: Welche Aspekte biblischer Prophetie interessieren Sie besonders?

Was steht im Text?

1. Welche Wörter, Ausdrücke oder Sätze in diesem Kapitel sind besonders schwer zu verstehen?
2. Welchen Hinweis finden Sie in diesem Kapitel auf die souveräne Macht Gottes?
3. In Matthäus 6,33 trägt Jesus uns auf, zuerst nach dem Reich Gottes und seiner Gerechtigkeit zu trachten. Was erfahren Sie in diesem Kapitel in bezug auf das Reich Gottes, vor allem in den Versen 22 und 27?
4. In diesem Kapitel offenbart Gott Daniel einige seiner Pläne für die Zukunft. Was möchte Gott Daniel in bezug auf diese Pläne klarmachen?

Das Wesentliche erfassen

5. Sehen Sie sich in den Versen 9, 13 und 22 die Namen an, die dem Einen gegeben werden, den Daniel sieht. Inwiefern sind diese Namen Ihrer Meinung nach richtig?

6. Welche wichtigen Dinge möchte Gott Daniel in der Vision in bezug auf sich selbst mitteilen?
7. Wenn Sie unmittelbar nach den in diesem Kapitel beschriebenen Ereignissen mit Daniel gesprochen und ihn gebeten hätten, das Wort *Vision* zu definieren, was hätte er wohl geantwortet?
8. Stellen Sie sich vor, Sie würden sich im Tempel in Jerusalem aufhalten, als der zwölfjährige Jesus hört, wie dieses Kapitel von den jüdischen Schriftgelehrten vorgelesen und ausgelegt wird. Welche Verse aus diesem Kapitel würden ihn wohl besonders beeindruckt haben? Welche Fragen würde er gestellt, welche Kommentare abgegeben haben?
9. Die letzte Hälfte des Buches Daniel (Kapitel 7-12) beschäftigt sich in erster Linie mit den prophetischen Visionen Daniels. Denken Sie an das, was Sie in den ersten sechs Kapiteln dieses Buches über Daniel erfahren haben. Welche wichtigen Informationen aus diesen Kapiteln sollten Sie unbedingt präsent haben, wenn Sie sich mit den prophetischen Kapiteln des Buches Daniel beschäftigen, um in der Lage zu sein, sie aus der richtigen Perspektive zu betrachten?

Für das Leben heute

10. Möchte Gott Ihrer Meinung nach, daß *Sie persönlich* die in diesem Kapitel geoffenbarten Dinge erfahren?
11. Welche Verse in diesem Kapitel sind Ihnen in Ihrer gegenwärtigen Situation besonders wichtig geworden – und warum?

Zur Vertiefung

Beachten Sie die bildhafte Sprache von Vers 13. Vergleichen Sie dies mit Matthäus 24,30 und 26,64 und Offenbarung 1,7 und 1,18. Was möchte uns der Herr Jesus durch diese bildhafte Sprache in bezug auf sich selbst klarmachen?

Daniel 8

Was steht im Text?

1. Wie würden Sie die Ereignisse aus Daniels Vision in den Versen 1-14 zusammenfassen?
2. Welche Wörter, Ausdrücke oder Sätze würden Sie, nachdem Sie dieses Kapitel durchgelesen haben, gern besser verstehen?

3. Auch in diesem Kapitel offenbart Gott Daniel seine Pläne für die Zukunft. Was möchte Gott dem Daniel in bezug auf diese Pläne klarmachen?
4. Welchen Hinweis finden Sie in diesem Kapitel auf die souveräne Macht Gottes?
5. Lesen Sie Vers 13 noch einmal und blättern Sie vor auf 9,27; 11,31 und 12,11, wo ähnliche Ausdrücke verwandt werden. Vergleichen Sie diese mit den Worten Jesu in Matthäus 24,15. Welche Verbindung können Sie erkennen?
6. EINZELHEITEN BEACHTEN – *Denken Sie an das, was Sie in den Kapiteln 7 und 8 gelesen haben, und versuchen Sie, die folgende Frage zu beantworten, ohne in Ihrer Bibel nachzulesen:* Was hat Daniel in seiner in Kapitel 7 beschriebenen Vision als erstes gesehen? (Siehe 7,2.)

Das Wesentliche erfassen

7. Wenn Sie gebeten würden, eine kurze Charakterbeschreibung Daniels zu geben, was würden Sie sagen?
8. Welcher Zusammenhang besteht zwischen Daniels in diesem Kapitel beschriebener Vision und dem Traum, von dem in Kapitel 7 berichtet wird?
9. Lesen Sie Vers 27 noch einmal. Welche Erklärung können Sie für die Reaktion Daniels auf seine Vision geben?
10. Stellen Sie sich vor, Sie würden mit dem Stoff des Buches Daniel einen Film produzieren. Welche Kulissen, Darsteller, Hintergrundmusik, Lichteffekte etc. würden Sie wählen, um die zentrale Botschaft dieses Buches zu übermitteln?

Für das Leben heute

11. In Psalm 119,105 beschreibt der Psalmist das Wort Gottes als eine »Leuchte für meinen Fuß, ein Licht für meinen Weg«. Welches helle Licht für Ihren persönlichen Lebensweg kann das Buch Daniel Ihnen geben? Welche Erkenntnisse sind für Ihre augenblickliche Situation besonders relevant?

Zur Vertiefung

Sehen Sie sich in den Versen 15-26 Gabriels Besuch bei Daniel noch einmal an. Vergleichen Sie diese Begebenheit mit anderen Aufträgen Gabriels – in Daniel 9,21-27 und Lukas 1,11-20 und 1,26-38. Welche Ähnlichkeiten können Sie feststellen?

DANIEL 9

Einstieg: Wenn Sie in den Himmel kommen und Daniel begegnen, welche Frage werden Sie ihm als erstes stellen?

WAS STEHT IM TEXT?

1. Auch in diesem Kapitel offenbart Gott Daniel seine Pläne für die Zukunft. Welche wichtigen Dinge in bezug auf diese Pläne wollte Gott Daniel klarmachen?
2. Was erfahren wir vor allem aus Vers 24 über Gottes Plan und Ziel für sein Volk?
3. Was sagt Vers 20 über Daniels Leben und Charakter?
4. Welche Wörter, Ausdrücke oder Sätze würden Sie, nachdem Sie dieses Kapitel gelesen haben, gern besser verstehen?

DAS WESENTLICHE ERFASSEN

5. Inwiefern weist dieses Kapitel auf Gottes Erlösungsplan für sein Volk durch Jesus Christus hin?
6. Was ist Ihrer Meinung nach mit dem Wort »ausgerottet« in Vers 26 gemeint?
7. Welche wichtigen Erkenntnisse hat Daniel nach dem, was Sie in den Versen 4-19 lesen, in bezug auf das Wesen und die Persönlichkeit Gottes?
8. Wie würden Sie die in diesem Kapitel gezeigten Charaktereigenschaften Daniels beschreiben?
9. Überlegen Sie, welche Verse aus diesem Kapitel den zwölfjährigen Jesus im Tempel in Jerusalem besonders beeindruckt hätten, wenn dieses Kapitel von den jüdischen Schriftgelehrten vorgelesen und ausgelegt worden wäre. Welche Fragen hätte er wohl gestellt, welche Kommentare abgegeben?

FÜR DAS LEBEN HEUTE

10. Welche wichtigen Lektionen kann ein neubekehrter Christ diesem Kapitel in bezug auf das *Gebet* entnehmen?
11. Wenn Sie nur dieses Kapitel aus der Bibel zur Verfügung hätten, wie würden Sie damit einem anderen erklären, was die Bibel über die *Sünde* sagt?
12. In Jeremia 23,29 sagt Gott, daß sein Wort wie ein Feuer und wie ein Hammer ist. Er kann durch sein Wort unsere unsauberen Gedanken und Sehnsüchte wegbrennen. Mit seinem Wort kann er uns aber auch hart treffen und unsere

geistliche Härte zerschmettern. Wie würden Sie diese »Feuer-und-Hammer-Macht« Gottes in Ihrem Leben gern am Werk sehen?

Zur Vertiefung

Vergleichen Sie Vers 24 mit 2. Korinther 5,21 und Hebräer 9,11-12.

Daniel 10

Was steht im Text?

1. Wie würden Sie die Ereignisse in Daniels Vision zusammenfassen?
2. Welche Aufträge gibt der Bote vom Himmel Daniel in diesem Kapitel?
3. Welchen Eindruck oder welches Bild ruft dieses Kapitel bei Ihnen hervor?
4. Was in diesem Kapitel würde einen neubekehrten Christ, der es zum ersten Mal liest, besonders in Erstaunen versetzen?
5. Was erfahren wir in Vers 12 in bezug auf das Gebet?
6. EINZELHEITEN BEACHTEN – *Denken Sie an das, was Sie in den Kapiteln 9 und 10 gelesen haben, und versuchen Sie, die folgende Frage zu beantworten, ohne in Ihrer Bibel nachzusehen:* Welche prophetische Buchrolle hat Daniel nach eigener Aussage gelesen? (Siehe 9,2.)

Das Wesentliche erfassen

7. Wie würde Daniel nach dem, was Sie in diesem Kapitel gelesen haben, wohl die folgende Frage beantworten: Wie ist es im Augenblick um deine Beziehung zu Gott bestellt?

Für das Leben heute

8. Lesen Sie noch einmal, wie Daniel in diesem Kapitel gedient wurde, vor allem in den Versen 18-19. Wie realistisch ist es für uns heute zu erwarten, daß der Herr uns auf ähnliche Weise dient?

Daniel 11

Einstieg: Welche Denkweisen und falschen Annahmen können sehr leicht verhindern, daß das Buch Daniel in unseren Gedanken und Herzen lebendig wird?

WAS STEHT IM TEXT?

1. Wie würden Sie Daniels Vision zusammenfassend beschreiben?
2. Welchen Hinweis finden Sie in diesem Kapitel auf Gottes souveräne Macht?

DAS WESENTLICHE ERFASSEN

3. Auch in diesem Kapitel offenbart Gott Daniel seine Pläne für die Zukunft. Welche wichtigen Dinge in bezug auf diese Pläne wollte Gott Daniel in Kapitel 11 klarmachen?
4. Welche wichtigen Lektionen für das Volk Gottes erkennen Sie in den Versen 32-35?

FÜR DAS LEBEN HEUTE

5. Sehen Sie sich die Verse 32-35 noch einmal an. Falls Sie in einer Zeit großer Verfolgung lebten, könnten Sie sicher sein, daß Ihr Glaube stark wäre? Könnten Sie garantieren, daß Sie Gott gehorchen würden?

DANIEL 12

WAS STEHT IM TEXT?

1. Welchen Eindruck oder welches Bild hinterläßt dieses Kapitel bei Ihnen?
2. Was in diesem Kapitel wäre für jemanden, der die Bibel zum ersten Mal liest, von besonderem Interesse?
3. Welche wichtigen Informationen liefert uns Vers 2 in bezug auf das Leben?
4. Wie würden Sie einem kleinen Kind die Worte erklären, die in Vers 3 zu Daniel gesagt wurden?
5. EINZELHEITEN BEACHTEN – *Denken Sie an das, was Sie in den Kapiteln 11 und 12 gelesen haben, und versuchen Sie, die folgende Frage zu beantworten, ohne in Ihrer Bibel nachzusehen:* Wie wird der Engel Michael in diesem Buch beschrieben? (Siehe 12,1.)

DAS WESENTLICHE ERFASSEN

6. Vergleichen Sie das Buch Daniel mit dem, was Sie über die Offenbarung wissen. Inwiefern ergänzen und stützen sich diese beiden Bücher?
7. Wie würde Daniel nach dem, was Sie in diesem Kapitel gelesen haben, die folgende Frage beantworten: Für welche drei Dinge bist du im Augenblick besonders dankbar?

8. Welche Hinweise finden Sie in diesem Buch darauf, daß Daniel Gott aufrichtig *geliebt* hat?
9. Welche Schlußfolgerungen können Sie nach dem, was Sie im Buch Daniel gelesen haben, in bezug auf das Wesen und den Dienst der Engel ziehen?

Für das Leben heute

10. Falls dies das letzte Buch der Bibel wäre, das Sie vor Ihrem Tod lesen würden, welche Verse würden Sie besonders im Gedächtnis behalten, während Sie sich von der Erde verabschieden?

Zur Vertiefung

Lesen Sie Vers 2 noch einmal und vergleichen Sie das, was dort über die Ewigkeit gesagt wird mit Matthäus 25,46 und Johannes 5,28-29. Welche grundlegenden Dinge werden an diesen Stellen gesagt?

Daniel: Der Gesamteindruck

(Sprechen Sie noch einmal über die im »Überblick« angegebenen Fragen und bearbeiten Sie die unten aufgeführten.)

1. Um den größtmöglichen Gewinn aus dem Buch Daniel zu ziehen, lesen Sie einmal, was der Apostel Paulus in 2. Timotheus 3,16-17 mit Blick auf das Alte Testament schrieb. Dort heißt es, daß *alle* Schrift von großem Nutzen für uns ist, um uns a) zu lehren, b) zu überführen, c) zurechtzuweisen und d) zu unterweisen in der Gerechtigkeit, damit der Mensch Gottes vollkommen sei, zu »jedem guten Werk« völlig zugerüstet. Denken Sie ernsthaft über diese Aufgaben der Bibel nach und überlegen Sie, in welchem dieser Bereiche Ihnen das Buch Daniel besonders von Nutzen sein kann.
2. Welchen Hinweis haben Sie in diesem Buch darauf gefunden, daß Daniel ganz offensichtlich etwas falsch gemacht hat?
3. Lesen Sie noch einmal die folgenden Verse und wählen Sie den SCHLÜSSELVERS für das Buch Daniel – den Vers, der am besten das ausdrückt, worum es in diesem Buch geht: 2,20-22; 2,44; 5,21 oder 7,14.
4. Welches ist Ihrer Meinung nach das Hauptthema (oder die Hauptthemen) im Buch Daniel?
5. DEM ERRETTER AUF DER SPUR – Welche Wörter, Bilder oder Themen im Buch Daniel haben Sie besonders an Jesus erinnert?
6. Angenommen, das Buch Daniel wäre das einzige Buch im Alten Testament. Inwiefern würde es dennoch eine gute Hinführung zu der Botschaft Jesu im Neuen Testament sein?

7. Wie würden Sie die folgende Aussage auf der Grundlage Ihrer eigenen Erfahrung so vervollständigen, daß sie für Sie die größtmögliche Bedeutung gewinnt: Ich glaube, es ist wichtig, daß Christen das Buch Daniel lesen und durcharbeiten, weil ...
8. Falls alle Mitglieder Ihrer Gemeinde dieses Buch genau verstanden hätten und die Erkenntnisse, die sie daraus ziehen, in ihrem Leben umsetzen wollten, welche praktischen Veränderungen würde das nach sich ziehen?

HOSEA

Überblick

(Besprechen Sie diese Überblicksfragen sowohl zu Beginn Ihrer Bearbeitung des Propheten Hosea als auch, nachdem Sie alle vierzehn Kapitel durchgenommen haben. Es könnte sein, daß Ihre Antworten vollkommen anders ausfallen, nachdem Sie sich sehr intensiv mit dem ganzen Buch auseinandergesetzt haben.)

Einstieg: Sind Sie schon einmal von der beharrlichen, bedingungslosen Liebe eines Menschen – entweder Ihnen oder einer anderen Person gegenüber – besonders beeindruckt gewesen?

Was steht im Text?

1. Bevor Sie sich intensiver mit dem Propheten Hosea befassen, sollten Sie zusammentragen, was Sie bereits über dieses Buch wissen.
2. Suchen Sie in den folgenden Versen das Wort, das besonders ins Auge fällt: 3,5; 6,1; 7,10 und 14,1. Welche Hinweise gibt dieses Wort Ihnen auf die zentrale Botschaft des Buches Hosea?
3. Sehen Sie sich auch auf Seite 10 die Liste mit Fragen an, die Sie sich während der Bearbeitung der einzelnen Bücher stellen sollten.

Für das Leben heute

4. Das Buch Hosea ist unter den verschiedensten Überschriften zusammengefaßt worden: »Das Buch der Rückfälligen«, »Zerbrochenes Herz und zerstörte Heimat«, »Gottes Treue«, »Die Liebe Gottes für sein in die Irre gehendes Volk« und »Der Herr liebt Israel trotz seiner Sünde«. Welche Antworten, Richtlinien und Lösungen versprechen Sie sich auf diesem Hintergrund von der Bearbeitung dieses Buches?
5. Wenn Sie in den Himmel kommen, sich mit Hosea unterhalten und er Sie fragt: »Was hat dir in meinem Buch besonders geholfen?«, was würden Sie ihm gern antworten?
6. Wenn Sie bedenken, *wer Gott ist* und dann *was die Bibel ist*, wie würden Sie auf einer Skala von eins bis zehn Ihren Wunsch einschätzen, das Buch Hosea besser zu verstehen (eins = überhaupt kein Interesse, zehn = sehr großes Interesse)?

7. Wie würde nach dem, was Sie in dem letzten Vers dieses Buches (14,9) lesen, Ihr persönliches Gebet lauten, das Sie während der Bearbeitung des Propheten Hosea sprechen würden?

Hosea 1

Was steht im Text?

1. Was hat Hosea in diesem Kapitel auf Befehl des Herrn getan?
2. Welches Strafgericht verkündet Gott in diesem Kapitel?
3. Welche Zusage gibt Gott dem Volk Juda?

Das Wesentliche erfassen

4. Inwiefern spiegelt Hoseas Handeln die Beziehung Gottes zu seinem Volk wider?

Für das Leben heute

5. In Sprüche 2,1-5 wird von dem aufrichtigen Menschen gesprochen, der sich nach Weisheit und Verständnis sehnt und in der Schrift danach forscht, als wäre es ein vergrabener Schatz. Dieser Mensch, so sagt Salomo, wird die Furcht des Herrn verstehen und die Erkenntnis Gottes gewinnen. Welchen »verborgenen Schatz« soll Gott Ihnen beim Durcharbeiten des Buches Hosea zeigen – der Ihnen klarmacht, wie Gott und seine Weisheit sind? Wenn Sie diesen Wunsch haben, wie würden Sie ihn mit Ihren eigenen Worten formulieren?

Hosea 2

Was steht im Text?

1. Welches ist Ihrer Meinung nach die wunderbarste Zusage in diesem Kapitel? Die schönste Ermutigung? Die eindringlichste Warnung? Die dringlichste Aufforderung? Die ausdrucksstärkste Zukunftsvision? Das zutreffendste Bild von Strafgericht und Katastrophe? Und der tiefste Einblick in das Wesen Gottes?

Das Wesentliche erfassen

2. Welche Wörter oder Ausdrücke in diesem Kapitel sagen etwas aus über den Plan und das Ziel Gottes für sein Volk?

3. Welche Wörter oder Ausdrücke in diesem Kapitel sagen etwas aus über das Wesen Gottes?

Hosea 3

Was steht im Text?

1. Kapitel 3 ist der Schlüssel zum Buch Hosea genannt worden. Was macht dieses Kapitel so bedeutungsvoll?

Das Wesentliche erfassen

2. Wie würden Sie nach dem, was Sie bisher in diesem Buch gelesen haben, die folgende Aussage vervollständigen: »Ich weiß, daß Gott ein Gott der Liebe ist, weil er ...

Hosea 4

1. Welches ist Ihrer Meinung nach die schmerzlichste Anklage in diesem Kapitel? Und das zutreffendste Bild von Strafgericht und Katastrophe?

Für das Leben heute

2. Können Sie sagen, daß dieses Kapitel eine exakte Beschreibung des Volkes Gottes, vor allem der Leute in Ihrer Gemeinde ist?

Hosea 5

Was steht im Text?

1. Wenn Sie diese an das Volk Gottes gerichteten Worte lesen, welches ist Ihrer Meinung nach die eindringlichste Warnung? Die dringlichste Aufforderung? Die ausdrucksstärkste Zukunftsvision? Die schmerzlichste Anklage? Und das zutreffendste Bild von Strafgericht und Katastrophe?

Das Wesentliche erfassen

2. Wie würden Sie nach dem, was Sie in diesem Kapitel lesen, die folgende Aussage vervollständigen: »Ich weiß, daß Gott ein Gott der Liebe ist, weil er ...«

Hosea 6

Was steht im Text?

1. Lesen Sie in den Versen 1-3, was die Menschen untereinander über die Umkehr zum Herrn sagen. Was hält Gott nach dem, was Sie in Vers 4 lesen, von diesen Worten?

Das Wesentliche erfassen

2. Lesen Sie, wie Jesus die Worte aus Vers 6 in Matthäus 9,13 und 12,7 aufgreift. Jesus sagte, die Pharisäer wüßten nicht, was diese Worte bedeuteten. Wie würden Sie diese Worte erklären?

Für das Leben heute

3. Können Sie sagen, daß dieses Kapitel eine exakte Beschreibung des Volkes Gottes heute, vor allem der Menschen in Ihrer Gemeinde ist?
4. Lesen Sie, was Gott in Vers 6 sagt, und überlegen Sie, wie Sie den folgenden Satz vervollständigen würden: Was Gott eigentlich von mir möchte, ist ...

Hosea 7

Was steht im Text?

1. Welches ist Ihrer Meinung nach die schmerzlichste Anklage in diesem Kapitel? Das zutreffendste Bild von Strafgericht und Katastrophe? Und der tiefste Einblick in das Wesen Gottes?

Das Wesentliche erfassen

2. Wie würden Sie nach dem, was Sie in diesem Kapitel lesen, die folgende Aussage vervollständigen: »Ich weiß, daß Gott ein Gott der Liebe ist, weil er ...«
3. Wie würden Sie nun, da Sie das Buch Hosea zur Hälfte durchgearbeitet haben, die wichtigsten Aussagen in diesem Buch zusammenfassen?

Für das Leben heute

4. Können Sie sagen, daß dieses Kapitel eine exakte Beschreibung des Volkes Gottes heute, vor allem der Menschen in Ihrer Gemeinde ist?

Hosea 8

Was steht im Text?

1. Wenn Sie die Worte Hoseas in diesem Kapitel lesen, welches ist Ihrer Meinung nach die dringlichste Aufforderung? Die ausdrucksstärkste Zukunftsvision? Die schmerzlichste Anklage? Das zutreffendste Bild von Strafgericht und Katastrophe? Und der tiefste Einblick in das Wesen Gottes?

Für das Leben heute

2. In Jesaja 55,10-11 erinnert uns Gott daran, daß er Regen und Schnee vom Himmel schickt, um die Erde zu bewässern und das Leben zu erhalten. In gleichem Maße gibt er sein Wort, um einen bestimmten Zweck zu erfüllen. Was möchte Gott Ihrer Meinung nach durch das Buch Hosea im Leben der Christen heute erreichen?

Hosea 9

Was steht im Text?

1. Wenn Sie die an das Volk Gottes gerichtete Botschaft Hoseas in diesem Kapitel lesen, welches ist Ihrer Meinung nach die dringlichste Aufforderung? Die ausdrucksstärkste Zukunftsvision? Die schmerzlichste Anklage? Das zutreffendste Bild von Strafgericht und Katastrophe? Und der tiefste Einblick in das Wesen Gottes?

Das Wesentliche erfassen

2. Wie würden Sie nach dem, was Sie in diesem Kapitel lesen, die folgende Aussage vervollständigen: »Ich weiß, daß Gott ein Gott der Liebe ist, weil er ...

Hosea 10

Was steht im Text?

1. Wenn Sie Hoseas Worte in diesem Kapitel lesen, welches ist die dringlichste Aufforderung? Die ausdrucksstärkste Zukunftsvision? Die schmerzlichste Anklage? Und das zutreffendste Bild von Strafgericht und Katastrophe?

Hosea 11

Was steht im Text?

1. Welches ist Ihrer Meinung nach die ausdrucksstärkste Zukunftsvision in diesem Kapitel? Die schmerzlichste Anklage? Das zutreffendste Bild von Strafgericht und Katastrophe? Und der tiefste Einblick in das Wesen Gottes?
2. Welches *Handeln* und welche *Gefühle* in der Beziehung Gottes zu seinem Volk erkennen Sie in diesem Kapitel?

Das Wesentliche erfassen

3. Wie kann uns dieses Kapitel helfen, die *Wünsche* Gottes für sein Volk zu verstehen?
4. Wie würden Sie nach dem, was Sie in diesem Kapitel lesen, die folgende Aussage vervollständigen: »Ich weiß, daß Gott ein Gott der Liebe ist, weil er ...«

Für das Leben heute

5. In Römer 14,4 erinnert uns Paulus, daß die alttestamentlichen Schriften uns Geduld und Ausharren auf der einen Seite, aber auch Trost und Ermutigung geben können. Inwiefern wird das Buch Hosea in Ihrem Leben dieser Beschreibung gerecht? Inwiefern kann dieses Buch Ihr Bedürfnis nach *Ausharren* und *Ermutigung* erfüllen?

Hosea 12

Was steht im Text?

1. Welches ist Ihrer Meinung nach die dringlichste Aufforderung in diesem Kapitel? Die ausdrucksstärkste Zukunftsvision? Die schmerzlichste Anklage?

Das zutreffendste Bild von Strafgericht und Katastrophe? Und der tiefste Einblick in das Wesen Gottes?

Das Wesentliche erfassen

2. Lesen Sie Vers 5 und überlegen Sie, wie besorgt Gott um seinen *Ruf* ist. Erklären Sie Ihre Antwort.

Für das Leben heute

3. In Jeremia 23,29 sagt Gott, daß sein Wort wie ein Feuer und wie ein Hammer ist. Er kann durch sein Wort unsere unsauberen Gedanken und Sehnsüchte wegbrennen. Mit seinem Wort kann er uns aber auch hart treffen und unsere geistliche Härte zerschmettern. Wie würden Sie diese »Feuer-und-Hammer-Macht« Gottes in Ihrem Leben gern am Werk sehen?

Hosea 13

Was steht im Text?

1. Welches ist Ihrer Meinung nach die wunderbarste Zusage in diesem Kapitel? Die dringlichste Aufforderung? Die ausdrucksstärkste Zukunftsvision? Die schmerzlichste Anklage? Das zutreffendste Bild von Strafgericht und Katastrophe? Und der tiefste Einblick in das Wesen Gottes?

Das Wesentliche erfassen

2. Welche Aspekte des Wesens und der Persönlichkeit Gottes möchte er uns in den Versen 4-9 besonders vor Augen stellen?
3. Wie würden Sie nach dem, was Sie in diesem Kapitel bereits gelesen haben, die folgende Aussage vervollständigen: »Ich weiß, daß Gott ein Gott der Liebe ist, weil er ...«

Zur Vertiefung

Sehen Sie sich Vers 14 noch einmal an. Inwiefern erweitert Paulus diesen Vers in 1. Korinther 15,54-57?

Hosea 14

Was steht im Text?

1. Welches ist Ihrer Meinung nach die wunderbarste Zusage in diesem Kapitel? Die dringlichste Aufforderung? Die ausdrucksstärkste Zukunftsvision? Und der tiefste Einblick in das Wesen Gottes?

Das Wesentliche erfassen

2. Was sagt Vers 8 über das Wesen und die Persönlichkeit Gottes aus?
3. Welche Wörter oder Ausdrücke in diesem Kapitel sagen etwas aus über den Plan und das Ziel Gottes für sein Volk?
4. Stellen Sie sich vor, Sie würden sich im Tempel in Jerusalem aufhalten, als der zwölfjährige Jesus hört, wie dieses Buch von den jüdischen Schriftgelehrten vorgelesen und ausgelegt wird. In Lukas 2,46 lesen wir, daß er auf diese Lehrer hörte und ihnen Fragen stellte. Welche Verse aus diesem Buch würden ihn wohl besonders beeindruckt haben? Welche Fragen würde er gestellt, welche Kommentare abgegeben haben?

Für das Leben heute

5. Wenn Gott dieses Kapitel nur für Sie geschrieben hätte, welche Wörter oder Ausdrücke würde er Ihrer Meinung nach unterstrichen haben – und warum?
6. In Philipper 4,8 heißt es: »Übrigens, Brüder, alles, was wahr, alles, was ehrbar, alles, was gerecht, alles, was rein, alles, was liebenswert, alles, was wohllautend ist, wenn es irgendeine Tugend und wenn es irgendein Lob gibt, das erwägt!« Welche Denkanstöße können Sie in diesem Kapitel finden, die Ihnen als *wahr, ehrbar, gerecht, rein, liebenswert,* als *Tugend* und *Lob* ins Auge fallen?

Hosea: Der Gesamteindruck

(Sprechen Sie noch einmal über die im »Überblick« angegebenen Fragen und bearbeiten Sie die unten aufgeführten.)

1. Um den größtmöglichen Gewinn aus dem Buch Hosea zu ziehen, lesen Sie einmal, was der Apostel Paulus in 2. Timotheus 3,16-17 mit Blick auf das Alte Testament schrieb. Dort heißt es, daß *alle* Schrift von großem Nutzen für uns ist, um uns a) zu lehren, b) zu überführen, c) zurechtzuweisen und d) zu unterweisen in der Gerechtigkeit, damit der Mensch Gottes vollkommen sei,

zu »jedem guten Werk« völlig zugerüstet. Denken Sie ernsthaft über diese Aufgaben der Bibel nach und überlegen Sie, in welchem dieser Bereiche Ihnen das Buch Hosea besonders von Nutzen sein kann.

2. Stellen Sie sich vor, Sie würden über das Leben Hoseas einen Film drehen. Welche Kulissen, Darsteller, Hintergrundmusik, Lichteffekte etc. würden Sie wählen, um die zentrale Botschaft dieses Buches zu übermitteln?
3. Lesen Sie noch einmal die folgenden Verse und wählen Sie den SCHLÜSSELVERS für das Buch Hosea – den Vers, der am besten das ausdrückt, worum es in diesem Buch geht: 3,1; 4,1; 11,7-9 oder 13,9-10.
4. Welches ist Ihrer Meinung nach das Hauptthema (oder die Hauptthemen) im Buch Hosea?
5. DEM ERRETTER AUF DER SPUR – Welche Wörter, Bilder oder Themen im Buch Hosea haben Sie besonders an Jesus erinnert?
6. Angenommen, Hosea wäre das einzige Buch im Alten Testament. Inwiefern würde es dennoch eine gute Hinführung zu der Botschaft Jesu im Neuen Testament sein?
7. Wie würden Sie die folgende Aussage auf der Grundlage Ihrer eigenen Erfahrung so vervollständigen, daß sie für Sie die größtmögliche Bedeutung gewinnt: Ich glaube, es ist wichtig, daß Christen das Buch Hosea lesen und durcharbeiten, weil ...«

JOEL

Überblick

(Besprechen Sie diese Überblicksfragen sowohl zu Beginn Ihrer Bearbeitung des Buches Joel als auch, nachdem Sie alle drei Kapitel durchgenommen haben. Es könnte sein, daß Ihre Antworten vollkommen anders ausfallen, nachdem Sie sich sehr intensiv mit dem ganzen Buch auseinandergesetzt haben.)

Einstieg: Welche Bilder fallen Ihnen ein, wenn Sie an die *Macht* Gottes denken?

Was steht im Text?

1. Bevor Sie sich intensiver mit dem Buch Joel befassen, sollten Sie zusammentragen, was Sie bereits über dieses Buch wissen.
2. Suchen Sie in den folgenden Versen den Ausdruck, der immer wiederkehrt: 1,15; 2,11; 2,31 und 3,14. Wie würden Sie diesen Ausdruck mit eigenen Worten umschreiben, und welche Hinweise liefert er Ihrer Meinung nach auf die zentrale Botschaft dieses Buches?
3. Sehen Sie sich auch auf Seite 10 die Liste mit Fragen an, die Sie sich vor der Bearbeitung der einzelnen Bücher stellen sollten.

Für das Leben heute

4. Das Buch Joel ist unter den verschiedensten Überschriften zusammengefaßt worden: »Prophetie der Plagen«, »Gericht geht der geistlichen Erneuerung voraus«, »Gott straft und stellt wieder her«, »Das Buch über die Härte und Güte Gottes« und »Der Tag des Herrn und das Gericht über die Nationen«. Welche Antworten, Richtlinien und Lösungen versprechen Sie sich auf diesem Hintergrund von der Bearbeitung dieses Buches?
5. Wenn Sie in den Himmel kommen, sich mit Joel unterhalten und er Sie fragt: »Was hat dir in meinem Buch am meisten geholfen?«, was würden Sie gern antworten?
6. Wenn Sie bedenken, *wer Gott ist* und *was die Bibel* ist, wie würden Sie auf einer Skala von eins bis zehn Ihren Wunsch einschätzen, das Buch Joel besser zu verstehen (eins = überhaupt kein Interesse, zehn = sehr großes Interesse)?
7. Wie würde nach dem, was Sie in 2,12-13 lesen, Ihr persönliches Gebet lauten, das Sie während der Bearbeitung dieses Buches sprechen würden?

Joel 1

Was steht im Text?

1. Wie beschreibt dieses Kapitel die Heuschreckenplage? Und welche Reaktion wird vom Volk Gottes in der letzten Hälfte dieses Kapitels erwartet?

Für das Leben heute

2. In Sprüche 2,1-5 wird von dem aufrichtigen Menschen gesprochen, der sich nach Weisheit und Verständnis sehnt und in der Schrift danach forscht, als wäre es ein vergrabener Schatz. Dieser Mensch, so sagt Salomo, wird die Furcht des Herrn verstehen und die Erkenntnis Gottes gewinnen. Welchen »verborgenen Schatz« soll Gott Ihnen beim Durcharbeiten des Buches Joel zeigen – der Ihnen klarmacht, wie Gott und seine Weisheit sind? Wenn Sie diesen Wunsch haben, wie würden Sie ihn in Ihren eigenen Worten formulieren?

Joel 2

Was steht im Text?

1. Wozu wird das Volk Gottes in diesem Kapitel aufgefordert?
2. Welche Zusagen werden dem Volk Gottes in diesem Kapitel gegeben?

Das Wesentliche erfassen

3. Was wird in den Versen 10-14 über das Wesen und die Persönlichkeit Gottes gesagt?
4. Was möchte Gott uns in den Versen 18-32 in bezug auf seinen Plan und sein Ziel für sein Volk klarmachen?

Für das Leben heute

5. Wenn Gott dieses Kapitel nur für Sie geschrieben hätte, welche Wörter oder Ausdrücke würde er wohl unterstrichen haben – und warum?
6. In Jeremia 23,29 sagt Gott, daß sein Wort wie ein Feuer und wie ein Hammer ist. Er kann durch sein Wort unsere unsauberen Gedanken und Sehnsüchte wegbrennen. Mit seinem Wort kann er uns aber auch hart treffen und unsere geistliche Härte zerschmettern. Wie würden Sie diese »Feuer-und-Hammer-Macht« Gottes in Ihrem Leben gern am Werk sehen?

ZUR VERTIEFUNG

Sehen Sie sich die Verse 28-33 noch einmal an und überprüfen Sie, wie dieser Abschnitt im Neuen Testament, in Apostelgeschichte 2,16-21 und Römer 10,12 angewandt wird.

JOEL 3

WAS STEHT IM TEXT?

1. Welches ist Ihrer Meinung nach die wunderbarste Zusage in diesem Kapitel? Die eindringlichste Warnung? Die dringlichste Aufforderung? Die ausdrucksstärkste Zukunftsvision? Die schmerzlichste Anklage? Das zutreffendste Bild von Strafgericht und Katastrophe? Und der tiefste Einblick in das Wesen Gottes?

DAS WESENTLICHE ERFASSEN

2. Was möchte Gott uns in den Versen 14-17 in bezug auf sich selbst klarmachen?
3. Stellen Sie sich vor, Sie würden sich im Tempel in Jerusalem aufhalten, als der zwölfjährige Jesus hört, wie dieses Buch von den jüdischen Schriftgelehrten vorgelesen und ausgelegt wird. In Lukas 2,46 lesen wir, daß er auf diese Lehrer hörte und ihnen Fragen stellte. Welche Verse aus diesem Buch würden ihn wohl besonders beeindruckt haben? Welche Fragen würde er gestellt, welche Kommentare abgegeben haben?

FÜR DAS LEBEN HEUTE

4. Überlegen Sie, wie ausgeprägt Ihr Wunsch ist, Gott besser kennenzulernen, und stellen Sie sich die folgende Frage: Welche Erkenntnisse über Gott, die ich in diesem Kapitel gewonnen habe, möchte ich zum gegenwärtigen Zeitpunkt in meinem Leben noch besser verstehen?
5. In Philipper 4,8 heißt es: »Übrigens, Brüder, alles, was wahr, alles, was ehrbar, alles, was gerecht, alles, was rein, alles, was liebenswert, alles, was wohllautend ist, wenn es irgendeine Tugend und wenn es irgendein Lob gibt, das erwägt!« Welche Denkanstöße können Sie in diesem Buch finden, die Ihnen als *wahr, ehrbar, gerecht, rein, liebenswert,* als *Tugend* und *Lob* ins Auge fallen?

Joel: Der Gesamteindruck

(Sprechen Sie noch einmal über die im »Überblick« angegebenen Fragen und bearbeiten Sie die unten aufgeführten.)

1. Um den größtmöglichen Gewinn aus dem Buch Joel zu ziehen, lesen Sie einmal, was der Apostel Paulus in 2. Timotheus 3,16-17 mit Blick auf das Alte Testament schrieb. Dort heißt es, daß *alle* Schrift von großem Nutzen für uns ist, um uns a) zu lehren, b) zu überführen, c) zurechtzuweisen und d) zu unterweisen in der Gerechtigkeit, damit der Mensch Gottes vollkommen sei, zu »jedem guten Werk« völlig zugerüstet. Denken Sie über diese Aufgaben der Bibel nach und überlegen Sie, in welchem dieser Bereiche Ihnen das Buch Joel besonders von Nutzen sein kann.
2. Lesen Sie noch einmal die folgenden Verse und wählen Sie den SCHLÜSSELVERS für das Buch Joel – den Vers, der am besten das ausdrückt, worum es in diesem Buch geht: 2,11; 2,12-13; 2,28-29 oder 2,32.
3. Welches ist Ihrer Meinung nach das Hauptthema (oder die Hauptthemen) im Buch Joel?
4. DEM ERRETTER AUF DER SPUR – Welche Wörter, Bilder oder Themen im Buch Joel haben Sie besonders an Jesus erinnert?
5. Angenommen, der Prophet Joel wäre das einzige Buch im Alten Testament. Inwiefern würde es dennoch eine gute Hinführung zu der Botschaft Jesu im Neuen Testament sein?
6. Wie würden Sie die folgende Aussage auf der Grundlage Ihrer eigenen Erfahrung so vervollständigen, daß sie für Sie die größtmögliche Bedeutung gewinnt: Ich glaube, es ist wichtig, daß Christen das Buch Joel lesen und durcharbeiten, weil ...

AMOS

Überblick

(Besprechen Sie diese Überblicksfragen sowohl zu Beginn Ihrer Bearbeitung des Propheten Amos, als auch, nachdem sie alle neun Kapitel durchgenommen haben. Es könnte sein, daß Ihre Antworten vollkommen anders ausfallen, nachdem Sie sich sehr intensiv mit dem ganzen Buch auseinandergesetzt haben.)

Einstieg: Sprechen Sie über die folgende Frage: In welchen wichtigen Bereichen neigen Christen heute dazu, zu selbstgefällig zu werden? Und was ist Ihrer Meinung nach der Grund für diese Selbstzufriedenheit?

Was steht im Text?

1. Bevor Sie sich intensiver mit dem Propheten Amos befassen, sollten Sie zusammentragen, was Sie bereits über dieses Buch wissen.
2. Suchen Sie in den folgenden Versen das Thema, das besonders ins Auge fällt: 2,7; 3,9; 4,1; 5,11-12; 8,4 und 8,6. Was schließen Sie aus der Art, wie dieses Thema hier präsentiert wird, in bezug auf seine Bedeutung? Was möchte Gott uns damit klarmachen?
3. Sehen Sie sich auch auf Seite 10 die Liste mit Fragen an, die Sie sich vor der Bearbeitung der einzelnen Bücher stellen sollten.

Für das Leben heute

4. Das Buch Amos ist unter den verschiedensten Überschriften zusammengefaßt worden: »Göttliche Strafe folgt unablässiger Sünde«, »Ermahnungen, von der Sünde abzulassen«, »Das Buch des Senkbleis« und »Gott ist gerecht und muß die Sünde richten«. Welche Antworten, Richtlinien und Lösungen versprechen Sie sich auf diesem Hintergrund von der Bearbeitung dieses Buches?
5. Wenn Sie in den Himmel kommen, sich mit Amos unterhalten und er Sie fragt: »Was hat dir in meinem Buch am meisten geholfen?«, was würden Sie gern antworten?
6. Wenn Sie bedenken, *wer Gott ist* und dann *was die Bibel ist*, wie würden Sie auf einer Skala von eins bis zehn Ihren Wunsch einschätzen, den Propheten Amos besser zu verstehen (eins = überhaupt kein Interesse, zehn = sehr großes Interesse)?

7. Wie würde nach dem, was Gott in 5,4 zu seinem Volk sagt, Ihr persönliches Gebet lauten, das Sie während der Bearbeitung dieses Buches sprechen würden?

AMOS 1

WAS STEHT IM TEXT?

1. Welches ist Ihrer Meinung nach die schmerzlichste Anklage in diesem Kapitel? Und das zutreffendste Bild von Strafgericht und Katastrophe?
2. Sehen Sie sich auch auf Seite 9 die Liste mit den Fragen an, die Sie sich während der Bearbeitung der einzelnen Kapitel stellen sollten.

FÜR DAS LEBEN HEUTE

3. In Sprüche 2,1-5 wird von dem aufrichtigen Menschen gesprochen, der sich nach Weisheit und Verständnis sehnt und in der Schrift danach forscht, als wäre es ein vergrabener Schatz. Dieser Mensch, so sagt Salomo, wird die Furcht des Herrn verstehen und die Erkenntnis Gottes gewinnen. Welchen »verborgenen Schatz« soll Gott Ihnen beim Durcharbeiten des Buches Amos zeigen – der Ihnen klarmacht, wie Gott und seine Weisheit sind? Wenn Sie diesen Wunsch haben, wie würden Sie ihn mit Ihren eigenen Worten formulieren?

AMOS 2

WAS STEHT IM TEXT?

1. Welches ist Ihrer Meinung nach die schmerzlichste Anklage in diesem Kapitel? Und das zutreffendste Bild von Strafgericht und Katastrophe?

ZUR VERTIEFUNG

In den Versen 1-3 wird die Zerstörung von Israels unfreundlichen Nachbarn im Südosten beschrieben. Was sagen die folgenden Bibelstellen über dieses Volk aus, das unter das göttliche Strafgericht fallen wird: 1. Mose 19,30-38; 4. Mose 22,1-8; 4. Mose 25,1-3 und 2. Könige 3,26-27?

Amos 3

Was steht im Text?

1. Wenn Sie diese an das Volk Gottes gerichteten Worte lesen, welches ist Ihrer Meinung nach die ausdrucksstärkste Zukunftsvision? Die schmerzlichste Anklage? Das zutreffendste Bild von Strafgericht und Katastrophe? Und der tiefste Einblick in das Wesen Gottes?

Amos 4

Was steht im Text?

1. Welches ist in diesem Kapitel die dringlichste Aufforderung? Die schmerzlichste Anklage? Das zutreffendste Bild von Strafgericht und Katastrophe? Und der tiefste Einblick in das Wesen Gottes?

Das Wesentliche erfassen

2. Was möchte Gott uns in den Versen 12-13 in bezug auf sich selbst klarmachen?

Für das Leben heute

3. Welcher Vers oder welchen Ausdruck in diesem Kapitel möchte Gott Ihnen Ihrer Meinung nach besonders ans Herz legen?

Amos 5

Was steht im Text?

1. Welches ist die eindringlichste Warnung in diesem Kapitel? Die dringlichste Aufforderung? Die ausdrucksstärkste Zukunftsvision? Die schmerzlichste Anklage? Und das zutreffendste Bild von Strafgericht und Katastrophe?

Das Wesentliche erfassen

2. Inwiefern kann dieses Kapitel uns zeigen, was Gott sich von seinem Volk wünscht?

Für das Leben heute

3. Sehen Sie sich Vers 24 noch einmal an. Wie kann ein Christ heute ganz praktisch diesem Gebot nachkommen?
4. In Jeremia 23,29 sagt Gott, daß sein Wort wie ein Feuer und wie ein Hammer ist. Er kann durch sein Wort unsere unsauberen Gedanken und Sehnsüchte wegbrennen. Mit seinem Wort kann er uns aber auch hart treffen und unsere geistliche Härte zerschmettern. Wie würden Sie diese »Feuer-und-Hammer-Macht« Gottes in Ihrem Leben gern am Werk sehen?

Zur Vertiefung

Lesen Sie die Verse 21-24 noch einmal und schlagen Sie dann Maleachi 1,10-14 auf. Welche Ähnlichkeiten erkennen Sie in diesen beiden traurigen Aussagen des Herrn, wovon er die eine vor dem Exil Israels gemacht hat, die andere, nachdem die Verbannten zurückgekehrt waren?

Amos 6

Was steht im Text?

1. Welches ist die eindringlichste Warnung in diesen Worten von Amos? Die ausdrucksstärkste Zukunftsvision? Die schmerzlichste Anklage? Das zutreffendste Bild von Strafgericht und Katastrophe? Und der tiefste Einblick in das Wesen Gottes?

Amos 7

Was steht im Text?

1. Wie würden Sie die Ereignisse dieses Kapitels und ihre Bedeutung zusammenfassen?

Das Wesentliche erfassen

2. Wie würden Sie zusammenfassen, was Amos in diesem Kapitel in bezug auf Gott lernt?

Zur Vertiefung

Lesen Sie noch einmal die dramatische Unterhaltung in den Versen 10-17. Welche Ähnlichkeiten erkennen Sie zwischen der bäuerlichen Herkunft des Amos und der ungeschulten Vollmacht von Petrus und Johannes, als sie sich in Apostelgeschichte 4,8-13 vor den Führern ihres Volkes verantworten?

Amos 8

Was steht im Text?

1. Welches ist Ihrer Meinung nach die ausdrucksstärkste Zukunftsvision in diesem Kapitel? Die schmerzlichste Anklage? Und das zutreffendste Bild von Strafgericht und Katastrophe?

Für das Leben heute

2. In Jesaja 55,10-11 erinnert Gott uns daran, daß er Regen und Schnee vom Himmel schickt, um die Erde zu bewässern und das Leben zu erhalten. In gleichem Maße gibt er sein Wort, um einen bestimmten Zweck zu erfüllen. Was möchte Gott Ihrer Meinung nach durch das Buch Amos im Leben der Christen heute erreichen?

Amos 9

Was steht im Text?

1. Kapitel 9 ist der Schlüssel zum Propheten Amos genannt worden. Was macht dieses Kapitel so bedeutungsvoll?
2. Welches ist Ihrer Meinung nach die wunderbarste Zusage in diesem Kapitel? Die ausdrucksstärkste Zukunftsvision? Das zutreffendste Bild von Strafgericht und Katastrophe? Und der tiefste Einblick in das Wesen Gottes?

Das Wesentliche erfassen

3. Was möchte Gott uns in diesem Kapitel in bezug auf seinen Plan und sein Ziel für sein Volk klarmachen?
4. Welche Aspekte des Wesens und der Persönlichkeit Gottes möchte er uns in den Versen 5-10 klarmachen?

5. Stellen Sie sich vor, Sie würden sich im Tempel in Jerusalem aufhalten, als der zwölfjährige Jesus hört, wie dieser Prophet von den jüdischen Schriftgelehrten vorgelesen und ausgelegt wird. In Lukas 2,46 lesen wir, daß er auf diese Lehrer hörte und ihnen Fragen stellte. Welche Verse aus diesem Buch würden ihn wohl besonders beeindruckt haben? Welche Fragen würde er gestellt, welche Kommentare abgegeben haben?

Für das Leben heute

6. Für welche Erkenntnis aus diesem Kapitel sind Sie besonders dankbar, weil sie von persönlicher Bedeutung für Sie ist?
7. In Philipper 4,8 heißt es: »Übrigens, Brüder, alles, was wahr, alles, was ehrbar, alles, was gerecht, alles, was rein, alles, was liebenswert, alles, was wohllautend ist, wenn es irgendeine Tugend und wenn es irgendein Lob gibt, das erwägt!« Welche Denkanstöße können Sie in diesem Buch finden, die Ihnen als *wahr, ehrbar, gerecht, rein, liebenswert,* als *Tugend* und *Lob* ins Auge fallen?
8. In Römer 15,4 erinnert uns Paulus, daß die alttestamentlichen Schriften uns Geduld und Ausharren auf der einen Seite, aber auch Trost und Ermutigung geben können. Inwiefern wird das Buch Amos in Ihrem Leben dieser Beschreibung gerecht? Inwiefern kann dieses Buch Ihr Bedürfnis nach *Ausharren* und *Ermutigung* erfüllen?

Amos: Der Gesamteindruck

(Sprechen Sie noch einmal über die im »Überblick« angegebenen Fragen und bearbeiten Sie die unten aufgeführten.)

1. Um den größtmöglichen Gewinn aus dem Propheten Amos zu ziehen, lesen Sie einmal, was der Apostel Paulus in 2. Timotheus 3,16-17 mit Blick auf das Alte Testament schrieb. Dort heißt es, daß *alle* Schrift von großem Nutzen für uns ist, um uns a) zu lehren, b) zu überführen, c) zurechtzuweisen und d) zu unterweisen in der Gerechtigkeit, damit der Mensch Gottes vollkommen sei, zu »jedem guten Werk« völlig zugerüstet. Denken Sie ernsthaft über diese Aufgaben der Bibel nach und überlegen Sie, in welchem dieser Bereiche Ihnen das Buch Amos besonders von Nutzen sein kann.
2. Lesen Sie noch einmal die folgenden Verse und wählen Sie den SCHLÜSSELVERS für das Buch Amos – den Vers, der am besten das ausdrückt, worum es in diesem Buch geht: 3,1-2; 5,12; 5,24; 7,7-8 oder 8,11-12.
3. Welches ist Ihrer Meinung nach das Hauptthema (oder die Hauptthemen) in dem Buch Amos?

4. DEM ERRETTER AUF DER SPUR – Welche Wörter, Bilder oder Themen im Buch Amos haben Sie besonders an Jesus erinnert?
5. Angenommen, der Prophet Amos wäre das einzige Buch im Alten Testament. Inwiefern würde es dennoch eine gute Hinführung zu der Botschaft Jesu im Neuen Testament sein?
6. Wie würden Sie die folgende Aussage auf der Grundlage Ihrer eigenen Erfahrung so vervollständigen, daß sie für Sie die größtmögliche Bedeutung gewinnt: Ich glaube, es ist wichtig, daß Christen das Buch Amos lesen und durcharbeiten, weil ...

OBADJA

Einstieg: Sprechen Sie über die folgende Frage: Wann fühlen Sie sich besonders als Kind Gottes?

Überblick

1. Bevor Sie sich intensiver mit dem Propheten Obadja befassen, sollten Sie zusammentragen, was Sie bereits über dieses Buch wissen.
2. Der Prophet Obadja ist unter den verschiedensten Überschriften zusammengefaßt worden: »Das Schicksal einer Nation« und »Sichere Strafe für erbarmungslosen Stolz«. Welche Antworten, Richtlinien und Lösungen versprechen Sie sich auf diesem Hintergrund von der Bearbeitung dieses Buches?
3. Wenn Sie bedenken, *wer Gott ist* und dann *was die Bibel ist,* wie würden Sie auf einer Skala von eins bis zehn Ihren Wunsch einschätzen, den Propheten Obadja besser zu verstehen (eins = überhaupt kein Interesse, zehn = sehr großes Interesse)?
4. Sehen Sie sich auch auf Seite 10 die Liste mit Fragen an, die Sie sich vor der Bearbeitung der einzelnen Bücher stellen sollten.

Was steht im Text?

5. Was genau droht Gott Edom an? Und aus welchen Gründen?
6. Wie würden Sie Edoms Zukunft beschreiben, wie sie in diesem Buch vorhergesagt wird?

Das Wesentliche erfassen

7. Was möchte Gott uns in den Versen 17-21 in bezug auf seinen Plan und sein Ziel für sein Volk klarmachen?
8. Welches ist Ihrer Meinung nach das Hauptthema (oder die Hauptthemen) im Propheten Obadja?
9. Welche kurze Überschrift (vier bis acht Wörter) würden Sie diesem Buch geben, die seinen Inhalt und seine Bedeutung zusammenfaßt?
10. Welchen Vers würden Sie als Schlüsselvers des Propheten Obadja ansehen?

Für das Leben heute

11. In diesem Buch wird beschrieben, wie sehr Gott sein Volk wertschätzt und beschützt. Wie sehr liebt und schätzt Gott Sie und Ihre Gemeinde? Und was wird er tun, um Sie zu beschützen?

Obadja: Der Gesamteindruck

12. Wenn Sie in den Himmel kommen, sich mit Obadja unterhalten und er Sie fragt: »Was hat dir in meinem Buch am meisten geholfen?«, was würden Sie gern antworten?
13. Um den größtmöglichen Gewinn aus dem Buch Obadja zu ziehen, lesen Sie einmal, was der Apostel Paulus in 2. Timotheus 3,16-17 mit Blick auf das Alte Testament geschrieben hat. Dort heißt es, daß *alle* Schrift von großem Nutzen für uns ist, um uns a) zu lehren, b) zu überführen, c) zurechtzuweisen und d) zu unterweisen in der Gerechtigkeit, damit der Mensch Gottes vollkommen sei, zu »jedem guten Werk« völlig zugerüstet. Denken Sie ernsthaft über diese Aufgaben der Bibel nach und überlegen Sie, in welchem dieser Bereiche Ihnen das Buch Obadja besonders von Nutzen sein kann.
14. DEM ERRETTER AUF DER SPUR – Welche Wörter, Bilder oder Themen im Propheten Obadja haben Sie besonders an Jesus erinnert?
15. Wie würden Sie die folgende Aussage auf der Grundlage Ihrer eigenen Erfahrung so vervollständigen, daß sie für Sie die größtmögliche Bedeutung gewinnt: Ich glaube, es ist wichtig, daß Christen den Propheten Obadja lesen und durcharbeiten, weil ...

Zur Vertiefung

Was lesen Sie in den folgenden Bibelstellen über die Geschichte des Konflikts zwischen Edom und Israel: 1. Mose 25,19-26, 4. Mose 20,14-22, 2. Samuel 8,13-14 und 2. Könige 8,20-22?

JONA

Überblick

(Besprechen Sie diese Überblicksfragen sowohl zu Beginn Ihrer Bearbeitung des Propheten Jona als auch, nachdem Sie alle vier Kapitel durchgenommen haben. Es könnte sein, daß Ihre Antworten vollkommen anders ausfallen, nachdem Sie sich sehr intensiv mit dem ganzen Buch auseinandergesetzt haben.)

Einstieg: Haben Sie es schon einmal erlebt, daß es nötig war, sich der Liebe Gottes für einen Menschen zu erinnern, der in Ihren Augen nicht liebenswert war?

Was steht im Text?

1. Bevor Sie sich intensiver mit dem Propheten Jona befassen, sollten Sie zusammentragen, was Sie bereits über dieses Buch wissen.
2. Überfliegen Sie dieses Buch und suchen Sie die Stellen heraus, wo Gott spricht. Was sagen diese Stellen über Gottes Wertvorstellungen und sein Wesen?
3. Suchen Sie die Stellen heraus, wo Jona spricht. Was erkennen Sie aus Jonas Sichtweise von Gott, vor allem in den Versen 1,9; 2,9 und 4,2?
4. Stellen Sie sich vor, Sie würden mit dem Stoff des Buches Jona einen Film produzieren. Welche Kulissen, Darsteller, Hintergrundmusik, Lichteffekte etc. würden Sie wählen, um die zentrale Botschaft dieses Buches zu übermitteln?
5. Sehen Sie sich auch auf Seite 10 die Liste der Fragen an, die Sie sich vor der Bearbeitung der einzelnen Bücher stellen sollten.

Das Wesentliche erfassen

6. Wie erkennen Sie in diesem Buch Gottes souveräne Macht in allen Situationen?
7. Würden Sie Jona als einen schwachen oder einen starken Menschen beschreiben?

Für das Leben heute

8. Das Buch Jona ist unter den verschiedensten Überschriften zusammengefaßt worden: »Die Geschichte eines unwilligen Propheten«, »Ein Prophet läuft vor Gott davon«, »Israels Aufgabe den Nationen gegenüber«, »Das Buch der

Gnade Gottes«, »Gottes Sorge um die Heiden« und »Die universelle Säuberungsaktion der göttlichen Gnade«. Welche Antworten, Richtlinien und Lösungen versprechen Sie sich auf diesem Hintergrund von der Bearbeitung dieses Buches?

9. Wenn Sie in den Himmel kommen, sich mit Jona unterhalten und er Sie fragt: »Was hat dir in dem Buch über mich am meisten geholfen?«, was würden Sie gern antworten?
10. Wenn Sie bedenken, *wer Gott ist* und dann *was die Bibel ist*, wie würden Sie auf einer Skala von eins bis zehn Ihren Wunsch einschätzen, das Buch Jona besser zu verstehen (eins = überhaupt kein Interesse, zehn = sehr großes Interesse)?
11. Wie würde nach dem, was Sie in Jona 2,7 lesen, Ihr persönliches Gebet lauten, das Sie während der Bearbeitung dieses Buches sprechen würden?

Zur Vertiefung

Jonas Name bedeutet »Taube«. Lesen Sie in den folgenden Stellen, wie dieses Wort verwandt wird: Psalm 68,14 und 74,18-19 und Hosea 7,11. Welche Hinweise finden Sie in diesen Versen in bezug auf die Symbolkraft dieses Wortes, und was kann diese Erkenntnis für das Buch Jona bedeuten?

Jona 1

Einstieg: Wenn Sie eine Woche Urlaub bekämen, um jemanden irgendwo auf der Welt zu besuchen, zu wem würden Sie fahren?

Was steht im Text?

1. Wie genau lautete der Auftrag Gottes an Jona?
2. Sind Sie der Meinung, daß Jona vielleicht anders auf den Auftrag Gottes an ihn reagiert hätte, wenn er ein Segenswort nach Ninive hätte bringen sollen?

Das Wesentliche erfassen

3. Wie würden Sie nach dem, was Sie in diesem Kapitel lesen, den Charakter Jonas beschreiben?
4. Wie würden Sie den Charakter der Seeleute auf dem Schiff beschreiben?
5. Lesen Sie 4,2, wo der Grund für Jonas Davonlaufen vor Gott zu finden ist. Wie würden Sie mit eigenen Worten diesen Grund erklären?
6. Was sagt David in Psalm 139,7-12 über das Davonlaufen vor Gott?

Für das Leben heute

7. Ist es in Ihrem Leben schon vorgekommen, daß Sie etwas nicht tun wollten, das Gott von Ihnen gefordert hat? Beschreiben Sie die Gründe ... und die Konsequenzen.

8. In Sprüche 2,1-5 wird von dem aufrichtigen Menschen gesprochen, der sich nach Weisheit und Verständnis sehnt und in der Schrift danach forscht, als wäre es ein vergrabener Schatz. Dieser Mensch, so sagt Salomo, wird die Furcht des Herrn verstehen und die Erkenntnis Gottes gewinnen. Welchen »verborgenen Schatz« soll Gott Ihnen beim Durcharbeiten des Buches Jona zeigen – der Ihnen klarmacht, wie Gott und seine Weisheit sind? Wenn Sie diesen Wunsch haben, wie würden Sie ihn mit Ihren eigenen Worten formulieren?

Jona 2

Was steht im Text?

1. Sind Jonas Worte in diesem Kapitel ein Gebet der Verzweiflung, ein Gebet der Hoffnung oder eine Mischung aus beidem?

Das Wesentliche erfassen

2. Welche wichtigen Erkenntnisse in bezug auf das Wesen und die Persönlichkeit Gottes kommen in Jonas Gebet in diesem Kapitel zum Ausdruck?

3. Welches war Ihrer Meinung nach der Grund für die Hoffnung, die in Jonas Gebet zum Ausdruck kommt?

4. Welches ist der eigentliche Grund für die Veränderung, die sich mit Jona seit den in Kapitel 1 beschriebenen Ereignissen vollzogen hat?

5. Jona sagt, er wolle Gott ein Opfer des Lobes bringen (Vers 9). Wofür kann Jona dankbar sein?

6. Lesen Sie in Matthäus 12,38-40, wie Jesus sich mit Jona vergleicht. Denken Sie, daß das Gebet Jonas auch das Gebet Jesu nach seiner Kreuzigung war?

Für das Leben heute

7. Inwiefern kann dieses Kapitel ein Mustergebet für Christen sein?

8. Wenn Jona in seiner Situation dankbar sein konnte ... welche Gründe haben *Sie* heute, ein Dankgebet zu Gott zu sprechen?

Zur Vertiefung

Lesen Sie Matthäus 12,38-41 und 16,1-4 und Lukas 11,29-32, um zu sehen, wie Jesus Jonas Geschichte in seinem Dienst verwandte.

Jona 3

Einstieg: Wie lange kennen Sie Jonas Geschichte bereits? Welche Eindrücke sind aus der Vergangenheit bei Ihnen hängengeblieben?

Was steht im Text?

1. Welche Anweisungen hat Gott Jona gegeben?
2. Beschreiben Sie die Reaktion des Volkes und des Königs von Ninive auf Gottes Botschaft.

Das Wesentliche erfassen

3. Was sagt dieses Kapitel über das Wesen Gottes aus?

Für das Leben heute

4. In Jesaja 55,10-11 erinnert uns Gott daran, daß er Regen und Schnee vom Himmel schickt, um die Erde zu bewässern und das Leben zu erhalten. In gleichem Maße gibt er sein Wort, um einen bestimmten Zweck zu erfüllen. Was möchte Gott Ihrer Meinung nach durch das Buch Jona im Leben der Christen heute erreichen?

Jona 4

Was steht im Text?

1. Wie würden Sie Jonas Verständnis – oder mangelndes Verständnis – von Gott beschreiben?
2. Wie reagierte Gott auf Jonas Zorn?

Das Wesentliche erfassen

3. Sehen Sie sich die ersten drei Kapitel noch einmal an. Welche Hinweise finden Sie darin auf Jonas Handeln in Kapitel 4?

4. Warum wollte Jona Ihrer Meinung nach sterben (Vers 3)?
5. Was wollte Gott Jona in diesem Kapitel beibringen?
6. Was mag wohl passiert sein, nachdem Jona die Worte Gottes in 4,10-11 gehört hat?
7. Würden Sie Jona als einen Helden beschreiben? Warum oder warum nicht?
8. Wie würden Sie die Erkenntnisse Jonas in bezug auf Gott in diesem Kapitel beschreiben?
9. Stellen Sie sich vor, Sie würden sich im Tempel in Jerusalem aufhalten, als der zwölfjährige Jesus hört, wie dieses Buch von den jüdischen Schriftgelehrten vorgelesen und ausgelegt wird. In Lukas 2,46 lesen wir, daß er auf diese Lehrer hörte und ihnen Fragen stellte. Welche Verse aus diesem Buch würden ihn wohl besonders beeindruckt haben? Welche Fragen würde er Ihrer Meinung nach gestellt, welche Kommentare abgegeben haben?

Für das Leben heute

10. In welchem Zusammenhang steht die Botschaft dieses Kapitels mit dem, was wir in 2. Petrus 3,9 lesen?
11. Ist es gut, die Frage zu stellen, die Gott in Vers 4 geäußert hat, wenn wir Zorn empfinden? Gibt es Zeiten, wo die richtige Antwort auf diese Frage »ja« lautet?

Zur Vertiefung

Das Buch Nahum beschreibt, wie Gott später mit der Stadt Ninive verfahren ist. Vergleichen Sie Nahum 1,1-8 mit dem, was wir im Buch Jona lesen.

Jona: Der Gesamteindruck

(Sprechen Sie noch einmal über die im »Überblick« angegebenen Fragen und bearbeiten Sie die unten aufgeführten.)

1. Um den größtmöglichen Gewinn aus dem Buch Jona zu ziehen, lesen Sie einmal, was der Apostel Paulus in 2. Timotheus 3,16-17 mit Blick auf das Alte Testament schrieb. Dort heißt es, daß *alle* Schrift von großem Nutzen für uns ist, um uns a) zu lehren, b) zu überführen, c) zurechtzuweisen und d) zu unterweisen in der Gerechtigkeit, damit der Mensch Gottes vollkommen sei, zu »jedem guten Werk« völlig zugerüstet. Denken Sie ernsthaft über diese Aufgaben der Bibel nach und überlegen Sie, in welchem dieser Bereiche Ihnen das Buch des Predigers besonders von Nutzen sein kann.
2. Lesen Sie noch einmal die folgenden Verse und wählen Sie den SCHLÜSSELVERS für das Buch Jona – den Vers, der am besten das ausdrückt, worum es in diesem Buch geht: 2,8-9; 3,2; 4,2 oder 4,11.

3. Welches ist Ihrer Meinung nach das Hauptthema (oder die Hauptthemen) des Buches Jona?
4. DEM ERRETTER AUF DER SPUR – Welche Wörter, Bilder oder Themen im Buch Jona haben Sie besonders an Jesus erinnert?
5. Angenommen, der Prophet Jona wäre das einzige Buch im Alten Testament. Inwiefern würde es dennoch eine gute Hinführung zu der Botschaft Jesu im Neuen Testament sein?
6. Wie würden Sie die folgende Aussage auf der Grundlage Ihrer eigenen Erfahrung so vervollständigen, daß sie für Sie die größtmögliche Bedeutung gewinnt: Ich glaube, es ist wichtig, daß Christen das Buch Jona lesen und durcharbeiten, weil ...

MICHA

Überblick

(Besprechen Sie diese Überblicksfragen sowohl zu Beginn Ihrer Bearbeitung des Buches Micha als auch, nachdem Sie alle sieben Kapitel durchgenommen haben. Es könnte sein, daß Ihre Antworten vollkommen anders ausfallen, nachdem Sie sich sehr intensiv mit dem ganzen Buch auseinandergesetzt haben.)

Einstieg: Welche Bilder fallen Ihnen ein, wenn Sie an Gottes *Gericht* denken?

Was steht im Text?

1. Bevor Sie sich intensiver mit dem Buch Micha befassen, sollten Sie zusammentragen, was Sie bereits über dieses Buch wissen.
2. Welcher Gedanke oder welches Thema wird in den folgenden Versen wiederholt: 1,2; 3,1; 6,1-2 und 6,9? Welchen Hinweis gibt Ihnen dies auf die zentrale Botschaft des Buches Micha?
3. Sehen Sie sich auch auf Seite 10 die Liste mit Fragen an, die Sie sich vor der Bearbeitung der einzelnen Bücher stellen sollten.

Für das Leben heute

4. Das Buch Micha ist unter den verschiedensten Überschriften zusammengefaßt worden: »Gott haßt die Sünde, aber er liebt den Sünder«, »Persönliche und soziale Gerechtigkeit«, »Strafe und Freundlichkeit für das Volk Gottes«, »Das Buch von Schicksal und Herrlichkeit« und »Bethlehems König und sein Reich«. Welche Antworten, Richtlinien und Lösungen versprechen Sie sich auf diesem Hintergrund von der Bearbeitung dieses Buches?
5. Wenn Sie in den Himmel kommen, sich mit Micha unterhalten und er Sie fragt: »Was hat dir in meinem Buch am meisten geholfen?«, was würden Sie gern antworten?
6. Wenn Sie bedenken, *wer Gott ist* und dann *was die Bibel ist*, wie würden Sie auf einer Skala von eins bis zehn Ihren Wunsch einschätzen, das Buch Micha besser zu verstehen (eins = überhaupt kein Interesse, zehn = sehr großes Interesse)?
7. Wie würde nach dem, was Sie in 6,8 lesen, Ihr persönliches Gebet lauten, das Sie während der Bearbeitung dieses Buches sprechen würden?

Micha 1

Was steht im Text?

1. Welche Sünden werden in Vers 1 angeprangert?
2. Welches ist Ihrer Meinung nach die dringlichste Aufforderung in diesem Kapitel? Die ausdrucksstärkste Zukunftsvision? Die schmerzlichste Anklage? Und das zutreffendste Bild von Strafgericht und Katastrophe?
3. Sehen Sie sich auch auf Seite 9 die Liste mit Fragen an, die Sie sich während der Bearbeitung der einzelnen Kapitel stellen sollten.

Micha 2

Was steht im Text?

1. Welche Sünden werden in den Versen 1-2 angeprangert?
2. Welches ist Ihrer Meinung nach die wunderbarste Zusage in diesem Kapitel? Die eindringlichste Warnung? Die dringlichste Aufforderung? Die ausdrucksstärkste Zukunftsvision? Die schmerzlichste Anklage? Und das zutreffendste Bild von Strafgericht und Katastrophe?

Das Wesentliche erfassen

3. Was sagt Vers 7 über das Wesen und die Persönlichkeit Gottes aus?

Für das Leben heute

4. Welchen Vers in diesem Kapitel möchte Gott Ihnen besonders ans Herz legen?
5. In Sprüche 2,1-5 wird von dem aufrichtigen Menschen gesprochen, der sich nach Weisheit und Verständnis sehnt und in der Schrift danach forscht, als wäre es ein vergrabener Schatz. Dieser Mensch, so sagt Salomo, wird die Furcht des Herrn verstehen und die Erkenntnis Gottes gewinnen. Welchen »verborgenen Schatz« soll Gott Ihnen beim Durcharbeiten des Buches Micha zeigen – der Ihnen klarmacht, wie Gott und seine Weisheit sind? Wie würden Sie diesen Wunsch mit Ihren eigenen Worten formulieren?

Micha 3

Was steht im Text?

1. Welche Sünden werden in diesem Kapitel angeprangert?
2. Welches ist Ihrer Meinung nach die dringlichste Aufforderung in diesem Kapitel? Die ausdrucksstärkste Zukunftsvision? Die schmerzlichste Anklage? Und das zutreffendste Bild von Strafgericht und Katastrophe?

Micha 4

Was steht im Text?

1. Wenn Sie diese an das Volk Gottes gerichteten Worte Michas lesen, welches ist Ihrer Meinung nach die wunderbarste Zusage? Die dringlichste Aufforderung? Die ausdrucksstärkste Zukunftsvision? Und das zutreffendste Bild von Strafgericht und Katastrophe?

Das Wesentliche erfassen

2. Was möchte Gott uns in diesem Kapitel in bezug auf seinen Plan und sein Ziel für sein Volk klarmachen?

Für das Leben heute

3. Wenn Gott dieses Kapitel nur für Sie geschrieben hätte, welche Wörter oder Sätze hätte er Ihrer Meinung nach unterstrichen – und aus welchem Grund?
4. In Jesaja 55,10-11 erinnert uns Gott daran, daß er Regen und Schnee vom Himmel schickt, um die Erde zu bewässern und das Leben zu erhalten. In gleichem Maße gibt er sein Wort, um einen bestimmten Zweck zu erfüllen. Was möchte Gott Ihrer Meinung nach durch das Buch Micha im Leben der Christen heute erreichen?

Micha 5

Was steht im Text?

1. Welches ist Ihrer Meinung nach die wunderbarste Zusage in diesem Kapitel? Die ausdrucksstärkste Zukunftsvision? Und das zutreffendste Bild von Strafgericht und Katastrophe?
2. Welche Sünden werden in den Versen 12-14 angeprangert?

Das Wesentliche erfassen

3. Welche Wörter oder Ausdrücke sagen besonders viel über den Plan und das Ziel Gottes für sein Volk?
4. Sprechen Sie über die prophetische Erfüllung von Vers 2 (und die Erwartung der Erfüllung), von der Sie in Matthäus 2,1-6 und Lukas 2,1-20 lesen.

Für das Leben heute

5. In Römer 15,4 erinnert uns Paulus, daß die alttestamentlichen Schriften uns Geduld und Ausharren auf der einen Seite, aber auch Trost und Ermutigung geben können. Inwiefern wird das Buch Micha in Ihrem Leben dieser Beschreibung gerecht? Inwiefern kann dieses Buch Ihr Bedürfnis nach *Ausharren* und *Ermutigung* erfüllen?

Micha 6

Was steht im Text?

1. Welches ist Ihrer Meinung nach die dringlichste Aufforderung in diesem Kapitel? Die ausdrucksstärkste Zukunftsvision? Die schmerzlichste Anklage? Das zutreffendste Bild von Strafgericht und Katastrophe? Und der tiefste Einblick in das Wesen Gottes?
2. Welche Sünden werden in den Versen 10-12 angeprangert?

Das Wesentliche erfassen

3. Was sagt Vers 8 über das Wesen und die Persönlichkeit Gottes aus?

Für das Leben heute

4. Sehen Sie sich Vers 8 an und überdenken Sie ihn noch einmal mit Blick auf Ihre persönliche Beziehung zu Gott. Wie würden Sie den folgenden Satz vervollständigen: Was Gott eigentlich von mir möchte, ist ...

5. In Jeremia 23,29 sagt Gott, daß sein Wort wie ein Feuer und wie ein Hammer ist. Er kann durch sein Wort unsere unsauberen Gedanken und Sehnsüchte wegbrennen. Mit seinem Wort kann er uns aber auch hart treffen und unsere geistliche Härte zerschmettern. Wie würden Sie diese »Feuer-und-Hammer-Macht« Gottes in Ihrem Leben gern am Werk sehen?

Zur Vertiefung

Vergleichen Sie die »Forderungen« in Vers 8 mit dem, was Sie in 5. Mose 11,12-13 lesen. Welche Ähnlichkeiten erkennen Sie in diesen beiden Bibelstellen, welche Unterschiede gibt es?

Micha 7

Was steht im Text?

1. Kapitel 7 ist der Schlüssel zum Propheten Micha genannt worden. Was macht dieses Kapitel so bedeutungsvoll?

2. Welche Sünden werden in Vers 3 angeprangert?

3. Welches ist Ihrer Meinung nach die wunderbarste Zusage an das Volk Gottes in diesem Kapitel? Die dringlichste Aufforderung? Die ausdrucksstärkste Zukunftsvision? Die schmerzlichste Anklage? Das zutreffendste Bild von Strafgericht und Katastrophe? Und der tiefste Einblick in das Wesen Gottes?

Das Wesentliche erfassen

4. Welche Aspekte des Wesens und der Persönlichkeit Gottes möchte er uns in den Versen 18-20 besonders vor Augen stellen?

5. Stellen Sie sich vor, Sie würden sich im Tempel in Jerusalem aufhalten, als der zwölfjährige Jesus hört, wie dieses Buch von den jüdischen Schriftgelehrten vorgelesen und ausgelegt wird. In Lukas 2,46 lesen wir, daß er auf diese Lehrer hörte und ihnen Fragen stellte. Welche Verse aus diesem Buch würden ihn wohl besonders beeindruckt haben? Welche Fragen würde er gestellt, welche Kommentare abgegeben haben?

Für das Leben heute

6. Überlegen Sie, wie ausgeprägt Ihr Wunsch ist, Gott besser kennenzulernen, und beantworten Sie die folgende Frage: Welche Erkenntnisse aus diesem Kapitel über ihn soll ich zum gegenwärtigen Zeitpunkt in meinem Leben noch besser verstehen?
7. In Philipper 4,8 heißt es: »Übrigens, Brüder, alles, was wahr, alles, was ehrbar, alles, was gerecht, alles, was rein, alles, was liebenswert, alles, was wohllautend ist, wenn es irgendeine Tugend und wenn es irgendein Lob gibt, das erwägt!« Welche Denkanstöße können Sie in diesem Buch finden, die Ihnen als *wahr, ehrbar, gerecht, rein, liebenswert,* als *Tugend* und *Lob* ins Auge fallen?

Micha: Der Gesamteindruck

(Sprechen Sie noch einmal über die im »Überblick« angegebenen Fragen und bearbeiten Sie die unten aufgeführten.)

1. Um den größtmöglichen Gewinn aus dem Buch Micha zu ziehen, lesen Sie einmal, was der Apostel Paulus in 2. Timotheus 3,16-17 mit Blick auf das Alte Testament schrieb. Dort heißt es, daß *alle* Schrift von großem Nutzen für uns ist, um uns a) zu lehren, b) zu überführen, c) zurechtzuweisen und d) zu unterweisen in der Gerechtigkeit, damit der Mensch Gottes vollkommen sei, zu »jedem guten Werk« völlig zugerüstet. Denken Sie ernsthaft über diese Aufgaben der Bibel nach und überlegen Sie, in welchem dieser Bereiche Ihnen das Buch des Predigers besonders von Nutzen sein kann.
2. Lesen Sie noch einmal die folgenden Verse und wählen Sie den SCHLÜSSELVERS für das Buch Micha – den Vers, der am besten das ausdrückt, worum es in diesem Buch geht: 1,2; 6,8 oder 7,18.
3. Welches ist Ihrer Meinung nach das Hauptthema (oder die Hauptthemen) im Buch Micha?
4. DEM ERRETTER AUF DER SPUR – Welche Wörter, Bilder oder Themen im Buch Micha haben Sie besonders an Jesus erinnert?
5. Angenommen, der Prophet Micha wäre das einzige Buch im Alten Testament. Inwiefern würde es dennoch eine gute Hinführung zu der Botschaft Jesu im Neuen Testament sein?
6. Wie würden Sie die folgende Aussage auf der Grundlage Ihrer eigenen Erfahrung so vervollständigen, daß sie für Sie die größtmögliche Bedeutung gewinnt: Ich glaube, es ist wichtig, daß Christen das Buch Micha lesen und durcharbeiten, weil ...

NAHUM

Überblick

(Besprechen sie diese Überblicksfragen sowohl zu Beginn Ihrer Bearbeitung des Buches Nahum als auch, nachdem Sie alle drei Kapitel durchgenommen haben. Es könnte sein, daß Ihre Antworten vollkommen anders ausfallen, nachdem Sie sich sehr intensiv mit dem ganzen Buch auseinandergesetzt haben.)

Einstieg: Welche Bilder fallen Ihnen ein, wenn Sie an Gottes *Heiligkeit* denken?

Was steht im Text?

1. Bevor Sie sich intensiver mit dem Propheten Nahum befassen, sollten Sie zusammentragen, was Sie bereits über dieses Buch wissen.
2. Überfliegen Sie die drei Kapitel dieses Buches und suchen Sie heraus, wie oft vom Handeln Gottes gesprochen wird.
3. Sehen Sie sich auch auf Seite 10 die Liste mit Fragen an, die Sie sich vor der Bearbeitung der einzelnen Bücher stellen sollten.

Für das Leben heute

4. Das Buch Nahum ist unter den verschiedensten Überschriften zusammengefaßt worden: »Gottes Heiligkeit durch das Gericht gerechtfertigt«, »Das Buch über Halsstarrigkeit und Strafe« und »Das Schicksal einer gottlosen Stadt«. Welche Antworten, Richtlinien und Lösungen versprechen Sie sich auf diesem Hintergrund von der Bearbeitung dieses Buches?
5. Wenn Sie in den Himmel kommen, sich mit Nahum unterhalten und er Sie fragt: »Was hat dir in meinem Buch am meisten geholfen?«, was würden Sie gern antworten?
6. Wenn Sie bedenken, *wer Gott ist* und dann *was die Bibel ist*, wie würden Sie auf einer Skala von eins bis zehn Ihren Wunsch einschätzen, das Buch Nahum besser zu verstehen (eins = überhaupt kein Interesse, zehn = sehr großes Interesse)?
7. Wie würde nach dem, was Sie in 1,7 lesen, Ihr persönliches Gebet lauten, das Sie während der Bearbeitung dieses Buches sprechen würden?

Nahum 1

Was steht im Text?

1. Was will Gott nach dem, was Sie in diesem Kapitel lesen, wegen Ninive unternehmen – und aus welchen Gründen?

Das Wesentliche erfassen

2. Welche Aspekte des Wesens und der Persönlichkeit Gottes möchte er uns in den Versen 2-8 besonders vor Augen stellen?

Nahum 2

Was steht im Text?

1. Welche Zusagen macht Gott in diesem Kapitel in bezug auf Israel und auf Ninive?

Nahum 3

Was steht im Text?

1. Welche Sünden in Ninive werden in diesem Kapitel angeprangert?
2. Welche Zusagen macht Gott in bezug auf Ninive?

Das Wesentliche erfassen

3. Stellen Sie sich vor, Sie würden sich im Tempel in Jerusalem aufhalten, als der zwölfjährige Jesus hört, wie dieses Buch von den jüdischen Schriftgelehrten vorgelesen und ausgelegt wird. In Lukas 2,46 lesen wir, daß er auf diese Lehrer hörte und ihnen Fragen stellte. Welche Verse aus diesem Buch würden den jungen Jesus wohl besonders beeindruckt haben? Welche Fragen würde er gestellt, welche Kommentare abgegeben haben?

Für das Leben heute

4. In Philipper 4,8 heißt es: »Übrigens, Brüder, alles, was wahr, alles, was ehrbar, alles, was gerecht, alles, was rein, alles, was liebenswert, alles, was wohl-

lautend ist, wenn es irgendeine Tugend und wenn es irgendein Lob gibt, das erwägt!« Welche Denkanstöße können Sie in diesem Buch finden, die Ihnen als *wahr, ehrbar, gerecht, rein, liebenswert,* als *Tugend* und *Lob* ins Auge fallen?

NAHUM: DER GESAMTEINDRUCK

(Sprechen Sie noch einmal über die im »Überblick« angegebenen Fragen und bearbeiten Sie die unten aufgeführten.)

1. Um den größtmöglichen Gewinn aus dem Buch Nahum zu ziehen, lesen Sie einmal, was der Apostel Paulus in 2. Timotheus 3,16-17 mit Blick auf das Alte Testament schrieb. Dort heißt es, daß *alle* Schrift von großem Nutzen für uns ist, um uns a) zu lehren, b) zu überführen, c) zurechtzuweisen und d) zu unterweisen in der Gerechtigkeit, damit der Mensch Gottes vollkommen sei, zu »jedem guten Werk« völlig zugerüstet. Denken Sie über diese Aufgaben der Bibel nach und überlegen Sie, in welchem dieser Bereiche Ihnen das Buch Nahum besonders von Nutzen sein kann.
2. Lesen Sie noch einmal die folgenden Verse und wählen Sie den SCHLÜSSELVERS für das Buch Nahum – den Vers, der am besten das ausdrückt, worum es in diesem Buch geht: 1,2-3; 1,7-9 oder 3,5-7.
3. Welches ist Ihrer Meinung nach das Hauptthema (oder die Hauptthemen) im Buch Nahum?
4. DEM ERRETTER AUF DER SPUR – Welche Wörter, Bilder oder Themen im Buch Nahum haben Sie besonders an Jesus erinnert?
5. Wie würden Sie die folgende Aussage auf der Grundlage Ihrer eigenen Erfahrung so vervollständigen, daß sie für Sie die größtmögliche Bedeutung gewinnt: Ich glaube, es ist wichtig, daß Christen das Buch Nahum lesen und durcharbeiten, weil ...

HABAKUK

ÜBERBLICK

(Besprechen Sie diese Überblicksfragen sowohl zu Beginn Ihrer Bearbeitung des Propheten Habakuk als auch, nachdem Sie alle drei Kapitel durchgenommen haben. Es könnte sein, daß Ihre Antworten vollkommen anders ausfallen, nachdem Sie sich sehr intensiv mit dem ganzen Buch auseinandergesetzt haben.)

Einstieg: Haben Sie schon einmal eine Situation erlebt, wo es wichtig war zu wissen, daß Gott über allen Ereignissen und Umständen in Ihrem Leben steht?

WAS STEHT IM TEXT?

1. Bevor Sie sich intensiver mit dem Buch Habakuk befassen, sollten Sie zusammentragen, was Sie bereits über dieses Buch wissen.
2. Überfliegen Sie die drei Kapitel des Propheten Habakuk und suchen Sie die Verse heraus, die besonders viel über die Persönlichkeit des Propheten aussagen.
3. Sehen Sie sich auch auf Seite 10 die Liste mit Fragen an, die Sie sich vor der Bearbeitung der einzelnen Bücher stellen sollten.

FÜR DAS LEBEN HEUTE

4. Das Buch Habakuk ist unter den verschiedensten Überschriften zusammengefaßt worden: »Ein Prophet mit einem Problem«, »Das Reich Gottes und sein Volk werden triumphieren«, »Vertrauen in Gott lernen«, »Die Geheimnisse der Vorsehung« und »Rechtfertigung durch den Glauben als Gottes Weg der Erlösung«. Welche Antworten, Richtlinien und Lösungen versprechen Sie sich auf dieser Grundlage von der Bearbeitung dieses Buches?
5. Wenn Sie in den Himmel kommen, sich mit Habakuk unterhalten und er Sie fragt: »Was hat dir in meinem Buch am meisten geholfen?«, was würden Sie gern antworten?
6. Wenn Sie bedenken, *wer Gott ist* und dann *was die Bibel ist*, wie würden Sie auf einer Skala von eins bis zehn Ihren Wunsch einschätzen, das Buch Habakuk besser zu verstehen (eins = überhaupt kein Interesse, zehn = sehr großes Interesse)?

7. Wie würde nach dem, was Sie in Habakuk 3,18-19 lesen, Ihr persönliches Gebet lauten, das Sie während der Bearbeitung dieses Buches sprechen würden?

Habakuk 1

Was steht im Text?

1. Welche Fragen stellt Habakuk in diesem Kapitel?

Das Wesentliche erfassen

2. Was sagen Habakuks Worte über seine Wertvorstellungen und seine Belange?
3. Welche wichtigen Erkenntnisse hat Habakuk nach dem, was Sie in diesem Kapitel lesen, in bezug auf Gott?

Für das Leben heute

4. Welchen Vers in diesem Kapitel möchte Gott Ihnen besonders ans Herz legen?
5. In Sprüche 2,1-5 wird von dem aufrichtigen Menschen gesprochen, der sich nach Weisheit und Verständnis sehnt und in der Schrift danach forscht, als wäre es ein vergrabener Schatz. Dieser Mensch, so sagt Salomo, wird die Furcht des Herrn verstehen und die Erkenntnis Gottes gewinnen. Welchen »verborgenen Schatz« soll Gott Ihnen beim Durcharbeiten des Buches Habakuk zeigen – der Ihnen klarmacht, wie Gott und seine Weisheit sind? Wie würden Sie diesen Wunsch mit eigenen Worten formulieren?

Zur Vertiefung

Lesen Sie in 2. Könige 23,4 - 24,5, in welcher Zeit Habakuk geweissagt hat. Vergleichen Sie diese Stelle mit Habakuks Beschwerde in den Versen 1-4 in Kapitel 1.

Habakuk 2

Was steht im Text?

1. Wie lauten die fünf »Wehe«, die Gott in diesem Kapitel ausspricht? Da alle etwas ansprechen, das Gott mißfällt, überlegen Sie einmal, was das Gegenteil davon wäre. Ändern Sie den Anfang der betreffenden Sätze (»Weh dem«) in

»Glückselig der« und formulieren Sie die Aussage so um, daß sie etwas beschreibt, das Gott *gefällt*.

2. Welche Zusagen macht Gott in diesem Kapitel – Aussagen, in denen das Wort *will* verwendet wird, um etwas zu beschreiben, das Gott tun wird?

Das Wesentliche erfassen

3. Welche Erkenntnisse in bezug auf Gott gewinnt Habakuk in diesem Kapitel?

Für das Leben heute

4. Welchen Vers in diesem Kapitel möchte Gott Ihnen besonders ans Herz legen?
5. In Jeremia 23,29 sagt Gott, daß sein Wort wie ein Feuer und wie ein Hammer ist. Er kann durch sein Wort unsere unsauberen Gedanken und Sehnsüchte wegbrennen. Mit seinem Wort kann er uns aber auch hart treffen und unsere geistliche Härte zerschmettern. Wie würden Sie diese »Feuer-und-Hammer-Macht« Gottes in Ihrem Leben gern am Werk sehen?

Habakuk 3

Was steht im Text?

1. Welche Bitten spricht Habakuk in Vers 2 aus?
2. Wofür lobt Habakuk Gott in diesem Kapitel?
3. Welche Vorsätze faßt Habakuk in den Versen 16-18?

Das Wesentliche erfassen

4. Welche wichtigen Erkenntnisse hat Habakuk nach dem, was Sie in diesem Kapitel lesen, in bezug auf das Wesen und die Persönlichkeit Gottes?
5. Stellen Sie sich vor, Sie würden sich im Tempel in Jerusalem aufhalten, als der zwölfjährige Jesus hört, wie dieses Buch von den jüdischen Schriftgelehrten vorgelesen und ausgelegt wird. In Lukas 2,46 lesen wir, daß er auf diese Lehrer hörte und ihnen Fragen stellte. Welche Verse aus diesem Buch würden den jungen Jesus wohl besonders beeindruckt haben? Welche Fragen würde er gestellt, welche Kommentare abgegeben haben?

Für das Leben heute

6. Denken Sie an Habakuks Vorbild in diesem Kapitel und beantworten Sie die folgende Frage: Was sollten Christen tun, wenn Gott Gericht über das Volk oder die Gesellschaft um sie herum bringt?
7. Welche Gedanken, Wörter oder Ausdrücke in Habakuks Gebet könnten Sie auch in Ihrem persönlichen Gebet zu Gott zum gegenwärtigen Zeitpunkt in Ihrem Leben verwenden?
8. Überlegen Sie, wie Sie nach dem, was Sie in diesem Kapitel lesen, den folgenden Satz vervollständigen würden: Was Gott eigentlich von mir möchte, ist ...
9. In Philipper 4,8 heißt es: »Übrigens, Brüder, alles, was wahr, alles, was ehrbar, alles, was gerecht, alles, was rein, alles, was liebenswert, alles, was wohllautend ist, wenn es irgendeine Tugend und wenn es irgendein Lob gibt, das erwägt!« Welche Denkanstöße können Sie in diesem Buch finden, die Ihnen als *wahr, ehrbar, gerecht, rein, liebenswert,* als *Tugend* und *Lob* ins Auge fallen?
10. In Jesaja 55,10-11 erinnert uns Gott daran, daß er Regen und Schnee vom Himmel schickt, um die Erde zu bewässern und das Leben zu erhalten. In gleichem Maße gibt er sein Wort, um einen bestimmten Zweck zu erfüllen. Was möchte Gott Ihrer Meinung nach durch das Buch Habakuk im Leben der Christen heute erreichen?

Habakuk: Der Gesamteindruck

(Sprechen Sie noch einmal über die im »Überblick« angegebenen Fragen und bearbeiten Sie die unten aufgeführten.)

1. Um den größtmöglichen Gewinn aus dem Buch Habakuk zu ziehen, lesen Sie einmal, was der Apostel Paulus in 2. Timotheus 3,16-17 mit Blick auf das Alte Testament schrieb. Dort heißt es, daß *alle* Schrift von großem Nutzen für uns ist, um uns a) zu lehren, b) zu überführen, c) zurechtzuweisen und d) zu unterweisen in der Gerechtigkeit, damit der Mensch Gottes vollkommen sei, zu »jedem guten Werk« völlig zugerüstet. Denken Sie ernsthaft über diese Aufgaben der Bibel nach und überlegen Sie, in welchem dieser Bereich Ihnen das Buch Habakuk besonders von Nutzen sein kann.
2. Was sagt dieses Buch über das Gericht Gottes aus?
3. Lesen Sie noch einmal die folgenden Verse und wählen Sie den SCHLÜSSELVERS für das Buch Habakuk aus – den Vers, der am besten das ausdrückt, worum es in diesem Buch geht: 2,4; 3,2 oder 3,17-19.

4. Welches ist Ihrer Meinung nach das Hauptthema (oder die Hauptthemen) im Buch Habakuk?
5. DEM ERRETTER AUF DER SPUR – Welche Wörter, Bilder oder Themen im Buch Habakuk haben Sie besonders an Jesus erinnert?
6. Wie würden Sie die folgende Aussage auf der Grundlage Ihrer eigenen Erfahrung so vervollständigen, daß sie für Sie die größtmögliche Bedeutung gewinnt: Ich glaube, es ist wichtig, daß Christen das Buch Habakuk lesen und durcharbeiten, weil ...
7. Angenommen, der Prophet Habakuk wäre das einzige Buch im Alten Testament. Inwiefern würde es dennoch eine gute Hinführung zu der Botschaft Jesu im Neuen Testament sein?

ZEPHANJA

Überblick

(Besprechen Sie diese Überblicksfragen sowohl zu Beginn Ihrer Bearbeitung des Buches Zephanja als auch, nachdem Sie alle drei Kapitel durchgenommen haben. Es könnte sein, daß Ihre Antworten vollkommen anders ausfallen, nachdem Sie sich sehr intensiv mit dem ganzen Buch auseinandergesetzt haben.)

Einstieg: Welche Bilder fallen Ihnen ein, wenn Sie an das Wort *Hoffnung* denken?

Was steht im Text?

1. Bevor Sie sich intensiver mit dem Buch Zephanja beschäftigen, sollten Sie zusammentragen, was Sie bereits über dieses Buch wissen.
2. Sehen Sie sich auch auf Seite 10 die Liste mit Fragen an, die Sie sich vor der Bearbeitung der einzelnen Bücher stellen sollten.

Für das Leben heute

3. Das Buch Zephanja ist unter den verschiedensten Überschriften zusammengefaßt worden: »Errettung und Segen für den Überrest«, »Gott wird die Welt richten«, »Das Buch des Staunens und des Zorns« und »Der Tag des Herrn muß dem Segen des Reiches vorausgehen«. Welche Antworten, Richtlinien und Lösungen versprechen Sie sich auf diesem Hintergrund von der Bearbeitung dieses Buches?
4. Wenn Sie in den Himmel kommen, sich mit Zephanja unterhalten und er Sie fragt: »Was hat dir in meinem Buch am meisten geholfen?«, was würden Sie ihm gern antworten?
5. Wenn Sie bedenken, *wer Gott ist* und dann *was die Bibel ist*, wie würden Sie auf einer Skala von eins bis zehn Ihren Wunsch einschätzen, das Buch Zephanja besser zu verstehen (eins = überhaupt kein Interesse, zehn = sehr großes Interesse)?
6. Wie würde nach dem, was Sie in 3,17 lesen, Ihr persönliches Gebet lauten, das Sie während der Bearbeitung dieses Buches sprechen würden?

Zephanja 1

Was steht im Text?

1. Wenn Sie diese an das Volk Gottes gerichteten Worte lesen, welches ist Ihrer Meinung nach die eindringlichste Warnung in diesem Text? Die dringlichste Aufforderung? Die ausdrucksstärkste Zukunftsvision? Die schmerzlichste Anklage? Und das zutreffendste Bild von Strafgericht und Katastrophe?

Zephanja 2

Was steht im Text?

1. Welches ist Ihrer Meinung nach die wunderbarste Zusage in diesem Kapitel? Die eindringlichste Warnung? Die dringlichste Aufforderung? Die ausdrucksstärkste Zukunftsvision? Die schmerzlichste Anklage? Und das zutreffendste Bild von Strafgericht und Katastrophe?

Für das Leben heute

2. In Jesaja 55,10-11 erinnert uns Gott daran, daß er Regen und Schnee vom Himmel schickt, um die Erde zu bewässern und das Leben zu erhalten. In gleichem Maße gibt er sein Wort, um einen bestimmten Zweck zu erfüllen. Was möchte Gott Ihrer Meinung nach durch das Buch Zephanja im Leben der Christen heute erreichen?

Zephanja 3

Was steht im Text?

1. Sehen Sie sich in Vers 9 das Bild der Völker an, die Gott dienen. Was möchte Gott uns mit diesem Bild klarmachen? Welche Art von Dienst könnte dies sein?
2. Welches ist Ihrer Meinung nach die wunderbarste Zusage in diesen Worten Zephanjas? Die schönste Ermutigung? Die dringlichste Aufforderung? Die ausdrucksstärkste Zukunftsvision? Die schmerzlichste Anklage? Das zutreffendste Bild von Strafgericht und Katastrophe? Und der tiefste Einblick in das Wesen Gottes?

Das Wesentliche erfassen

3. Was möchte Gott uns in diesem Kapitel in bezug auf seinen Plan und sein Ziel für sein Volk klarmachen?
4. Welche Aspekte des Wesens und der Persönlichkeit Gottes möchte er uns in den Versen 5 und 17 klarmachen?
5. Stellen Sie sich vor, Sie würden sich im Tempel in Jerusalem aufhalten, als der zwölfjährige Jesus hört, wie dieses Buch von den jüdischen Schriftgelehrten vorgelesen und ausgelegt wird. In Lukas 2,46 lesen wir, daß er auf diese Lehrer hörte und ihnen Fragen stellte. Welche Verse aus dem Buch Zephanja würden den jungen Jesus wohl besonders beeindruckt haben? Welche Fragen würde er gestellt, welche Kommentare abgegeben haben?

Für das Leben heute

6. Welche Wörter in diesem Kapitel sind Ihnen in Ihrer gegenwärtigen Situation besonders wichtig geworden – und warum?
7. In Philipper 4,8 heißt es: »Übrigens, Brüder, alles, was wahr, alles, was ehrbar, alles, was gerecht, alles, was rein, alles, was liebenswert, alles, was wohllautend ist, wenn es irgendeine Tugend und wenn es irgendein Lob gibt, das erwägt!« Welche Denkanstöße können Sie in diesem Buch finden, die Ihnen als *wahr, ehrbar, gerecht, rein, liebenswert,* als *Tugend* und *Lob* ins Auge fallen?

Zephanja: Der Gesamteindruck

(Sprechen Sie noch einmal über die im »Überblick« angegebenen Fragen und bearbeiten Sie die unten aufgeführten.)

1. Um den größtmöglichen Gewinn aus dem Buch Zephanja zu ziehen, lesen Sie einmal, was der Apostel Paulus in 2. Timotheus 3,16-17 mit Blick auf das Alte Testament schrieb. Dort heißt es, daß *alle* Schrift von großem Nutzen für uns ist, um uns a) zu lehren, b) zu überführen, c) zurechtzuweisen und d) zu unterweisen in der Gerechtigkeit, damit der Mensch Gottes vollkommen sei, zu »jedem guten Werk« völlig zugerüstet. Denken Sie über diese Aufgaben der Bibel nach und überlegen Sie, in welchem dieser Bereiche Ihnen das Buch Zephanja besonders von Nutzen sein kann.
2. Lesen Sie noch einmal die folgenden Verse und wählen Sie den SCHLÜSSELVERS für das Buch Zephanja – den Vers, der am besten das ausdrückt, worum es in diesem Buch geht: 1,12; 1,14-15 oder 2,3.
3. Welches ist Ihrer Meinung nach das Hauptthema (oder die Hauptthemen) im Buch Zephanja?

4. DEM ERRETTER AUF DER SPUR – Welche Wörter, Bilder oder Themen im Buch Zephanja haben Sie besonders an Jesus erinnert?
5. Wie würden Sie die folgende Aussage auf der Grundlage Ihrer eigenen Erfahrung so vervollständigen, daß sie für Sie die größtmögliche Bedeutung gewinnt: Ich glaube, es ist wichtig, daß Christen das Buch Zephanja lesen und durcharbeiten, weil ...
6. Angenommen, der Prophet Zephanja wäre das einzige Buch im Alten Testament. Inwiefern würde es dennoch eine gute Hinführung zu der Botschaft Jesu im Neuen Testament sein?

HAGGAI

Überblick

(Besprechen Sie diese Überblicksfragen sowohl zu Beginn Ihrer Bearbeitung des Buches Haggai als auch, nachdem Sie die beiden Kapitel durchgenommen haben. Es könnte sein, daß Ihre Antworten vollkommen anders ausfallen, nachdem Sie sich sehr intensiv mit dem ganzen Buch auseinandergesetzt haben.)

Einstieg: Wie würden Sie die Prioritäten im Leben eines Christen setzen?

Was steht im Text?

1. Bevor Sie sich intensiver mit dem Buch Haggai befassen, sollten Sie zusammentragen, was Sie bereits über dieses Buch wissen.
2. Sehen Sie sich auch auf Seite 10 die Liste mit Fragen an, die Sie sich vor der Bearbeitung der einzelnen Bücher stellen sollten.

Für das Leben heute

3. Das Buch Haggai ist unter den verschiedensten Überschriften zusammengefaßt worden: »Die richtigen Prioritäten«, »Der Tempelwiederaufbau und das Reich werden vorhergesagt«, »Das Buch des Baumeisters« und »Gottes Interessen sollten oberste Priorität haben«. Welche Antworten, Richtlinien und Lösungen versprechen Sie sich auf diesem Hintergrund von der Bearbeitung dieses Buches?
4. Wenn Sie in den Himmel kommen, sich mit Haggai unterhalten und er Sie fragt: »Was hat dir in meinem Buch am meisten geholfen?«, was würden Sie gern antworten?
5. Wenn Sie bedenken, *wer Gott ist* und dann *was die Bibel ist,* wie würden Sie auf einer Skala von eins bis zehn Ihren Wunsch einschätzen, das Buch Haggai besser zu verstehen (eins = überhaupt kein Interesse, zehn = sehr großes Interesse)?
6. Wie würde nach dem, was Sie am Handeln des Volkes Israel in 1,12 sehen, Ihr persönliches Gebet lauten, das Sie während der Bearbeitung dieses Buches sprechen würden?

Haggai 1

Was steht im Text?

1. Inwiefern zeigt dieses Kapitel die Konsequenzen von Ungehorsam?
2. Wozu wird das Volk Gottes in diesem Kapitel aufgefordert?

Für das Leben heute

3. Denken Sie noch einmal über die Verse 2 und 3 nach. Was würde Gott zu Ihrem Leben sagen? Wozu ist es in Ihrem Leben Zeit?
4. In Jeremia 23,29 sagt Gott, daß sein Wort wie ein Feuer und wie ein Hammer ist. Er kann durch sein Wort unsere unsauberen Gedanken und Sehnsüchte wegbrennen. Mit seinem Wort kann er uns aber auch hart treffen und unsere geistliche Härte zerschmettern. Wie würden Sie diese »Feuer-und-Hammer-Macht« Gottes in Ihrem Leben gern am Werk sehen?

Haggai 2

Was steht im Text?

1. Inwiefern zeigt dieses Kapitel die Konsequenzen sowohl von Gehorsam als auch von Ungehorsam auf?
2. Welche *Ermutigung* wird in diesem Kapitel ausgesprochen?
3. Welche Zusagen macht Gott in diesem Kapitel?

Das Wesentliche erfassen

4. Stellen Sie sich vor, Sie würden sich im Tempel in Jerusalem aufhalten, als der zwölfjährige Jesus hört, wie dieses Buch von den jüdischen Schriftgelehrten vorgelesen und ausgelegt wird. In Lukas 2,46 lesen wir, daß er auf diese Lehrer hörte und ihnen Fragen stellte. Welche Verse aus dem Buch Haggai würden den jungen Jesus wohl besonders beeindruckt haben? Welche Fragen würde er gestellt, welche Kommentare abgegeben haben?

Für das Leben heute

5. Welche Ermutigung möchte Gott *Ihnen* heute geben? Inwiefern könnte dieses Kapitel Ihnen eine Ermutigung sein?

6. In Philipper 4,8 heißt es: »Übrigens, Brüder, alles, was wahr, alles, was ehrbar, alles, was gerecht, alles, was rein, alles, was liebenswert, alles, was wohllautend ist, wenn es irgendeine Tugend und wenn es irgendein Lob gibt, das erwägt!« Welche Denkanstöße können Sie in diesem Buch finden, die Ihnen als *wahr, ehrbar, gerecht, rein, liebenswert*, als *Tugend* und *Lob* ins Auge fallen?

HAGGAI: DER GESAMTEINDRUCK

(Sprechen Sie noch einmal über die im »Überblick« angegebenen Fragen und bearbeiten Sie die unten aufgeführten.)

1. Um den größtmöglichen Gewinn aus dem Buch Haggai zu ziehen, lesen Sie noch einmal, was der Apostel Paulus in 2. Timotheus 3,16-17 mit Blick auf das Alte Testament schrieb. Dort heißt es, daß *alle* Schrift von großem Nutzen für uns ist, um uns a) zu lehren, b) zu überführen, c) zurechtzuweisen und d) zu unterweisen in der Gerechtigkeit, damit der Mensch Gottes vollkommen sei, zu »jedem guten Werk« völlig zugerüstet. Denken Sie über diese Aufgaben der Bibel nach und überlegen Sie, in welchem dieser Bereiche Ihnen das Buch Haggai von besonderem Nutzen sein kann.
2. Stellen Sie sich vor, Sie würden mit dem Stoff des Buches Haggai einen Film produzieren. Welche Kulissen, Darsteller, Hintergrundmusik, Lichteffekte etc. würden Sie wählen, um die zentrale Botschaft dieses Buches zu übermitteln?
3. Lesen Sie noch einmal die folgenden Verse und wählen Sie den SCHLÜSSELVERS für das Buch Haggai – den Vers, der am besten das ausdrückt, worum es in diesem Buch geht: 1,3; 1,7-8 oder 2,7-9.
4. Welches ist Ihrer Meinung nach das Hauptthema (oder die Hauptthemen) des Buches Haggai?
5. DEM ERRETTER AUF DER SPUR – Welche Wörter, Bilder oder Themen im Buch Haggai haben Sie besonders an Jesus erinnert?
6. Angenommen, der Prophet Haggai wäre das einzige Buch im Alten Testament. Inwiefern würde es dennoch eine gute Hinführung zu der Botschaft Jesu im Neuen Testament sein?
7. Wie würden Sie die folgende Aussage auf der Grundlage Ihrer eigenen Erfahrung so vervollständigen, daß sie für Sie die größtmögliche Bedeutung gewinnt: Ich glaube, es ist wichtig, daß Christen das Buch Haggai lesen und durcharbeiten, weil ...

SACHARJA

Überblick

(Besprechen Sie diese Überblicksfragen sowohl zu Beginn Ihrer Bearbeitung des Buches Sacharja als auch, nachdem Sie alle vierzehn Kapitel durchgenommen haben. Es könnte sein, daß Ihre Antworten vollkommen anders ausfallen, nachdem Sie sich sehr intensiv mit dem ganzen Buch auseinandergesetzt haben.)

Einstieg: Überlegen Sie, wie Ihr Leben vor zehn Jahren aussah. Wäre es damals möglich gewesen vorauszusagen, was sich in den kommenden zehn Jahren in Ihrem Leben ereignen würde?

Was steht im Text?

1. Bevor Sie sich intensiver mit dem Propheten Sacharja befassen, sollten Sie zusammentragen, was Sie bereits über dieses Buch wissen.
2. Sehen Sie sich auch auf Seite 10 die Liste mit Fragen an, die Sie sich vor der Bearbeitung der einzelnen Bücher stellen sollten.

Für das Leben heute

3. Der Prophet Sacharja ist unter den verschiedensten Überschriften zusammengefaßt worden: »Vorausschau«, »Visionen und ein kommender König«, »Das Buch der Zukunft«, »Das Volk, an das sich Gott erinnert« und »Der Herr denkt an sein Volk Israel«. Welche Antworten, Richtlinien und Lösungen versprechen Sie sich auf diesem Hintergrund von der Bearbeitung dieses Buches?
4. Wenn Sie in den Himmel kommen, sich mit Sacharja unterhalten und er Sie fragt: »Was hat dir in meinem Buch am meisten geholfen?«, was würden Sie gern antworten?
5. Wenn Sie bedenken, *wer Gott ist* und dann *was die Bibel ist*, wie würden Sie auf einer Skala von eins bis zehn Ihren Wunsch einschätzen, den Propheten Sacharja besser zu verstehen (eins = überhaupt kein Interesse, zehn = sehr großes Interesse)?
6. Wie würde nach dem, was Sie in den Worten des Herrn in 1,3 lesen, Ihr persönliches Gebet lauten, das Sie während der Bearbeitung dieses Buches sprechen würden?

Sacharja 1

Was steht im Text?

1. Welches ist Ihrer Meinung nach die wunderbarste Zusage in den Versen 1-6? Die eindringlichste Warnung? Die dringlichste Aufforderung? Und die schmerzlichste Anklage?
2. Sprechen Sie über das, was Sie in den Visionen in den Versen 7-21 lesen. Welche Bedeutung hat jede Vision? Wie wichtig ist jede einzelne?
3. Sehen Sie sich auch auf Seite 9 die Liste mit Fragen an, die Sie sich während der Bearbeitung der einzelnen Kapitel stellen sollten.

Für das Leben heute

4. In Sprüche 2,1-5 wird von dem aufrichtigen Menschen gesprochen, der sich nach Weisheit und Verständnis sehnt und in der Schrift danach forscht, als wäre es ein vergrabener Schatz. Dieser Mensch, so sagt Salomo, wird die Furcht des Herrn verstehen und die Erkenntnis Gottes gewinnen. Welchen »verborgenen Schatz« soll Gott Ihnen beim Durcharbeiten des Buches Sacharja zeigen – der Ihnen klarmacht, wie Gott und seine Weisheit sind? Wie würden Sie diesen Wunsch mit eigenen Worten formulieren?

Sacharja 2

Was steht im Text?

1. Sprechen Sie über alle Einzelheiten in Sacharjas Vision in diesem Kapitel. Welche Bedeutung hat diese Vision? Wie wichtig ist sie?

Sacharja 3

Was steht im Text?

1. Sprechen Sie über alle Einzelheiten in Sacharjas Vision in diesem Kapitel. Welche Bedeutung hat diese Vision? Wie wichtig ist sie?

Sacharja 4

Was steht im Text?

1. Sprechen Sie über alle Einzelheiten in Sacharjas Vision in diesem Kapitel. Welche Bedeutung hat diese Vision? Wie wichtig ist sie?

Das Wesentliche erfassen

2. Wie würden Sie Gottes Botschaft an Serubbabel in Vers 6 in eigenen Worten formulieren?

Sacharja 5

Was steht im Text?

1. Sprechen Sie über alle Einzelheiten in Sacharjas Vision. Welche Bedeutung hat diese Vision? Wie wichtig ist sie?

Sacharja 6

Was steht im Text?

1. Sprechen Sie über alle Einzelheiten in Sacharjas Vision in den Versen 1-8. Welche Bedeutung hat diese Vision? Wie wichtig ist sie?
2. Sehen Sie sich die Worte des Herrn in den Versen 9-15 genau an. Was genau trägt er Sacharja auf – und aus welchem Grund?

Sacharja 7

Was steht im Text?

1. Welches ist Ihrer Meinung nach die eindringlichste Aufforderung in diesem Kapitel? Die schmerzlichste Anklage? Das zutreffendste Bild von Strafgericht und Katastrophe? Und der tiefste Einblick in das Wesen Gottes?

Das Wesentliche erfassen

2. Wie würden Sie nun, da Sie den Propheten Sacharja zur Hälfte durchgearbeitet haben, die wichtigsten Aussagen dieses Buches zusammenfassen?

Für das Leben heute

3. In Jeremia 23,29 sagt Gott, daß sein Wort wie ein Feuer und wie ein Hammer ist. Er kann durch sein Wort unsere unsauberen Gedanken und Sehnsüchte wegbrennen. Mit seinem Wort kann er uns aber auch hart treffen und unsere geistliche Härte zerschmettern. Wie würden Sie diese »Feuer-und-Hammer-Macht« Gottes in Ihrem Leben gern am Werk sehen?

Sacharja 8

Was steht im Text?

1. Welches ist Ihrer Meinung nach die wunderbarste Zusage in diesem Kapitel? Die eindringlichste Aufforderung? Die ausdrucksstärkste Zukunftsvision? Und der tiefste Einblick in das Wesen Gottes?

Das Wesentliche erfassen

2. Was möchte Gott uns in diesem Kapitel in bezug auf seinen Plan und sein Ziel für sein Volk klarmachen?

Für das Leben heute

3. Wenn Gott dieses Kapitel nur für Sie geschrieben hätte, welche Wörter oder Ausdrücke hätte er wohl unterstrichen – und warum?

Sacharja 9

Was steht im Text?

1. Welches ist Ihrer Meinung nach die wunderbarste Zusage in diesem Text? Die eindringlichste Aufforderung? Die ausdrucksstärkste Zukunftsvision? Das zutreffendste Bild von Strafgericht und Katastrophe? Und der tiefste Einblick in das Wesen Gottes?

Das Wesentliche erfassen

2. Sehen Sie sich Vers 9 noch einmal an. Was sagt dieser prophetische Abschnitt über das *Wesen* und den *Dienst* Jesu Christi aus?

Zur Vertiefung

Sprechen Sie über die Erfüllung der Prophezeiung von Vers 9, die Sie in Matthäus 21,1-9 und Johannes 12,12-16 nachlesen können.

Sacharja 10

Was steht im Text?

1. Wenn Sie diese an das Volk Gottes gerichteten Worte lesen, welches ist Ihrer Meinung nach die wunderbarste Zusage in diesem Text? Die schönste Ermutigung? Die dringlichste Aufforderung? Die ausdrucksstärkste Zukunftsvision? Die schmerzlichste Anklage? Und der tiefste Einblick in das Wesen Gottes?

Das Wesentliche erfassen

2. Inwiefern hilft uns dieses Kapitel zu verstehen, was Gott sich für sein Volk am meisten wünscht?

Für das Leben heute

3. In Jesaja 55,10-11 erinnert uns Gott daran, daß er Regen und Schnee vom Himmel schickt, um die Erde zu bewässern und das Leben zu erhalten. In gleichem Maße gibt er sein Wort, um einen bestimmten Zweck zu erfüllen. Was möchte Gott Ihrer Meinung nach durch das Buch Sacharja im Leben der Christen heute erreichen?

Sacharja 11

Was steht im Text?

1. Sehen Sie sich die Verse 4-17 an. Welche Bedeutung hat das, was Sacharja hier tut? Wie wichtig ist es?

Für das Leben heute

2. In Römer 15,4 erinnert uns Paulus, daß die alttestamentlichen Schriften uns Geduld und Ausharren auf der einen Seite, aber auch Trost und Ermutigung geben können. Inwiefern wird das Buch Sacharja in Ihrem Leben dieser Beschreibung gerecht? Inwiefern kann dieses Buch Ihr Bedürfnis nach *Ausharren* und *Ermutigung* erfüllen?

Sacharja 12

Was steht im Text?

1. Welches ist Ihrer Meinung nach die wunderbarste Zusage in diesem Kapitel? Die ausdrucksstärkste Zukunftsvision? Und das zutreffendste Bild von Strafgericht und Katastrophe?

Das Wesentliche erfassen

2. Was möchte Gott uns in Vers 1 in bezug auf sich selbst klarmachen?
3. Welche Wörter oder Ausdrücke in diesem Kapitel sagen etwas aus über den Plan und das Ziel Gottes für sein Volk?

Zur Vertiefung

Wie ist Vers 10 in Johannes 19,34-37 wiederzufinden?

Sacharja 13

Was steht im Text?

1. Welche Prophezeiungen in diesem Kapitel weisen Ihrer Meinung nach direkt auf Jesus Christus hin?

Zur Vertiefung

Sehen Sie sich die messianischen Prophezeiungen in Vers 7 noch einmal an. Lesen Sie nun, wie Jesus diese Stelle in Matthäus 26,31-37 und Markus 14,27-31 verwandte.

Sacharja 14

Was steht im Text?

1. Kapitel 14 ist der Schlüssel zum Buch Sacharja genannt worden. Was macht dieses Kapitel so bedeutungsvoll?
2. Wenn Sie die verschiedenen Prophezeiungen in diesem Kapitel noch einmal lesen, welche erinnern Sie an Stellen aus dem Neuen Testament und an Lehren, die Ihnen vertraut sind?

Das Wesentliche erfassen

3. Was wird hier über das Wesen und die Persönlichkeit Gottes gesagt?
4. Was wird hier über den Plan und das Ziel Gottes für sein Volk gesagt?
5. Stellen Sie sich vor, Sie würden sich im Tempel in Jerusalem aufhalten, als der zwölfjährige Jesus hört, wie dieses Buch von den jüdischen Schriftgelehrten vorgelesen und ausgelegt wird. In Lukas 2,46 lesen wir, daß er auf diese Lehrer hörte und ihnen Fragen stellte. Welche Verse aus diesem Buch würden den jungen Jesus wohl besonders beeindruckt haben? Welche Fragen würde er gestellt, welche Kommentare abgegeben haben?

Für das Leben heute

6. In Philipper 4,8 heißt es: »Übrigens, Brüder, alles, was wahr, alles, was ehrbar, alles, was gerecht, alles, was rein, alles, was liebenswert, alles, was wohllautend ist, wenn es irgendeine Tugend und wenn es irgendein Lob gibt, das erwägt!« Welche Denkanstöße können Sie in diesem Buch finden, die Ihnen als *wahr, ehrbar, gerecht, rein, liebenswert*, als *Tugend* und *Lob* ins Auge fallen?

Sacharja: Der Gesamteindruck

(Sprechen Sie noch einmal über die im »Überblick« angegebenen Fragen und bearbeiten Sie die unten aufgeführten.)

1. Um den größtmöglichen Gewinn aus dem Buch Sacharja zu ziehen, lesen Sie einmal, was der Apostel Paulus in 2. Timotheus 3,16-17 mit Blick auf das Alte Testament schrieb. Dort heißt es, daß *alle* Schrift von großem Nutzen für uns ist, um uns a) zu lehren, b) zu überführen, c) zurechtzuweisen und d) zu unterweisen in der Gerechtigkeit, damit der Mensch Gottes vollkommen sei zu »jedem guten Werk« völlig zugerüstet. Denken Sie über diese Aufgaben der Bibel nach und überlegen Sie, in welchem dieser Bereiche Ihnen das Buch Sacharja besonders von Nutzen sein kann.

2. Lesen Sie noch einmal die folgenden Verse und wählen Sie den SCHLÜSSELVERS für das Buch Sacharja – den Vers, der am besten das ausdrückt, worum es in diesem Buch geht: 1,3; 8,3 oder 9,9-10.
3. Welches ist Ihrer Meinung nach das Hauptthema (oder die Hauptthemen) im Buch Sacharja?
4. DEM ERRETTER AUF DER SPUR – Welche Wörter, Bilder oder Themen im Buch Sacharja haben Sie besonders an Jesus erinnert?
5. Angenommen, der Prophet Sacharja wäre das einzige Buch im Alten Testament. Inwiefern würde es dennoch eine gute Hinführung zu der Botschaft Jesu im Neuen Testament sein?
6. Wie würden Sie die folgende Aussage auf der Grundlage Ihrer eigenen Erfahrung so vervollständigen, daß sie für Sie die größtmögliche Bedeutung gewinnt: Ich glaube, es ist wichtig, daß Christen das Buch Sacharja lesen und durcharbeiten, weil ...

MALEACHI

Überblick

(Besprechen Sie diese Überblicksfragen sowohl zu Beginn Ihrer Bearbeitung des Buches Maleachi als auch, nachdem Sie alle drei Kapitel durchgearbeitet haben. Es könnte sein, daß Ihre Antworten vollkommen anders ausfallen, nachdem Sie sich sehr intensiv mit dem ganzen Buch auseinandergesetzt haben.)

Einstieg: Überlegen Sie, was Ihnen helfen würde, Ihre Beziehung zu Gott wieder in Ordnung zu bringen, nachdem Sie sich von ihm entfernt haben.

Was steht im Text?

1. Bevor Sie sich intensiver mit dem Buch Maleachi befassen, sollten Sie zusammentragen, was Sie bereits über dieses Buch wissen.
2. Sehen Sie sich auch auf Seite 10 die Fragen an, die Sie sich vor der Bearbeitung der einzelnen Bücher stellen sollten.

Für das Leben heute

3. Das Buch Maleachi ist unter den verschiedensten Überschriften zusammengefaßt worden: »Dunkle Wolken«, »Letztes Gericht und Warnung«, »Gott trägt seinem Volk auf, ihm gehorsam zu sein« und »Das Gericht wird ganz bestimmt kommen«. Welche Antworten, Richtlinien und Lösungen versprechen Sie sich auf diesem Hintergrund von der Bearbeitung dieses Buches?
4. Wenn Sie in den Himmel kommen, sich mit Maleachi unterhalten und er Sie fragt: »Was hat dir in meinem Buch am meisten geholfen?«, was würden Sie gern antworten?
5. Wenn Sie bedenken, *wer Gott ist* und dann *was die Bibel ist*, wie würden Sie auf einer Skala von eins bis zehn Ihren Wunsch einschätzen, den Propheten Maleachi besser zu verstehen (eins = überhaupt kein Interesse, zehn = sehr großes Interesse)?

Maleachi 1

Was steht im Text?

1. Welche Sünden und welches Versagen prangert der Herr in diesem Kapitel an?
2. Sehen Sie sich auch auf Seite 9 die Liste mit Fragen an, die Sie sich während der Bearbeitung der einzelnen Kapitel stellen sollten.

Das Wesentliche erfassen

3. Was möchte Gott uns in diesem Kapitel in bezug auf sein Wesen und seine Persönlichkeit klarmachen?

Für das Leben heute

4. Welchen Vers oder Ausdruck möchte Gott Ihnen in diesem Kapitel besonders ans Herz legen?
5. In Sprüche 2,1-5 wird von dem aufrichtigen Menschen gesprochen, der sich nach Weisheit und Verständnis sehnt und in der Schrift danach forscht, als wäre es ein vergrabener Schatz. Dieser Mensch, so sagt Salomo, wird die Furcht des Herrn verstehen und die Erkenntnis Gottes gewinnen. Welchen »verborgenen Schatz« soll Gott Ihnen beim Durcharbeiten des Buches Maleachi zeigen – der Ihnen klarmacht, wie Gott und seine Weisheit sind? Wie würden Sie diesen Wunsch mit Ihren eigenen Worten formulieren?

Maleachi 2

Was steht im Text?

1. Welche Sünden und welches Versagen prangert Gott in diesem Kapitel an?
2. Welche *Erwartungen* stellt Gott nach dem, was Sie in diesem Kapitel lesen, an sein Volk?

Für das Leben heute

3. Wenn Gott dieses Kapitel nur für Sie geschrieben hätte, welche Wörter oder Ausdrücke hätte er Ihrer Meinung nach unterstrichen – und warum?
4. In Jesaja 55,10-11 erinnert uns Gott daran, daß er Regen und Schnee vom Himmel schickt, um die Erde zu bewässern und das Leben zu erhalten. In gleichem Maße gibt er sein Wort, um einen bestimmten Zweck zu erfüllen.

Was möchte Gott Ihrer Meinung nach durch das Buch Maleachi im Leben der Christen heute erreichen?

Zur Vertiefung

Die aus dem Exil zurückgekehrten Israeliten sind zu der beschämenden Sitte zurückgekehrt, sich von ihren israelitischen Frauen scheiden zu lassen und heidnische Frauen zu heiraten. Was wird in Matthäus 5,31-32 und 19,4-9 darüber gesagt, wie Gott diese in den Versen 10-16 beschriebene Sitte sieht?

Vergleichen Sie auch, was Sie in Maleachi 2,11-12 lesen, mit Nehemia 13,23-29 und Esra 9-10. Wie sind Esra und Nehemia mit diesem Problem umgegangen, und war ihre Reaktion Ihrer Meinung nach an den Maßstäben orientiert, die hier in Maleachi dargelegt sind?

Maleachi 3

Was steht im Text?

1. Welche Zukunftsvision wird in den Versen 1-5 gegeben? Was verspricht Gott zu tun?
2. Welche Sünden prangert der Herr in den Versen 6-15 an?
3. Wie ist nach den Versen 16-17 die Reaktion Gottes seinem Volk gegenüber, wie die des Volkes Gott gegenüber? Und welche Verheißung gibt Gott in Vers 18?
4. Welche Zukunftsvision wird in den Versen 19-24 gegeben?

Das Wesentliche erfassen

5. Welche Ereignisse im Leben Jesu sind Ihrer Meinung nach die Erfüllung der Prophezeiung Maleachis in den ersten drei Versen dieses Kapitels?
6. Welche Wörter oder Ausdrücke sagen etwas aus über das Wesen Gottes?
7. Stellen Sie sich vor, Sie würden sich im Tempel in Jerusalem aufhalten, als der zwölfjährige Jesus hört, wie dieses Buch von den jüdischen Schriftgelehrten vorgelesen und ausgelegt wird. In Lukas 2,46 lesen wir, daß er auf diese Lehrer hörte und ihnen Fragen stellte. Welche Verse aus diesem Buch würden den jungen Jesus wohl besonders beeindruckt haben? Welche Fragen würde er gestellt, welche Kommentare abgegeben haben?

Für das Leben heute

8. Welcher Vers ist Ihnen in Ihrer gegenwärtigen Situation besonders wichtig geworden?

9. In Jeremia 23,29 sagt Gott, daß sein Wort wie ein Feuer und wie ein Hammer ist. Er kann durch sein Wort unsere unsauberen Gedanken und Sehnsüchte wegbrennen. Mit seinem Wort kann er uns aber auch hart treffen und unsere geistliche Härte zerschmettern. Wie würden Sie diese »Feuer-und-Hammer-Macht« Gottes in Ihrem Leben gern am Werk sehen?
10. Welcher Vers oder welchen Ausdruck möchte Gott Ihnen Ihrer Meinung nach besonders ans Herz legen?
11. In Philipper 4,8 heißt es: »Übrigens, Brüder, alles, was wahr, alles, was ehrbar, alles, was gerecht, alles, was rein, alles, was liebenswert, alles, was wohllautend ist, wenn es irgendeine Tugend und wenn es irgendein Lob gibt, das erwägt!« Welche Denkanstöße können Sie in diesem Kapitel finden, die Ihnen als *wahr, ehrbar, gerecht, rein, liebenswert,* als *Tugend* und *Lob* ins Auge fallen?

Zur Vertiefung

Lesen Sie noch einmal die Verse 19-24 dieses letzten Kapitels im Alten Testament. Schlagen Sie nun Offenbarung 22,12-21, die letzten Worte des Neuen Testaments, auf. Welche Ähnlichkeiten können Sie in diesen Bibelstellen erkennen, welche Unterschiede?

Maleachi: Der Gesamteindruck

(Sprechen Sie noch einmal über die im »Überblick« angegebenen Fragen und bearbeiten Sie die unten aufgeführten.)

1. Um den größtmöglichen Gewinn aus dem Buch Maleachi zu ziehen, lesen Sie einmal, was der Apostel Paulus in 2. Timotheus 3,16-17 mit Blick auf das Alte Testament schrieb. Dort heißt es, daß *alle* Schrift von großem Nutzen für uns ist, um uns a) zu lehren, b) zu überführen, c) zurechtzuweisen und d) zu unterweisen in der Gerechtigkeit, damit der Mensch Gottes vollkommen sei, zu »jedem guten Werk« völlig zugerüstet. Denken Sie über diese Aufgaben der Bibel nach und überlegen Sie, in welchem dieser Bereiche Ihnen das Buch Maleachi besonders von Nutzen sein kann.
2. Lesen Sie noch einmal die folgenden Verse und wählen Sie den SCHLÜSSELVERS für das Buch Maleachi – den Vers, der am besten das ausdrückt, worum es in diesem Buch geht: 3,1; 3,19-20 oder 3,23-24.
3. Welches ist Ihrer Meinung nach das Hauptthema (oder die Hauptthemen) im Buch Maleachi?
4. DEM ERRETTER AUF DER SPUR – Welche Wörter, Bilder oder Themen im Buch Maleachi haben Sie besonders an Jesus erinnert?

5. Angenommen, der Prophet Maleachi wäre das einzige Buch im Alten Testament. Inwiefern würde es dennoch eine gute Hinführung zu der Botschaft Jesu im Neuen Testament sein?
6. Wie würden Sie die folgende Aussage auf der Grundlage Ihrer eigenen Erfahrung so vervollständigen, daß sie für Sie die größtmögliche Bedeutung gewinnt: Ich glaube, es ist wichtig, daß Christen das Buch Maleachi lesen und durcharbeiten, weil ...

Leitfaden zum Studium biblischer Themen

Diesen Anhang können Sie für einen thematischen Ansatz Ihrer Bibelgespräche verwenden. Die Themenbereiche sind alphabetisch geordnet. Für jedes Stichwort werden ein paar kurze, aber sehr wichtige Diskussionsfragen gestellt, dazu sind einige Bibelstellen angegeben, die Sie gemeinsam lesen sollten. (Bei längeren Stellen ist es empfehlenswert, die für das entsprechende Kapitel der Bibel im *Gesprächsführer zur Bibel* aufgeführten Fragen zur Hand zu nehmen.)

Anbetung

1. Welche Gedanken und Bilder verbinden Sie mit dem Wort *Anbetung*? Wann haben Sie ganz besonders das Bedürfnis, Gott anzubeten? Wann fällt es Ihnen schwer, Gott anzubeten?
2. Wie würden Sie das Wort *Anbetung* definieren?
3. Überlegen Sie, in welchem Zusammenhang zum Thema *Anbetung* die folgenden Bibelstellen stehen. Gehen Sie mit einem ganz neuen Ansatz an diese Verse heran, und achten Sie vor allem auf a) die Gebote und Wertmaßstäbe Gottes, b) das Beispiel eines anderen, von dem Sie lernen können, c) eine Verheißung von Gott, an die Sie sich halten können, d) eine Warnung, die zu beachten ist, oder e) eine Herausforderung, der Sie sich stellen sollten.
   - ▷ 1. Könige 18,21-39
   - ▷ Psalm 5,8; 27,8; 35,18; 57,10-12; 92,2-3; 95,1-7; 100; 113; 148; 150
   - ▷ Matthäus 4,10
   - ▷ Johannes 4,23-24
   - ▷ Römer 1,21-25; 12,1-2
   - ▷ Epheser 3,20-21
   - ▷ Kolosser 3,16-17
4. Welche grundlegenden Prinzipien können Sie in diesen Versen erkennen (Prinzipien, die auch in anderen Ihnen bekannten Bibelstellen zu finden sind)?
5. Beantworten Sie nun auf dem Hintergrund dessen, was Sie in den obengenannten Bibelstellen erkannt haben, die folgenden Fragen: a) Was möchte Gott mir in bezug auf sich selbst klarmachen? b) Was möchte Gott mir in bezug auf andere klarmachen? c) Was möchte Gott mir in bezug auf mich selbst klarmachen? Und wenn ich all das bedenke, was soll ich nach dem Willen Gottes *tun*?

Ausharren

1. Welche Gedanken und Bilder verbinden Sie mit dem Wort *Ausharren*?
2. Wie würden Sie das Wort *Ausharren* definieren?
3. Überlegen Sie, in welchem Zusammenhang zum Thema *Ausharren* die folgenden Bibelstellen stehen. Gehen Sie mit einem ganz neuen Ansatz an diese Verse heran, und achten Sie vor allem auf a) Gebote und Wertmaßstäbe Gottes, b) das Beispiel eines anderen Menschen, von dem Sie lernen können, c) eine Verheißung von Gott, an die Sie sich halten können, d) eine Warnung, die zu beachten ist, oder e) eine Herausforderung, der Sie sich stellen sollten.
   - ▷ Römer 15,4-5
   - ▷ 1. Korinther 15,58
   - ▷ Galater 6,9-10
   - ▷ 2. Timotheus 4,7-8
   - ▷ Hebräer 3,12-14; 6,10-12; 10,23; 10,35-36; 12,1-3
   - ▷ Jakobus 1,3-4
4. Welche grundlegenden Prinzipien können Sie in diesen Versen erkennen (Prinzipien, die auch in anderen Ihnen bekannten Bibelstellen, zu finden sind)?
5. Beantworten Sie nun auf dem Hintergrund dessen, was Sie in den obengenannten Bibelstellen erkannt haben, die folgenden Fragen: a) Was möchte Gott mir in bezug auf sich selbst klarmachen? b) Was möchte Gott mir in bezug auf andere Menschen klarmachen? c) Was möchte Gott mir in bezug auf mich selbst klarmachen? Und wenn ich all das bedenke, was soll ich nach dem Willen Gottes *tun*?

Belohnung

1. Welche Gedanken und Bilder verbinden Sie mit dem Wort *Belohnung*?
2. Diskutieren Sie die folgende Aussage: Es ist unmöglich, als Christ ein ausgefülltes Leben zu führen, ohne nach der Belohnung zu streben, die Gott denen versprochen hat, die ihn lieben.
3. Überlegen Sie, in welchem Zusammenhang zum Thema *Belohnung* die folgenden Verse stehen. Gehen Sie mit einem ganz neuen Ansatz an diese Bibelstellen heran, und achten Sie vor allem auf a) Gebote und Wertmaßstäbe Gottes, b) das Vorbild eines anderen Menschen, von dem Sie lernen können, c) eine Verheißung von Gott, an die Sie sich halten können, d) eine Warnung, die zu beachten ist, oder e) eine Herausforderung, der Sie sich stellen sollten.
   - ▷ 2. Chronik 15,7

- ▷ Psalm 4,9
- ▷ Daniel 12,3
- ▷ Matthäus 19,28-30; 25,14-46
- ▷ Epheser 6,7-8
- ▷ 2. Timotheus 4,7-8
- ▷ Hebräer 10,35-38
- ▷ 1. Petrus 3,9-12
- ▷ 2. Petrus 1,10-11

4. Welche grundlegenden Prinzipien können Sie in diesen Versen erkennen (Prinzipien, die auch in anderen Ihnen bekannten Bibelstellen zu finden sind)?
5. Beantworten Sie nun auf dem Hintergrund dessen, was Sie in den obengenannten Bibelstellen erkannt haben, die folgenden Fragen: a) Was möchte Gott mir in bezug auf sich selbst klarmachen? b) Was möchte Gott mir in bezug auf andere klarmachen? c) Was möchte Gott mir in bezug auf mich selbst klarmachen? Und wenn ich all das bedenke, was soll ich nach dem Willen Gottes *tun*?

Buße

1. Welche Gedanken und Bilder verbinden Sie mit dem Wort *Buße*?
2. Wie würden Sie das Wort *Buße* definieren?
3. Überlegen Sie, in welchem Zusammenhang zum Thema Buße die folgenden Bibelstellen stehen. Gehen Sie mit einem ganz neuen Ansatz an diese Verse heran, und achten Sie vor allem auf a) die Gebote und Wertmaßstäbe Gottes, b) das Beispiel eines anderen Menschen, von dem Sie lernen können, c) eine Verheißung von Gott, an die Sie sich halten können, d) eine Warnung, die zu beachten ist, oder e) eine Herausforderung, der Sie sich stellen sollten.
   - ▷ Jesaja 55,6-7
   - ▷ Hosea 14,1
   - ▷ Amos 5,4
   - ▷ Matthäus 3,1-12
   - ▷ Markus 1,15
4. Welche grundlegenden Prinzipien können Sie in diesen Versen erkennen (Prinzipien, die auch in anderen Ihnen bekannten Bibelstellen zu finden sind)?
5. Beantworten Sie nun auf dem Hintergrund dessen, was Sie in den oben-

genannten Bibelstellen erkannt haben, die folgenden Fragen: a) Was möchte Gott mir in bezug auf sich selbst klarmachen? b) Was möchte Gott mir in bezug auf andere klarmachen? c) Was möchte Gott mir in bezug auf mich selbst klarmachen? Und wenn ich all das bedenke, was soll ich nach dem Willen Gottes *tun*?

Demut

1. Welche Gedanken und Bilder verbinden Sie mit den Wörtern *stolz* und *demütig*? Denken Sie an Menschen, die Sie für demütig halten. Warum sind sie in Ihren Augen demütig? Was tun sie oder tun sie nicht?
2. Wie würden Sie das Wort *demütig* definieren? Wie würden Sie die Bedeutung dieses Wortes einem Kind erklären?
3. Überlegen Sie, in welchem Zusammenhang zur *Demut* die folgenden Bibelstellen stehen. Gehen Sie mit einem ganz neuen Ansatz an diese Verse heran, und achten Sie vor allem auf a) die Gebote und Wertmaßstäbe Gottes, b) das Beispiel eines anderen Menschen, von dem Sie lernen können, c) eine Verheißung von Gott, an die Sie sich halten können, d) eine Warnung, die zu beachten ist, oder e) eine Herausforderung, der Sie sich stellen sollten.
   - ▷ 1. Könige 21,27-29
   - ▷ Psalm 25,8-9
   - ▷ Sprüche 3,7; 3,33-34
   - ▷ Jesaja 6,5; 57,15; 66,2
   - ▷ Micha 6,8
   - ▷ Matthäus 5,3; 11,25-30; 20,20-28
   - ▷ Markus 1,4-8
   - ▷ Epheser 4,1-2
   - ▷ Philipper 2,1-8
   - ▷ Titus 3,1-2
   - ▷ Jakobus 4,6-10
4. Welche grundlegenden Prinzipien können Sie in diesen Versen erkennen (Prinzipien, die auch in anderen Ihnen bekannten Bibelstellen zu finden sind)?
5. Beantworten Sie nun auf dem Hintergrund dessen, was Sie in den obengenannten Bibelstellen erkannt haben, die folgenden Fragen: a) Was möchte Gott mir in bezug auf sich selbst klarmachen? b) Was möchte Gott mir in bezug auf andere klarmachen? c) Was möchte Gott mir in bezug auf mich

selbst klarmachen? Und wenn ich all das bedenke, was soll ich nach dem Willen Gottes *tun*?

DIENST

1. Welche Gedanken und Bilder verbinden Sie mit dem Wort *Diener*? Ist dieses Wort eher negativ oder eher positiv zu verstehen oder eine Mischung aus beidem?
2. Wie würden Sie das Wort *Diener* definieren?
3. Überlegen Sie, in welchem Zusammenhang zum Dienst die folgenden Bibelstellen stehen. Gehen Sie mit einem ganz neuen Ansatz an diese Verse heran, und achten Sie vor allem auf a) die Gebote und Wertmaßstäbe Gottes, b) das Beispiel eines anderen Menschen, von dem Sie lernen können, c) eine Verheißung von Gott, an die Sie sich halten können, d) eine Warnung, die zu beachten ist, oder e) eine Herausforderung, der Sie sich stellen sollten.
   - ▷ Matthäus 20,28
   - ▷ Lukas 10,25-37
   - ▷ Johannes 13,1-17; 15,15
   - ▷ Römer 15,8
   - ▷ Epheser 6,5-8
   - ▷ Philipper 2,5-8
4. Welche grundlegenden Prinzipien können Sie in diesen Versen erkennen (Prinzipien, die auch in anderen Ihnen bekannten Bibelstellen zu finden sind)?
5. Beantworten Sie nun auf dem Hintergrund dessen, was Sie in den obengenannten Bibelstellen erkannt haben, die folgenden Fragen: a) Was möchte Gott mir in bezug auf sich selbst klarmachen? b) Was möchte Gott mir in bezug auf andere klarmachen? c) Was möchte Gott mir in bezug auf mich selbst klarmachen? Und wenn ich all das bedenke, was soll ich nach dem Willen Gottes *tun*?

DISZIPLIN

1. Welche Gedanken und Bilder verbinden Sie mit dem Wort *Disziplin*? Sind sie negativ oder positiv zu verstehen oder eine Mischung aus beidem?
2. Wie würden Sie das Wort *Disziplin* definieren?
3. Überlegen Sie, in welchem Zusammenhang zum Thema Disziplin die folgenden Bibelstellen stehen. Gehen Sie mit einem ganz neuen Ansatz an diese

Verse heran, und achten Sie vor allem auf a) die Gebote und Wertmaßstäbe Gottes, b) das Beispiel eines anderen Menschen, von dem Sie lernen können, c) eine Verheißung von Gott, an die Sie sich halten können, d) eine Warnung, die zu beachten ist, oder e) eine Herausforderung, der Sie sich stellen sollten.

▷ Sprüche 3,11-12; 6,23; 10,17; 12,1; 13,18; 20,30

4. Welche grundlegenden Prinzipien können Sie in diesen Versen erkennen (Prinzipien, die auch in anderen Ihnen bekannten Bibelstellen zu finden sind?
5. Beantworten Sie nun auf dem Hintergrund dessen, was Sie in den obengenannten Bibelstellen erkannt haben, die folgenden Fragen: a) Was möchte Gott mir in bezug auf sich selbst klarmachen? b) Was möchte Gott mir in bezug auf andere klarmachen? c) Was möchte Gott mir in bezug auf mich selbst klarmachen? Und wenn ich all das bedenke, was soll ich nach dem Willen Gottes *tun*?

Ehre

1. Welche Gedanken und Bilder verbinden Sie mit dem Wort *Ehre*?
2. Wie würden Sie das Wort *Ehre definieren?*
3. Überlegen Sie, in welchem Zusammenhang zum Thema Ehre die folgenden Bibelstellen stehen. Gehen Sie mit einem ganz neuen Ansatz an diese Verse heran, und achten Sie vor allem auf a) die Gebote und Wertmaßstäbe Gottes, b) das Beispiel eines anderen Menschen, von dem Sie lernen können, c) eine Verheißung von Gott, an die Sie sich halten können, d) eine Warnung, die zu beachten ist, oder e) eine Herausforderung, der Sie sich stellen sollten.

   ▷ 1. Mose 41,39-44

   ▷ 4. Mose 27,18-20

   ▷ 1. Samuel 2,30; 18,5

   ▷ Psalm 84,12

   ▷ Sprüche 15,33; 20,3; 21,21

   ▷ Daniel 2,46-49

   ▷ Johannes 5,23; 12,26

   ▷ 1. Timotheus 1,17

   ▷ Epheser 6,1-2
4. Welche grundlegenden Prinzipien können Sie in diesen Versen erkennen (Prinzipien, die auch in anderen Ihnen bekannten Bibelstellen zu finden sind)?
5. Beantworten Sie nun auf dem Hintergrund dessen, was Sie in den oben-

genannten Bibelstellen erkannt haben, die folgenden Fragen: a) Was möchte Gott mir in bezug auf sich selbst klarmachen? b) Was möchte Gott mir in bezug auf andere klarmachen? c) Was möchte Gott mir in bezug auf mich selbst klarmachen? Und wenn ich all das bedenke, was soll ich nach dem Willen Gottes *tun*?

EINHEIT

1. Welche Gedanken und Bilder verbinden Sie mit dem Wort *Einheit*?
2. Wie würden Sie das Wort *Einheit* definieren?
3. Überlegen Sie, in welchem Zusammenhang zum Thema Einheit die folgenden Bibelstellen stehen. Gehen Sie mit einem ganz neuen Ansatz an diese Verse heran, und achten Sie vor allem auf a) die Gebote und Wertmaßstäbe Gottes, b) das Beispiel eines anderen Menschen, von dem Sie lernen können, c) eine Verheißung von Gott, an die Sie sich halten können, d) eine Warnung, die zu beachten ist, oder e) eine Herausforderung, der Sie sich stellen sollten.
   - ▷ Psalm 133
   - ▷ Apostelgeschichte 2,42-47
   - ▷ Römer 15,5-6
   - ▷ 1. Korinther 12,12-31
   - ▷ Epheser 4,3-13
   - ▷ Kolosser 3,15
4. Welche grundlegenden Prinzipien können Sie in diesen Versen erkennen (Prinzipien, die auch in anderen Ihnen bekannten Bibelstellen zu finden sind)?
5. Beantworten Sie nun auf dem Hintergrund dessen, was Sie in den obengenannten Bibelstellen erkannt haben, die folgenden Fragen: a) Was möchte Gott mir in bezug auf sich selbst klarmachen? b) Was möchte Gott mir in bezug auf andere klarmachen? c) Was möchte Gott mir in bezug auf mich selbst klarmachen? Und wenn ich all das bedenke, was soll ich nach dem Willen Gottes *tun*?

ENTSCHEIDUNG

1. Welches sind die fünf wichtigsten Entscheidungen, die Sie in Ihrem Leben getroffen haben? Welche wichtige Entscheidung steht im kommenden Monat an?
2. Diskutieren Sie die folgende Aussage: Es gibt keine Situation im Leben, wo man »keine Wahl« hat.

3. Überlegen Sie, in welchem Zusammenhang zum Thema Entscheidung die folgenden Bibelstellen stehen. Gehen Sie mit einem ganz neuen Ansatz an diese Verse heran, und achten Sie vor allem auf a) die Gebote und Wertmaßstäbe Gottes, b) das Beispiel eines anderen Menschen, von dem Sie lernen können, c) eine Verheißung von Gott, an die Sie sich halten können, d) eine Warnung, die zu beachten ist, oder e) eine Herausforderung, der Sie sich stellen sollten.

   ▷ 1. Mose 28,20-22

   ▷ 4. Mose 13,30-33

   ▷ 5. Mose 30,19-20

   ▷ Josua 24,14-15

   ▷ Psalm 73,23-24; 86,11

   ▷ Jesaja 48,17

   ▷ Lukas 14,16-33

   ▷ Philipper 1,21-26

   ▷ Hebräer 11,24-26

4. Welche grundlegenden Prinzipien können Sie in diesen Versen erkennen (Prinzipien, die auch in anderen Ihnen bekannten Bibelstellen zu finden sind)?

5. Beantworten Sie nun auf dem Hintergrund dessen, was Sie in den obengenannten Bibelstellen erkannt haben, die folgenden Fragen: a) Was möchte Gott mir in bezug auf sich selbst klarmachen? b) Was möchte Gott mir in bezug auf andere klarmachen? c) Was möchte Gott mir in bezug auf mich selbst klarmachen? Und wenn ich all das bedenke, was soll ich nach dem Willen Gottes *tun*?

ERFOLG

1. Welche Gedanken und Bilder stehen Ihnen vor Augen, wenn Sie hören, wie jemand als »sehr erfolgreich« beschrieben wird?

2. Wie würden Sie das Wort *Erfolg* auf einer sehr persönlichen Ebene definieren?

3. Überlegen Sie, in welchem Zusammenhang zum Thema Erfolg die folgenden Bibelstellen stehen. Gehen Sie mit einem ganz neuen Ansatz an diese Verse heran, und achten Sie vor allem auf a) die Gebote und Wertmaßstäbe Gottes, b) das Beispiel eines anderen Menschen, von dem Sie lernen können, c) eine Verheißung von Gott, an die Sie sich halten können, d) eine Warnung, die zu beachten ist, oder e) eine Herausforderung, der Sie sich stellen sollten.

- ▷ Josua 1,7-9
- ▷ Nehemia 4
- ▷ Prediger 4,13-16
- ▷ Matthäus 6,32-34
- ▷ Lukas 12,13-21
- ▷ Philipper 3,13-14

4. Welche grundlegenden Prinzipien können Sie in diesen Versen erkennen (Prinzipien, die auch in anderen Ihnen bekannten Bibelstellen zu finden sind)?
5. Beantworten Sie nun auf dem Hintergrund dessen, was Sie in den obengenannten Bibelstellen erkannt haben, die folgenden Fragen: a) Was möchte Gott mir in bezug auf sich selbst klarmachen? b) Was möchte Gott mir in bezug auf andere klarmachen? c) Was möchte Gott mir in bezug auf mich selbst klarmachen? Und wenn ich all das bedenke, was soll ich nach dem Willen Gottes *tun*?

EVANGELISATION

1. Welche Gedanken und Bilder verbinden Sie mit dem Wort *Evangelisation*?
2. Wie würden Sie das Wort *Evangelisation* definieren?
3. Überlegen Sie, in welchem Zusammenhang zum Thema Evangelisation die folgenden Bibelstellen stehen. Gehen Sie mit einem ganz neuen Ansatz an diese Verse heran, und achten Sie vor allem auf a) die Gebote und Wertmaßstäbe Gottes, b) das Beispiel eines anderen Menschen, von dem Sie lernen können, c) eine Verheißung von Gott, an die Sie sich halten können, d) eine Warnung, die zu beachten ist, oder e) eine Herausforderung, der Sie sich stellen sollten.
   - ▷ Psalm 73,27-28
   - ▷ Matthäus 5,13-16; 28,18-20
   - ▷ Markus 16,15
   - ▷ Apostelgeschichte 1,8
   - ▷ 2. Korinther 5,16-21; 6,1-2
   - ▷ Kolosser 4,5-6
   - ▷ Offenbarung 12,10-11
4. Welche grundlegenden Prinzipien können Sie in diesen Versen erkennen (Prinzipien, die auch in anderen Ihnen bekannten Bibelstellen zu finden sind)?

5. Beantworten Sie nun auf dem Hintergrund dessen, was Sie in den obengenannten Bibelstellen erkannt haben, die folgenden Fragen: a) Was möchte Gott mir in bezug auf sich selbst klarmachen? b) Was möchte Gott mir in bezug auf andere klarmachen? c) Was möchte Gott mir in bezug auf mich selbst klarmachen? Und wenn ich all das bedenke, was soll ich nach dem Willen Gottes *tun*?

FAMILIE

1. Wie würden Sie Gottes Plan für die Familie erklären? Denken Sie, daß er mehr als nur einen Plan hat? Wenn ja, welche?
2. Wie würden Sie das Wort *Familie* definieren?
3. Überlegen Sie, in welchem Zusammenhang zum Thema Familie die folgenden Bibelstellen stehen. Gehen Sie mit einem ganz neuen Ansatz an diese Verse heran, und achten Sie vor allem auf a) die Gebote und Wertmaßstäbe Gottes, b) das Beispiel eines anderen Menschen, von dem Sie lernen können, c) eine Verheißung von Gott, an die Sie sich halten können, d) eine Warnung, die zu beachten ist, oder e) eine Herausforderung, der Sie sich stellen sollten.
   - ▷ 1. Mose 2,21-24; 9,1; 18,19
   - ▷ 1. Samuel 1
   - ▷ Sprüche 17,6; 19,13-14; 19,26; 21,9; 22,6; 30,17
   - ▷ Psalm 127,3-5
   - ▷ Epheser 5,22 - 6,4
4. Welche grundlegenden Prinzipien können Sie in diesen Versen erkennen (Prinzipien, die auch in anderen Ihnen bekannten Bibelstellen zu finden sind)?
5. Beantworten Sie nun auf dem Hintergrund dessen, was Sie in den obengenannten Bibelstellen erkannt haben, die folgenden Fragen: a) Was möchte Gott mir in bezug auf sich selbst klarmachen? b) Was möchte Gott mir in bezug auf andere klarmachen? c) Was möchte Gott mir in bezug auf mich selbst klarmachen? Und wenn ich all das bedenke, was soll ich nach dem Willen Gottes *tun*?

FREIHEIT

1. Welche Gedanken und Bilder verbinden Sie mit dem Wort *Freiheit*?
2. Wie würden Sie das Wort *Freiheit* definieren?

3. Überlegen Sie, in welchem Zusammenhang zum Thema Freiheit die folgenden Bibelstellen stehen. Gehen Sie mit einem ganz neuen Ansatz an diese Verse heran, und achten Sie vor allem auf a) die Gebote und Wertmaßstäbe Gottes, b) das Beispiel eines anderen Menschen, von dem Sie lernen können c) eine Verheißung von Gott, an die Sie sich halten können, d) eine Warnung, die zu beachten ist, oder e) eine Herausforderung, der Sie sich stellen sollten.

   ▷ Johannes 8,31-36

   ▷ Römer 8,1-2

   ▷ 2. Korinther 3,17

   ▷ Galater 5,1-2

   ▷ Kolosser 1,13-14

4. Welche grundlegenden Prinzipien können Sie in diesen Versen erkennen, (Prinzipien, die auch in anderen Ihnen bekannten Bibelstellen zu finden sind)?
5. Beantworten Sie nun auf dem Hintergrund dessen, was Sie in den obengenannten Bibelstellen erkannt haben, die folgenden Fragen: a) Was möchte Gott mir in bezug auf sich selbst klarmachen? b) Was möchte Gott mir in bezug auf andere klarmachen? c) Was möchte Gott mir in bezug auf mich selbst klarmachen? Und wenn ich all das bedenke, was soll ich nach dem Willen Gottes *tun*?

FREUDE

1. Welche Gedanken und Bilder verbinden Sie mit dem Wort *Freude*?
2. Wie würden Sie das Wort *Freude* definieren?
3. Überlegen Sie, in welchem Zusammenhang zum Thema Freude die folgenden Bibelstellen stehen. Gehen Sie mit einem ganz neuen Ansatz an diese Verse heran, und achten Sie vor allem auf a) die Gebote und Wertmaßstäbe Gottes, b) das Beispiel eines anderen Menschen, von dem Sie lernen können, c) eine Verheißung von Gott, an die Sie sich halten können, d) eine Warnung, die zu beachten ist, oder e) eine Herausforderung, der Sie sich stellen sollten.

   ▷ 1. Samuel 2,1

   ▷ Nehemia 8,9-12

   ▷ Psalm 68,2-4

   ▷ Prediger 2,1-11; 3,12

   ▷ Jesaja 35

   ▷ Matthäus 5,4

- ▷ Lukas 1,46-49; 15,3-10
- ▷ Johannes 16,22
- ▷ Apostelgeschichte 3,6-10
- ▷ Philipper 4,4
- ▷ 1. Thessalonicher 5,16-18
- ▷ 1. Petrus 1,6-9

4. Welche grundlegenden Prinzipien können Sie in diesen Versen erkennen (Prinzipien, die auch in anderen Ihnen bekannten Bibelstellen zu finden sind)?
5. Beantworten Sie nun auf dem Hintergrund dessen, was Sie in den obengenannten Bibelstellen erkannt haben, die folgenden Fragen: a) Was möchte Gott mir in bezug auf sich selbst klarmachen? b) Was möchte Gott mir in bezug auf andere klarmachen? c) Was möchte Gott mir in bezug auf mich selbst klarmachen? Und wenn ich all das bedenke, was soll ich nach dem Willen Gottes *tun*?

FREUNDSCHAFT

1. Welche Gedanken und Bilder verbinden Sie mit dem Wort *Freund*?
2. Wie würden Sie das Wort *Freund* definieren?
3. Überlegen Sie, in welchem Zusammenhang zum Thema Freundschaft die folgenden Bibelstellen stehen. Gehen Sie mit einem ganz neuen Ansatz an diese Verse heran, und achten Sie vor allem auf a) die Gebote und Wertmaßstäbe Gottes, b) das Beispiel eines anderen Menschen, von dem Sie lernen können, c) eine Verheißung von Gott, an die Sie sich halten können, d) eine Warnung, die zu beachten ist, oder e) eine Herausforderung, der Sie sich stellen sollten.

- ▷ 1. Samuel 18,1-4
- ▷ Hiob 2,11-13
- ▷ Psalm 119,63
- ▷ Sprüche 17,17; 18,24; 27,6
- ▷ Prediger 4,9
- ▷ Johannes 15,13-17
- ▷ Jakobus 4,4

4. Welche grundlegenden Prinzipien können Sie in diesen Versen erkennen (Prinzipien, die auch in anderen Ihnen bekannten Bibelstellen zu finden sind)?

5. Beantworten Sie nun auf dem Hintergrund dessen, was Sie in den obengenannten Bibelstellen erkannt haben, die folgenden Fragen: a) Was möchte Gott mir in bezug auf sich selbst klarmachen? b) Was möchte Gott mir in bezug auf andere klarmachen? c) Was möchte Gott mir in bezug auf mich selbst klarmachen? Und wenn ich all das bedenke, was soll ich nach dem Willen Gottes *tun*?

FRIEDEN

1. Welche Gedanken und Bilder verbinden Sie mit dem Wort *Frieden*?
2. Würden Sie sagen, daß Frieden in erster Linie das Fehlen eines Konfliktes ist – oder ist Frieden vielmehr das *Vorhandensein* von etwas, das Konflikte vertreibt? Was genau ist *Frieden*?
3. Überlegen Sie, in welchem Zusammenhang zum Thema Frieden die folgenden Bibelstellen stehen. Gehen Sie mit einem ganz neuen Ansatz an diese Verse heran, und achten Sie vor allem auf a) die Gebote und Wertmaßstäbe Gottes, b) das Beispiel eines anderen Menschen, von dem Sie lernen können, c) eine Verheißung von Gott, an die Sie sich halten können, d) eine Warnung, die zu beachten ist, oder e) eine Herausforderung, der Sie sich stellen sollten.
   - ▷ 1. Mose 13
   - ▷ Psalm 34,15; 119,165
   - ▷ Sprüche 14,30; 16,7
   - ▷ Jesaja 2,1-5; 26,3
   - ▷ Matthäus 5,9
   - ▷ Markus 9,50
   - ▷ Johannes 14,27
   - ▷ Römer 5,1-5; 12,18
   - ▷ Philipper 4,6-7
   - ▷ Kolosser 3,15
4. Welche grundlegenden Prinzipien können Sie in diesen Versen erkennen, (Prinzipien, die auch in anderen Ihnen bekannten Bibelstellen zu finden sind)?
5. Beantworten Sie nun auf dem Hintergrund dessen, was Sie in den obengenannten Bibelstellen erkannt haben, die folgenden Fragen: a) Was möchte Gott mir in bezug auf sich selbst klarmachen? b) Was möchte Gott mir in bezug auf andere klarmachen? c) Was möchte Gott mir in bezug auf mich selbst klarmachen? Und wenn ich all das bedenke, was soll ich nach dem Willen Gottes *tun*?

Gebet

1. Wie würden Sie auf einer Skala von eins bis zehn die Beständigkeit und Intensität Ihres Gebetslebens zum gegenwärtigen Zeitpunkt Ihres Lebens einschätzen (eins = nicht so beständig und intensiv wie früher, zehn = beständiger und intensiver als früher).
2. Wie würden Sie das Wort *Gebet* definieren?
3. Überlegen Sie, in welchem Zusammenhang zum Thema Gebet die folgenden Bibelstellen stehen. Gehen Sie mit einem ganz neuen Ansatz an diese Verse heran, und achten Sie vor allem auf a) die Gebote und Wertmaßstäbe Gottes, b) das Beispiel eines anderen Menschen, von dem Sie lernen können, c) eine Verheißung von Gott, an die Sie sich halten können, d) eine Warnung, die zu beachten ist, oder e) eine Herausforderung, der Sie sich stellen sollten.
   - ▷ 5. Mose 4,7
   - ▷ 1. Samuel 12,23
   - ▷ 1. Könige 18,36-37
   - ▷ 2. Chronik 7,14
   - ▷ Nehemia 2,4-5
   - ▷ Psalm 5,3; 34,17-18; 42,8; 50,14-15; 88,1; 88,13; 142,1-7
   - ▷ Daniel 9,1-23
   - ▷ Matthäus 6,5-18; 7,7-8; 18,19-20; 21,22; 26,39
   - ▷ Markus 1,35
   - ▷ Lukas 11,1-12; 18,1-8
   - ▷ Johannes 15,7-8
   - ▷ Epheser 6,18
   - ▷ Kolosser 4,2
   - ▷ 1. Thessalonicher 5,17
   - ▷ 1. Timotheus 2,8
   - ▷ Hebräer 10,19-22
   - ▷ Jakobus 5,16
   - ▷ 1. Petrus 3,7; 4,7
   - ▷ 1. Johannes 5,14
4. Welche grundlegenden Prinzipien können Sie in diesen Versen erkennen (Prinzipien, die auch in anderen Ihnen bekannten Bibelstellen zu finden sind)?
5. Beantworten Sie nun auf dem Hintergrund dessen, was Sie in den obengenannten Bibelstellen erkannt haben, die folgenden Fragen: a) Was möchte

Gott mir in bezug auf sich selbst klarmachen? b) Was möchte Gott mir in bezug auf andere klarmachen? c) Was möchte Gott mir in bezug auf mich selbst klarmachen? Und wenn ich all das bedenke, was soll ich nach dem Willen Gottes *tun*?

GEDULD

1. Wie würden Sie das Wort *Geduld* definieren?
2. Wie würden Sie auf einer Skala von eins bis zehn Ihre Geduld zum gegenwärtigen Zeitpunkt in Ihrem Leben einschätzen (eins = viel ungeduldiger als früher, zehn = viel geduldiger als früher)?
3. Überlegen Sie, in welchem Zusammenhang zum Thema Geduld die folgenden Bibelstellen stehen. Gehen Sie mit einem ganz neuen Ansatz an diese Verse heran, und achten Sie vor allem auf a) die Gebote und Wertmaßstäbe Gottes, b) das Beispiel eines anderen Menschen, von dem Sie lernen können, c) eine Verheißung von Gott, an die Sie sich halten können, d) eine Warnung, die zu beachten ist, oder e) eine Herausforderung, der Sie sich stellen sollten.
   - ▷ Hiob 1-2
   - ▷ Psalm 27,14; 40,1-3
   - ▷ Prediger 7,8-9
   - ▷ Römer 12,12
   - ▷ 2. Timotheus 3,10-12
   - ▷ Hebräer 6,12; 12,1-3
   - ▷ Jakobus 5,7-8
4. Welche grundlegenden Prinzipien können Sie in diesen Versen erkennen (Prinzipien, die auch in anderen Ihnen bekannten Bibelstellen zu finden sind)?
5. Beantworten Sie nun auf dem Hintergrund dessen, was Sie in den obengenannten Bibelstellen erkannt haben, die folgenden Fragen: a) Was möchte Gott mir in bezug auf sich selbst klarmachen? b) Was möchte Gott mir in bezug auf andere klarmachen? c) Was möchte Gott mir in bezug auf mich selbst klarmachen? Und wenn ich all das bedenke, was soll ich nach dem Willen Gottes *tun*?

GEHORSAM

1. Welche Gedanken und Bilder verbinden Sie mit dem Wort *Gehorsam*?
2. Wie würden Sie das Wort *Gehorsam* definieren?

3. Überlegen Sie, in welchem Zusammenhang zum Thema Gehorsam die folgenden Bibelstellen stehen. Gehen Sie mit einem ganz neuen Ansatz an diese Verse heran, und achten Sie vor allem auf a) die Gebote und Wertmaßstäbe Gottes, b) das Beispiel eines anderen Menschen, von dem Sie lernen können c) eine Verheißung von Gott, an die Sie sich halten können, d) eine Warnung, die zu beachten ist, oder e) eine Herausforderung, der Sie sich stellen sollten.
   - ▷ 1. Mose 12,1-4
   - ▷ 2. Mose 19,5; 23,20-33
   - ▷ Josua 11,15
   - ▷ 1. Samuel 15,22-23
   - ▷ Esra 7,10
   - ▷ Psalm 25,10; 40,8; 119,56-60
   - ▷ Matthäus 12,50
   - ▷ Lukas 17,7-10; 22,41-42
   - ▷ Johannes 13,15; 14,15; 14,23
   - ▷ Apostelgeschichte 5,29
   - ▷ Hebräer 10,26-29
   - ▷ Jakobus 1,19-27
   - ▷ 1. Johannes 5,2-3
4. Welche grundlegenden Prinzipien können Sie in diesen Versen erkennen (Prinzipien, die auch in anderen Ihnen bekannten Bibelstellen zu finden sind)?
5. Beantworten Sie nun auf dem Hintergrund dessen, was Sie in den obengenannten Bibelstellen erkannt haben, die folgenden Fragen: a) Was möchte Gott mir in bezug auf sich selbst klarmachen? b) Was möchte Gott mir in bezug auf andere klarmachen? c) Was möchte Gott mir in bezug auf mich selbst klarmachen? Und wenn ich all das bedenke, was soll ich nach dem Willen Gottes *tun*?

Geistliche Gaben

1. Welche Gedanken und Bilder verbinden Sie mit dem Wort *geistliche Gaben*?
2. Wie würden Sie den Ausdruck *geistliche Gaben* definieren?
3. Überlegen Sie, in welchem Zusammenhang zum Thema Frieden die folgenden Bibelstellen stehen. Gehen Sie mit einem ganz neuen Ansatz an diese Verse heran, und achten Sie vor allem auf a) die Gebote und Wertmaßstäbe Gottes, b) das Beispiel eines anderen Menschen, von dem Sie lernen können,

c) eine Verheißung von Gott, an die Sie sich halten können, d) eine Warnung, die zu beachten ist, oder e) eine Herausforderung, der Sie sich stellen sollten.

- ▷ Johannes 16,13-15
- ▷ Römer 12,6-8
- ▷ 1. Korinther 12,14
- ▷ Galater 5,22
- ▷ Epheser 4,11
- ▷ 2. Timotheus 1,6-7
- ▷ 1. Petrus 4,11

4. Welche grundlegenden Prinzipien können Sie in diesen Versen erkennen (Prinzipien, die auch in anderen Ihnen bekannten Bibelstellen zu finden sind)?
5. Beantworten Sie nun auf dem Hintergrund dessen, was Sie in den obengenannten Bibelstellen erkannt haben, die folgenden Fragen: a) Was möchte Gott mir in bezug auf sich selbst klarmachen? b) Was möchte Gott mir in bezug auf andere klarmachen? c) Was möchte Gott mir in bezug auf mich selbst klarmachen? Und wenn ich all das bedenke, was soll ich nach dem Willen Gottes *tun*?

Geistlicher Kampf

1. Welche Gedanken und Bilder verbinden Sie mit dem Ausdruck geistlicher Kampf? Wie würden Sie Ihre eigene Erfahrung im geistlichen Kampf beschreiben? Wie oft denken Sie im normalen Alltag daran?
2. Wie würden Sie *geistlichen Kampf* definieren?
3. Überlegen Sie, in welchem Zusammenhang zum Thema geistlicher Kampf die folgenden Bibelstellen stehen. Gehen Sie mit einem ganz neuen Ansatz an diese Verse heran, und achten Sie vor allem auf a) die Gebote und Wertmaßstäbe Gottes, b) das Beispiel eines anderen Menschen, von dem Sie lernen können, c) eine Verheißung von Gott, an die Sie sich halten können, d) eine Warnung, die zu beachten ist, oder e) eine Herausforderung, der Sie sich stellen sollten.

- ▷ Psalm 44,6-8; 60,11-12
- ▷ Sprüche 21,31
- ▷ Römer 12,19-21
- ▷ Epheser 6,10-18
- ▷ 1. Johannes 4,1-6

4. Welche grundlegenden Prinzipien können Sie in diesen Versen erkennen (Prinzipien, die auch in anderen Ihnen bekannten Bibelstellen zu finden sind)?
5. Beantworten Sie nun auf dem Hintergrund dessen, was Sie in den obengenannten Bibelstellen erkannt haben, die folgenden Fragen: a) Was möchte Gott mir in bezug auf sich selbst klarmachen? b) Was möchte Gott mir in bezug auf andere klarmachen? c) Was möchte Gott mir in bezug auf mich selbst klarmachen? Und wenn ich all das bedenke, was soll ich nach dem Willen Gottes *tun*?

Geld und materieller Besitz

1. Welche Gedanken und Bilder verbinden Sie mit dem Wort *Reichtum*? Sind sie eher positiv, eher negativ oder eine gute Mischung?
2. Welche Gedanken und Bilder verbinden Sie mit dem Wort *Armut*? Sind sie überwiegend negativ, eher positiv oder eine gute Mischung?
3. Überlegen Sie, in welchem Zusammenhang zum Thema Geld und materieller Besitz die folgenden Bibelstellen stehen. Gehen Sie mit einem ganz neuen Ansatz an diese Verse heran, und achten Sie vor allem auf a) die Gebote und Wertmaßstäbe Gottes, b) das Beispiel eines anderen Menschen, von dem Sie lernen können, c) eine Warnung, die zu beachten ist, oder e) eine Herausforderung, der Sie sich stellen sollten.
   - ▷ 5. Mose 8,17-19
   - ▷ Psalm 23,1; 49,112
   - ▷ Sprüche 13,11; 18,11
   - ▷ Lukas 12,15-34; 16
   - ▷ 1. Timotheus 6,3-10; 6,17-19
4. Welche grundlegenden Prinzipien können Sie in diesen Versen erkennen (Prinzipien, die auch in anderen Ihnen bekannten Bibelstellen zu finden sind)?
5. Beantworten Sie nun auf dem Hintergrund dessen, was Sie in den obengenannten Bibelstellen erkannt haben, die folgenden Fragen: a) Was möchte Gott mir in bezug auf sich selbst klarmachen? b) Was möchte Gott mir in bezug auf andere klarmachen? c) Was möchte Gott mir in bezug auf mich selbst klarmachen? Und wenn ich all das bedenke, was soll ich nach dem Willen Gottes *tun*?

Gemeinschaft

1. Welche Gedanken und Bilder verbinden Sie mit dem Wort *Gemeinschaft*?
2. Wie würden Sie das Wort *Gemeinschaft* definieren? Bedeutet es innerhalb des

Leibes Christi dasselbe wie das Wort *Einheit*? Ist es möglich, Gemeinschaft ohne Einheit zu erleben? Ist es möglich, Einheit ohne Gemeinschaft zu erleben?

3. Überlegen Sie, in welchem Zusammenhang zum Thema Gemeinschaft die folgenden Bibelstellen stehen. Gehen Sie mit einem ganz neuen Ansatz an diese Verse heran, und achten Sie vor allem auf a) die Gebote und Wertmaßstäbe Gottes, b) das Beispiel eines anderen Menschen, von dem Sie lernen können, c) eine Verheißung von Gott, an die Sie sich halten können d) eine Warnung, die zu beachten ist, oder e) eine Herausforderung, der Sie sich stellen sollten.
   - ▷ Psalm 133
   - ▷ Matthäus 18,15-20
   - ▷ Johannes 17,20-23
   - ▷ Apostelgeschichte 2,42-47
   - ▷ Römer 15,7
   - ▷ 2. Korinther 6,14-18
   - ▷ Philipper 3,10
   - ▷ 1. Johannes 1
4. Welche grundlegenden Prinzipien können Sie in diesen Versen erkennen (Prinzipien, die auch in anderen Ihnen bekannten Bibelstellen zu finden sind)?
5. Beantworten Sie nun auf dem Hintergrund dessen, was Sie in den obengenannten Bibelstellen erkannt haben, die folgenden Fragen: a) Was möchte Gott mir in bezug auf sich selbst klarmachen? b) Was möchte Gott mir in bezug auf andere klarmachen? c) Was möchte Gott mir in bezug auf mich selbst klarmachen? Und wenn ich all das bedenke, was soll ich nach dem Willen Gottes *tun*?

Glaube

1. Welche Gedanken und Bilder verbinden Sie mit dem Wort *Glaube*? Welche Personen in der Bibel beeindrucken Sie besonders als Menschen des Glaubens?
2. Wie würden Sie das Wort *Glaube* definieren? Wie würden Sie dieses Wort einem Kind erklären?
3. Überlegen Sie, in welchem Zusammenhang zum Thema Glaube die folgenden Bibelstellen stehen. Gehen Sie mit einem ganz neuen Ansatz an diese Verse heran, und achten Sie vor allem auf a) die Gebote und Wertmaßstäbe Gottes, b) das Beispiel eines anderen Menschen, von dem Sie lernen können,

c) eine Verheißung von Gott, an die Sie sich halten können, d) eine Warnung, die zu beachten ist, oder e) eine Herausforderung, der Sie sich stellen sollten.

- ▷ 1. Mose 15
- ▷ Psalm 42,12; 125,1-2
- ▷ Sprüche 3,5-6; 29,25
- ▷ Jona 3,3-5
- ▷ Markus 6,1-6
- ▷ Lukas 7,1-10; 17,5-6
- ▷ Johannes 20,24-29
- ▷ Römer 14,1-4
- ▷ Hebräer 11
- ▷ Jakobus 2,14-26

4. Welche grundlegenden Prinzipien können Sie in diesen Versen erkennen (Prinzipien, die auch in anderen Ihnen bekannten Bibelstellen zu finden sind)?
5. Beantworten Sie nun auf dem Hintergrund dessen, was Sie in den obengenannten Bibelstellen erkannt haben, die folgenden Fragen: a) Was möchte Gott mir in bezug auf sich selbst klarmachen? b) Was möchte Gott mir in bezug auf andere klarmachen? c) Was möchte Gott mir in bezug auf mich selbst klarmachen? Und wenn ich all das bedenke, was soll ich nach dem Willen Gottes *tun*?

Großzügigkeit

1. Welche Gedanken und Bilder verbinden Sie mit dem Wort *Großzügigkeit*?
2. Wie würden Sie das Wort *Großzügigkeit* definieren?
3. Überlegen Sie, in welchem Zusammenhang zum Thema Großzügigkeit die folgenden Bibelstellen stehen. Gehen Sie mit einem ganz neuen Ansatz an diese Verse heran, und achten Sie vor allem auf a) die Gebote und Wertmaßstäbe Gottes, b) das Beispiel eines anderen Menschen, von dem Sie lernen können, c) eine Verheißung von Gott, an die Sie sich halten können, d) eine Warnung, die zu beachten ist, oder e) eine Herausforderung, der Sie sich stellen sollten.

- ▷ Sprüche 3,9-10; 3,27-28; 11,25; 19,17; 22,9; 28,27
- ▷ Lukas 6,38
- ▷ 2. Korinther 8,9
- ▷ Galater 6,6-10

- ▷ Philipper 4,12-19
- ▷ 1. Johannes 3,17-18

4. Welche grundlegenden Prinzipien können Sie in diesen Versen erkennen (Prinzipien, die auch in anderen Ihnen bekannten Bibelstellen zu finden sind)?
5. Beantworten Sie nun auf dem Hintergrund dessen, was Sie in den obengenannten Bibelstellen erkannt haben, die folgenden Fragen: a) Was möchte Gott mir in bezug auf sich selbst klarmachen? b) Was möchte Gott mir in bezug auf andere klarmachen? c) Was möchte Gott mir in bezug auf mich selbst klarmachen? Und wenn ich all das bedenke, was soll ich nach dem Willen Gottes *tun*?

Heiligkeit

1. Welche Gedanken und Bilder verbinden Sie mit den Wörtern *heilig* und *Heiligkeit*? Sind sie in erster Linie positiv oder eher negativ?
2. Wie würden Sie die Wörter *heilig* und *Heiligkeit* definieren? Wie würden Sie diese Wörter einem Kind erklären?
3. Überlegen Sie, in welchem Zusammenhang zum Thema Heiligkeit die folgenden Bibelstellen stehen. Gehen Sie mit einem ganz neuen Ansatz an diese Verse heran, und achten Sie vor allem auf a) die Gebote und Wertmaßstäbe Gottes, die zu beachten sind, b) das Beispiel eines anderen Menschen, von dem Sie lernen können, c) eine Verheißung von Gott, an die Sie sich halten können, d) eine Warnung, die zu beachten ist, oder e) eine Herausforderung, der Sie sich stellen sollten.
   - ▷ 1. Mose 2-3
   - ▷ 2. Mose 19,4-6
   - ▷ 3. Mose 11,44-45
   - ▷ Römer 12,1-2
   - ▷ 2. Korinther 7,1
   - ▷ Epheser 1,4
   - ▷ 1. Petrus 1,13-25
   - ▷ Offenbarung 22,11
4. Welche grundlegenden Prinzipien können Sie in diesen Versen erkennen (Prinzipien, die auch in anderen Ihnen bekannten Bibelstellen zu finden sind)?
5. Beantworten Sie nun auf dem Hintergrund dessen, was Sie in den obengenannten Bibelstellen erkannt haben, die folgenden Fragen: a) Was möchte Gott mir in bezug auf sich selbst klarmachen? b) Was möchte Gott mir in

bezug auf andere klarmachen? c) Was möchte Gott mir in bezug auf mich selbst klarmachen? Und wenn ich all das bedenke, was soll ich nach dem Willen Gottes *tun*?

INTEGRITÄT

1. Welche Gedanken und Bilder verbinden Sie mit dem Wort *Integrität*? Wie wichtig ist Ihnen persönliche Integrität zum gegenwärtigen Zeitpunkt in Ihrem Leben? Nehmen Sie eine Skala von eins bis zehn als Bewertungshilfe (eins = nicht so wichtig wie früher, zehn = wichtiger als früher).
2. Wie würden Sie das Wort *Integrität* definieren? Wie würden Sie es einem Kind erklären?
3. Überlegen Sie, in welchem Zusammenhang zum Thema Integrität die folgenden Bibelstellen stehen. Gehen Sie mit einem ganz neuen Ansatz an diese Verse heran, und achten Sie vor allem auf a) die Gebote und Wertmaßstäbe Gottes, b) das Beispiel eines anderen Menschen, von dem Sie lernen können, c) eine Verheißung von Gott, an die Sie sich halten können, d) eine Warnung, die zu beachten ist, oder e) eine Herausforderung, der Sie sich stellen sollten.
    - ▷ 3. Mose 19,35-36
    - ▷ 5. Mose 16,19
    - ▷ 2. König 22,5-7
    - ▷ Nehemia 13
    - ▷ Psalm 41,12-13; 78,72
    - ▷ Sprüche 11,1; 11,3; 12,22; 16,11; 20,7; 20,10
    - ▷ Lukas 3,12-14
    - ▷ 2. Korinther 8,20-21
4. Welche grundlegenden Prinzipien können Sie in diesen Versen erkennen (Prinzipien, die auch in anderen Ihnen bekannten Bibelstellen zu finden sind)?
5. Beantworten Sie nun auf dem Hintergrund dessen, was Sie in den obengenannten Bibelstellen erkannt haben, die folgenden Fragen: a) Was möchte Gott mir in bezug auf sich selbst klarmachen? b) Was möchte Gott mir in bezug auf andere klarmachen? c) Was möchte Gott mir in bezug auf mich selbst klarmachen? Und wenn ich all das bedenke, was soll ich nach dem Willen Gottes *tun*?

KRAFT

1. Welche Gedanken und Bilder verbinden Sie mit dem Wort *Kraft*?
2. Würden Sie sich selbst als einen »starken Christen« bezeichnen? Würden andere Sie so nennen? Würde Gott Sie so nennen? Wie stark sind Sie zum gegenwärtigen Zeitpunkt in Ihrem Leben, wenn Sie sich auf einer Skala von eins bis zehn einschätzen sollten (eins = viel schwächer als früher, zehn = viel stärker als früher)?
3. Überlegen Sie, in welchem Zusammenhang zum Thema Kraft die folgenden Bibelstellen stehen. Gehen Sie mit einem ganz neuen Ansatz an diese Verse heran, und achten Sie vor allem auf a) die Gebote und Wertmaßstäbe Gottes, b) das Beispiel eines anderen Menschen, von dem Sie lernen können, c) eine Verheißung von Gott, an die Sie sich halten können, d) eine Warnung, die zu beachten ist, oder e) eine Herausforderung, der Sie sich stellen sollten.
   - ▷ Josua 1,6-9
   - ▷ Nehemia 8,10
   - ▷ Psalm 18,2-3; 28,7; 46; 59,10; 61,3-4; 73,26; 105,4
   - ▷ Sprüche 18,10
   - ▷ Jesaja 12,2; 40,29-31; 41,10
   - ▷ Römer 8,31
   - ▷ 2. Korinther 12,8-10
   - ▷ Epheser 3,14-16; 6,10
   - ▷ Philipper 4,13
   - ▷ 2. Timotheus 4,17-18
4. Welche grundlegenden Prinzipien können Sie in diesen Versen erkennen (Prinzipien, die auch in anderen Ihnen bekannten Bibelstellen zu finden sind)?
5. Beantworten Sie nun auf dem Hintergrund dessen, was Sie in den obengenannten Bibelstellen erkannt haben, die folgenden Fragen: a) Was möchte Gott mir in bezug auf sich selbst klarmachen? b) Was möchte Gott mir in bezug auf andere klarmachen? c) Was möchte Gott mir in bezug auf mich selbst klarmachen? Und wenn ich all das bedenke, was soll ich nach dem Willen Gottes *tun*?

LEHRER

1. Welche wichtigen Lehrverpflichtungen haben Sie zum gegenwärtigen Zeitpunkt in Ihrem Leben?

2. Wie würden Sie den idealen Lehrer beschreiben?
3. Überlegen Sie, in welchem Zusammenhang zum Thema *lehren* die folgenden Bibelstellen stehen. Gehen Sie mit einem ganz neuen Ansatz an diese Verse heran, und achten Sie vor allem auf a) die Gebote und Wertmaßstäbe Gottes, b) das Beispiel eines anderen Menschen, von dem Sie lernen können, c) eine Verheißung von Gott, an die Sie sich halten können, d) eine Warnung, die zu beachten ist, oder e) eine Herausforderung, der Sie sich stellen sollten.
   - ▷ 1. Samuel 12,23
   - ▷ Esra 7,10
   - ▷ Psalm 19,8-12; 32,8
   - ▷ Sprüche 1,1-7
   - ▷ Kolosser 1,28-29
   - ▷ 1. Thessalonicher 2,13
   - ▷ 2. Timotheus 2,24-26
   - ▷ Hebräer 5,12-13
   - ▷ Jakobus 3,1-2
4. Welche grundlegenden Prinzipien können Sie in diesen Versen erkennen (Prinzipien, die auch in anderen Ihnen bekannten Bibelstellen zu finden sind)?
5. Beantworten Sie nun auf dem Hintergrund dessen, was Sie in den obengenannten Bibelstellen erkannt haben, die folgenden Fragen: a) Was möchte Gott mir in bezug auf sich selbst klarmachen? b) Was möchte Gott mir in bezug auf andere klarmachen? c) Was möchte Gott mir in bezug auf mich selbst klarmachen? Und wenn ich all das bedenke, was soll ich nach dem Willen Gottes *tun*?

Leid

1. Welche Gedanken und Bilder verbinden Sie mit dem Wort *Leiden*?
2. Wie würden Sie das Wort *Leiden* so, wie die Bibel es gebraucht, definieren?
3. Überlegen Sie, in welchem Zusammenhang zum Thema Leid die folgenden Bibelstellen stehen. Gehen Sie mit einem ganz neuen Ansatz an diese Verse heran, und achten Sie vor allem auf a) die Gebote und Wertmaßstäbe Gottes, b) das Beispiel eines anderen Menschen, von dem Sie lernen können, c) eine Verheißung von Gott, an die Sie sich halten können, d) eine Warnung, die zu beachten ist, oder e) eine Herausforderung, der Sie sich stellen sollten.
   - ▷ Matthäus 5,10-12; 16,21-28
   - ▷ Römer 5,3-5

▷ 2. Korinther 4,16-18; 6,3-10

▷ Hebräer 10,32-34

▷ 1. Petrus 2,21-24; 4,12-19

4. Welche grundlegenden Prinzipien können Sie in diesen Versen erkennen (Prinzipien, die auch in anderen Ihnen bekannten Bibelstellen zu finden sind)?
5. Beantworten Sie nun auf dem Hintergrund dessen, was Sie in den obengenannten Bibelstellen erkannt haben, die folgenden Fragen: a) Was möchte Gott mir in bezug auf sich selbst klarmachen? b) Was möchte Gott mir in bezug auf andere klarmachen? c) Was möchte Gott mir in bezug auf mich selbst klarmachen? Und wenn ich all das bedenke, was soll ich nach dem Willen Gottes *tun*?

LEITUNG

1. Welche Eigenschaften beeindrucken Sie bei einem guten Führer besonders? Und welche Eigenschaften wünschen Sie sich bei einem Führer am wenigsten?
2. Welches genau sind die Aufgaben eines Führers? Wie würden Sie das Wort *Leitung* definieren?
3. Überlegen Sie, in welchem Zusammenhang zum Thema Leitung die folgenden Bibelstellen stehen. Gehen Sie mit einem ganz neuen Ansatz an diese Verse heran, und achten Sie vor allem auf a) die Gebote und Wertmaßstäbe Gottes, b) das Beispiel eines anderen Menschen, von dem Sie lernen können, c) eine Verheißung von Gott, an die Sie sich halten können, d) eine Warnung, die zu beachten ist, oder e) eine Herausforderung, der Sie sich stellen sollten.

▷ 2. Mose 18,24-26

▷ Josua 1

▷ 1. Samuel 18,16

▷ Psalm 78,70-72

▷ Sprüche 16,10; 20,8; 20,26; 20,28; 22,11; 28,3; 28,15-16; 29,4

▷ Lukas 22,24-30

▷ 1. Timotheus 3,1-13; 4,11-12

4. Welche grundlegenden Prinzipien können Sie in diesen Versen erkennen (Prinzipien, die auch in anderen Ihnen bekannten Bibelstellen zu finden sind)?
5. Beantworten Sie nun auf dem Hintergrund dessen, was Sie in den obengenannten Bibelstellen erkannt haben, die folgenden Fragen: a) Was möchte

Gott mir in bezug auf sich selbst klarmachen? b) Was möchte Gott mir in bezug auf andere klarmachen? c) Was möchte Gott mir in bezug auf mich selbst klarmachen? Und wenn ich all das bedenke, was soll ich nach dem Willen Gottes *tun*?

LIEBE

1. Welche Gedanken und Bilder verbinden Sie mit dem Wort *Liebe*?
2. Wie würden Sie das Wort *Liebe* definieren?
3. Überlegen Sie, in welchem Zusammenhang zum Thema Liebe die folgenden Bibelstellen stehen. Gehen Sie mit einem ganz neuen Ansatz an diese Verse heran, und achten Sie vor allem auf a) die Gebote und Wertmaßstäbe Gottes, b) das Beispiel eines anderen Menschen, von dem Sie lernen können, c) eine Verheißung von Gott, an die Sie sich halten können, d) eine Warnung, die zu beachten ist, oder e) eine Herausforderung, der Sie sich stellen sollten.
   - ▷ 3. Mose 19,18;
   - ▷ 5. Mose 6,4-5
   - ▷ 1. Samuel 18,1-4
   - ▷ Sprüche 3,3-4; 10,12; 17,9
   - ▷ Matthäus 10,37; 25,34-36
   - ▷ Johannes 8,42
   - ▷ Johannes 15,9-13
   - ▷ Römer 8,35-39; 12,9-10; 13,8-10
   - ▷ Galater 5,13-15
   - ▷ Epheser 3,17-19
   - ▷ 1. Thessalonicher 4,9-10
   - ▷ 1. Timotheus 1,5
   - ▷ Hebräer 10,24-25
   - ▷ 1. Petrus 4,8
   - ▷ 1. Johannes 2,15-17; 3,11-20; 4,7-21; 5,3
4. Welche grundlegenden Prinzipien können Sie in diesen Versen erkennen (Prinzipien, die auch in anderen Ihnen bekannten Bibelstellen zu finden sind)?
5. Beantworten Sie auf dem Hintergrund dessen, was Sie in den obengenannten Bibelstellen erkannt haben, die folgenden Fragen: a) Was möchte Gott mir in bezug auf sich selbst klarmachen? b) Was möchte Gott mir in bezug auf ande-

re klarmachen? c) Was möchte Gott mir in bezug auf mich selbst klarmachen? Und wenn ich all das bedenke, was soll ich nach dem Willen Gottes *tun*?

Reife

1. Wie würden Sie einen Menschen beschreiben, den Sie als »geistlich reif« empfinden? Welche Eigenschaften müßte er haben, wie müßte er handeln?
2. Wie würden Sie den Ausdruck *geistliche Reife* definieren?
3. Überlegen Sie, in welchem Zusammenhang zum Thema geistliche Reife die folgenden Bibelstellen stehen. Gehen Sie mit einem ganz neuen Ansatz an diese Verse heran, und achten Sie vor allem auf a) die Gebote und Wertmaßstäbe Gottes, b) das Beispiel eines anderen Menschen, von dem Sie lernen können, c) eine Verheißung von Gott, an die Sie sich halten können, d) eine Warnung, die zu beachten ist, oder e) eine Herausforderung, der Sie sich stellen sollten.
   - ▷ Matthäus 5,6
   - ▷ Lukas 2,40; 2,52
   - ▷ Römer 15,1
   - ▷ 1. Korinther 13,11; 14,20
   - ▷ Kolosser 1,9-12; 2,6-7
   - ▷ Hebräer 5,11-14
   - ▷ 2. Petrus 1,3-8
   - ▷ 1. Johannes 2,12-14
4. Welche grundlegenden Prinzipien können Sie in diesen Versen erkennen (Prinzipien, die auch in anderen Ihnen bekannten Bibelstellen zu finden sind)?
5. Beantworten Sie nun auf dem Hintergrund dessen, was Sie in den obengenannten Bibelstellen erkannt haben, die folgenden Fragen: a) Was möchte Gott mir in bezug auf sich selbst klarmachen? b) Was möchte Gott mir in bezug auf andere klarmachen? c) Was möchte Gott mir in bezug auf mich selbst klarmachen? Und wenn ich all das bedenke, was soll ich nach dem Willen Gottes *tun*?

Reinheit

1. Welche Gedanken und Bilder verbinden Sie mit dem Wort *Reinheit*?
2. Wie würden Sie das Wort *Reinheit* definieren?

3. Überlegen Sie, in welchem Zusammenhang zum Thema Reinheit die folgenden Bibelstellen stehen. Gehen Sie mit einem ganz neuen Ansatz an diese Verse heran, und achten Sie vor allem auf a) die Gebote und Wertmaßstäbe Gottes, b) das Beispiel eines anderen Menschen, von dem Sie lernen können, c) eine Verheißung von Gott, an die Sie sich halten können, d) eine Warnung, die zu beachten ist, oder e) eine Herausforderung, der Sie sich stellen sollten.
   - ▷ Psalm 24,3-4; 51,11
   - ▷ Sprüche 20,9
   - ▷ Jesaja 6,5-7
   - ▷ Zephanja 3,9
   - ▷ Matthäus 5,8
   - ▷ Philipper 4,8
   - ▷ 1. Timotheus 5,2
   - ▷ Titus 1,15-16; 2,11-14
   - ▷ Hebräer 10,22
   - ▷ Jakobus 1,27; 3,17
   - ▷ 1. Johannes 3,2-3
4. Welche grundlegenden Prinzipien können Sie in diesen Versen erkennen (Prinzipien, die auch in anderen Ihnen bekannten Bibelstellen zu finden sind)?
5. Beantworten Sie nun auf dem Hintergrund dessen, was Sie in den obengenannten Bibelstellen erkannt haben, die folgenden Fragen: a) Was möchte Gott mir in bezug auf sich selbst klarmachen? b) Was möchte Gott mir in bezug auf andere klarmachen? c) Was möchte Gott mir in bezug auf mich selbst klarmachen? Und wenn ich all das bedenke, was soll ich nach dem Willen Gottes *tun*?

Sanftmut

1. Welche Gedanken und Bilder verbinden Sie mit dem Wort *Sanftmut*? Wie viele Menschen können diese Eigenschaft ihr eigen nennen, die auch zu den Früchten des Geistes gehört (Galater 5,22-23)?
2. Wie würden Sie das Wort *Sanftmut* definieren?
3. Überlegen Sie, in welchem Zusammenhang zum Thema Sanftmut die folgenden Bibelstellen stehen. Gehen Sie mit einem ganz neuen Ansatz an diese Verse heran, und achten Sie vor allem auf a) die Gebote und Wertmaßstäbe Gottes, b) das Beispiel eines anderen Menschen, von dem Sie lernen können,

c) eine Verheißung von Gott, an die Sie sich halten können, d) eine Warnung, die zu beachten ist, oder e) eine Herausforderung, der Sie sich stellen sollten.

- ▷ 2. Samuel 22,36
- ▷ Matthäus 5,5; 11,28-30
- ▷ Galater 6,1
- ▷ 1. Thessalonicher 2,7

4. Welche grundlegenden Prinzipien können Sie in diesen Versen erkennen (Prinzipien, die auch in anderen Ihnen bekannten Bibelstellen zu finden sind)?
5. Beantworten Sie nun auf dem Hintergrund dessen, was Sie in den obengenannten Bibelstellen erkannt haben, die folgenden Fragen: a) Was möchte Gott mir in bezug auf sich selbst klarmachen? b) Was möchte Gott mir in bezug auf andere klarmachen? c) Was möchte Gott mir in bezug auf mich selbst klarmachen? Und wenn ich all das bedenke, was soll ich nach dem Willen Gottes *tun*?

Seelsorge

1. Wie würden Sie die Bedeutung der Wörter *beraten, raten* und *beeinflussen* beschreiben?
2. Wie würden Sie das Wort *Seelsorger* definieren?
3. Überlegen Sie, welche Richtlinien und Informationen uns die folgenden Verse in bezug auf die Seelsorge geben. Gehen Sie mit einem ganz neuen Ansatz an diese Verse heran, und achten Sie vor allem auf a) die Gebote und Wertmaßstäbe Gottes, b) das Beispiel eines anderen Menschen, von dem Sie lernen können, c) eine Verheißung von Gott, an die Sie sich halten können, d) eine Warnung, die zu beachten ist, oder e) eine Herausforderung, der Sie sich stellen sollten.

- ▷ 2. Mose 18
- ▷ 1. Samuel 25,20-34
- ▷ 2. Samuel 15,32-34; 16,5 - 17,23
- ▷ 1. Könige 12,1-20
- ▷ 2. Chronik 25,14-16
- ▷ Sprüche 11,14; 13,10; 15,22; 24,6; 27,9

4. Welche grundlegenden Prinzipien können Sie in diesen Versen erkennen (Prinzipien, die auch in anderen Ihnen bekannten Bibelstellen zu finden sind)?

5. Beantworten Sie nun auf dem Hintergrund dessen, was Sie in den obengenannten Bibelstellen erkannt haben, die folgenden Fragen: a) Was möchte Gott mir in bezug auf sich selbst klarmachen? b) Was möchte Gott mir in bezug auf andere klarmachen? c) Was möchte Gott mir in bezug auf mich selbst klarmachen? Und wenn ich all das bedenke, was soll ich nach dem Willen Gottes *tun*?

Selbstannahme

1. Welche Gedanken und Bilder verbinden Sie mit dem Ausdruck *Selbstannahme*?
2. Wie würden Sie den Ausdruck *Selbstannahme* definieren?
3. Überlegen Sie, in welchem Zusammenhang zum Thema Selbstannahme die folgenden Bibelstellen stehen. Gehen Sie mit einem ganz neuen Ansatz an diese Verse heran, und achten Sie vor allem auf a) die Gebote und Wertmaßstäbe Gottes, b) das Beispiel eines anderen Menschen, von dem Sie lernen können, c) eine Verheißung von Gott, an die Sie sich halten können, c) eine Warnung, die zu beachten ist, oder e) eine Herausforderung, der Sie sich stellen sollten.
   - ▷ Psalm 139,1-16
   - ▷ Lukas 9,23-26
   - ▷ Johannes 12,24-25
   - ▷ 2. Korinther 5,21
   - ▷ Epheser 2,8-10
   - ▷ 1. Petrus 5,7
4. Welche grundlegenden Prinzipien können Sie in diesen Versen erkennen (Prinzipien, die auch in anderen Ihnen bekannten Bibelstellen zu finden sind)?
5. Beantworten Sie nun auf dem Hintergrund dessen, was Sie in den obengenannten Bibelstellen erkannt haben, die folgenden Fragen: a) Was möchte Gott mir in bezug auf sich selbst klarmachen? b) Was möchte Gott mir in bezug auf andere klarmachen? c) Was möchte Gott mir in bezug auf mich selbst klarmachen? Und wenn ich all das bedenke, was soll ich nach dem Willen Gottes *tun*?

Selbstkontrolle

1. Welche Gedanken und Bilder verbinden Sie mit dem Thema *Selbstkontrolle*? Wie würden Sie diesen Ausdruck definieren?

2. Wie ausgeprägt ist Ihre Selbstkontrolle zum gegenwärtigen Zeitpunkt in Ihrem Leben? Nehmen Sie eine Skala von eins bis zehn als Bewertungshilfe (eins = viel schwächer als früher, zehn = viel stärker als früher).
3. Überlegen Sie, in welchem Zusammenhang zum Thema Selbstkontrolle die folgenden Bibelstellen stehen. Gehen Sie mit einem ganz neuen Ansatz an diese Verse heran, und achten Sie vor allem auf a) die Gebote und Wertmaßstäbe Gottes, b) das Beispiel eines anderen Menschen, von dem Sie lernen können, c) eine Verheißung von Gott, an die Sie sich halten können, d) eine Warnung, die zu beachten ist, oder e) eine Herausforderung, der Sie sich stellen sollten.
   - ▷ 2. Timotheus 1,7
   - ▷ Titus 2,11-14
   - ▷ 1. Petrus 1,13; 3,7
4. Welche grundlegenden Prinzipien können Sie in diesen Versen erkennen (Prinzipien, die auch in anderen Ihnen bekannten Bibelstellen zu finden sind)?
5. Beantworten Sie nun auf dem Hintergrund dessen, was Sie in den obengenannten Bibelstellen erkannt haben, die folgenden Fragen: a) Was möchte Gott mir in bezug auf sich selbst klarmachen? b) Was möchte Gott mir in bezug auf andere klarmachen? c) Was möchte Gott mir in bezug auf mich selbst klarmachen? Und wenn ich all das bedenke, was soll ich nach dem Willen Gottes *tun*?

Vergebung

1. Welche Gedanken und Bilder verbinden Sie mit dem Wort *Vergebung*?
2. Wie würden Sie das Wort *Vergebung* – von Gottes Standpunkt aus gesehen – definieren (unsere Vergebung von ihm) und von unserem Standpunkt aus (unsere Vergebung anderen gegenüber)? Sollte das Wort in jedem Fall dieselbe Bedeutung haben?
3. Überlegen Sie, in welchem Zusammenhang zum Thema Vergebung die folgenden Bibelstellen stehen. Gehen Sie mit einem ganz neuen Ansatz an diese Verse heran, und achten Sie vor allem auf a) die Gebote und Wertmaßstäbe Gottes, b) das Beispiel eines anderen Menschen, von dem Sie lernen können, c) eine Verheißung von Gott, an die Sie sich halten können, d) eine Warnung, die zu beachten ist, oder e) eine Herausforderung, der Sie sich stellen sollten.
   - ▷ 3. Mose 4,13-21
   - ▷ Psalm 32

- ▷ Sprüche 19,11
- ▷ Matthäus 5,7; 6,12-15
- ▷ Lukas 6,37-38; 7,36-50; 17,3-4
- ▷ Römer 12,17
- ▷ Kolosser 3,13
- ▷ Hebräer 10,1-18
- ▷ 1. Johannes 1,9

4. Welche grundlegenden Prinzipien können Sie in diesen Versen erkennen (Prinzipien, die auch in anderen Ihnen bekannten Bibelstellen zu finden sind)?
5. Beantworten Sie nun auf dem Hintergrund dessen, was Sie in den obengenannten Bibelstellen erkannt haben, die folgenden Fragen: a) Was möchte Gott mir in bezug auf sich selbst klarmachen? b) Was möchte Gott mir in bezug auf andere klarmachen? c) Was möchte Gott mir in bezug auf mich selbst klarmachen? Und wenn ich all das bedenke, was soll ich nach dem Willen Gottes *tun*?

Versuchung

1. Welche Gedanken und Bilder verbinden Sie mit dem Wort *Versuchung*?
2. Wie würden Sie das Wort *Versuchung* definieren? Inwiefern unterscheidet es sich Ihrer Meinung nach von den Wörtern *Probe* oder *Prüfung*?
3. Überlegen Sie, in welchem Zusammenhang zum Thema Versuchung die folgenden Bibelstellen stehen. Gehen Sie mit einem ganz neuen Ansatz an diese Verse heran, und achten Sie vor allem auf a) die Gebote und Wertmaßstäbe Gottes, b) das Beispiel eines anderen Menschen, von dem Sie lernen können, c) eine Verheißung von Gott, an die Sie sich halten können, d) eine Warnung, die zu beachten ist, oder e) eine Herausforderung, der Sie sich stellen sollten.
   - ▷ Josua 7,19-26
   - ▷ Matthäus 4,1-11; 26,40-41
   - ▷ Lukas 21,34-36
   - ▷ 1. Korinther 6,18-20; 10,13
   - ▷ 2. Timotheus 2,22
   - ▷ Jakobus 4,7
4. Welche grundlegenden Prinzipien können Sie in diesen Versen erkennen (Prinzipien, die auch in anderen Ihnen bekannten Bibelstellen zu finden sind)?

5. Beantworten Sie nun auf dem Hintergrund dessen, was Sie in den obengenannten Bibelstellen erkannt haben, die folgenden Fragen: a) Was möchte Gott mir in bezug auf sich selbst klarmachen? b) Was möchte Gott mir in bezug auf andere klarmachen? c) Was möchte Gott mir in bezug auf mich selbst klarmachen? Und wenn ich all das bedenke, was soll ich nach dem Willen Gottes *tun*?

Weisheit

1. Welche Gedanken und Bilder verbinden Sie mit dem Wort *Weisheit*?
2. Wie würden Sie das Wort *Weisheit* definieren?
3. Überlegen Sie, in welchem Zusammenhang zum Thema Weisheit die folgenden Bibelstellen stehen. Gehen Sie mit einem ganz neuen Ansatz an diese Verse heran, und achten Sie vor allem auf a) die Gebote und Wertmaßstäbe Gottes, b) das Beispiel eines anderen Menschen, von dem Sie lernen können, c) eine Verheißung von Gott, an die Sie sich halten können, d) eine Warnung, die zu beachten ist, oder e) eine Herausforderung, der Sie sich stellen sollten.
   - ▷ Psalm 51,8
   - ▷ Sprüche 2,1-6; 4,5-12; 8,1-21; 9,10-12
   - ▷ Jakobus 1,5; 3,13-17
4. Welche grundlegenden Prinzipien können Sie in diesen Versen erkennen (Prinzipien, die auch in anderen Ihnen bekannten Bibelstellen zu finden sind)?
5. Beantworten Sie nun auf dem Hintergrund dessen, was Sie in den obengenannten Bibelstellen erkannt haben, die folgenden Fragen: a) Was möchte Gott mir in bezug auf sich selbst klarmachen? b) Was möchte Gott mir in bezug auf andere klarmachen? c) Was möchte Gott mir in bezug auf mich selbst klarmachen? Und wenn ich all das bedenke, was soll ich nach dem Willen Gottes *tun*?

Werke

1. Was bedeutet das Wort *Werke* in Ihrem Leben?
2. Wie würden Sie das Wort *Werke* definieren?
3. Überlegen Sie, in welchem Zusammenhang zum Thema Werke die folgenden Bibelstellen stehen. Gehen Sie mit einem ganz neuen Ansatz an diese Verse heran, und achten Sie vor allem auf a) die Gebote und Wertmaßstäbe Gottes, b) das Beispiel eines anderen Menschen, von dem Sie lernen können, c) eine

Verheißung von Gott, an die Sie sich halten können, d) eine Warnung, die zu beachten ist, oder e) eine Herausforderung, der Sie sich stellen sollten.

- ▷ Sprüche 12,24; 18,9; 24,30-34
- ▷ Johannes 9,4
- ▷ Epheser 2,10
- ▷ 1. Thessalonicher 2,9; 4,11-12
- ▷ 2. Thessalonicher 3,6-15

4. Welche grundlegenden Prinzipien können Sie in diesen Versen erkennen (Prinzipien, die auch in anderen Ihnen bekannten Bibelstellen zu finden sind)?
5. Beantworten Sie nun auf dem Hintergrund dessen, was Sie in den obengenannten Bibelstellen erkannt haben, die folgenden Fragen: a) Was möchte Gott mir in bezug auf sich selbst klarmachen? b) Was möchte Gott mir in bezug auf andere klarmachen? c) Was möchte Gott mir in bezug auf mich selbst klarmachen? Und wenn ich all das bedenke, was soll ich nach dem Willen Gottes *tun*?

Wunsch

1. Welche Gedanken und Bilder verbinden Sie mit dem Wort *Wunsch*?
2. Wie würden Sie das Wort *Wunsch* definieren?
3. Überlegen Sie, in welchem Zusammenhang mit dem Wünschen die folgenden Bibelstellen stehen. Gehen Sie mit einem ganz neuen Ansatz an diese Verse heran, und achten Sie vor allem auf a) die Gebote und Wertmaßstäbe Gottes, b) das Beispiel eines anderen Menschen, von dem Sie lernen können, c) eine Verheißung von Gott, an die Sie sich halten können, d) eine Warnung, die zu beachten ist, oder e) eine Herausforderung, der Sie sich stellen sollten.
   - ▷ Psalm 37,4; 42,2-3; 73,25
   - ▷ Sprüche 4,23
   - ▷ Lukas 12,15
4. Welche grundlegenden Prinzipien können Sie in diesen Versen erkennen (Prinzipien, die auch in anderen Ihnen bekannten Bibelstellen zu finden sind)?
5. Beantworten Sie nun auf dem Hintergrund dessen, was Sie in den obengenannten Bibelstellen erkannt haben, die folgenden Fragen: a) Was möchte Gott mir in bezug auf sich selbst klarmachen? b) Was möchte Gott mir in bezug auf andere klarmachen? c) Was möchte Gott mir in bezug auf mich selbst klarmachen? Und wenn ich all das bedenke, was soll ich nach dem Willen Gottes *tun*?

Ziel

1. Welche Gedanken und Bilder verbinden Sie mit dem Wort zielgerichtet? Wie stellen Sie sich einen »zielgerichteten« Menschen vor?
2. Wie würden Sie in einem Satz oder ein paar Worten *Ihr* Ziel in Ihrem Leben und *Gottes* Ziel in Ihrem Leben beschreiben?
3. Überlegen Sie, in welchem Zusammenhang zum Thema *Ziel* die folgenden Bibelstellen stehen. Gehen Sie mit einem ganz neuen Ansatz an diese Verse heran, und achten Sie vor allem auf a) die Gebote und Wertmaßstäbe Gottes, b) das Beispiel eines anderen Menschen, von dem Sie lernen können, c) eine Verheißung von Gott, an die Sie sich halten können, d) eine Warnung, die zu beachten ist, oder e) eine Herausforderung, der Sie sich stellen sollten.
   - ▷ Psalm 31,15-16; 37,5-6; 57,3; 119,175; 138,8; 143,10
   - ▷ Sprüche 4,25-27; 16,8-9
   - ▷ Jeremia 10,23
   - ▷ Johannes 17,4; 19,30
   - ▷ Römer 8,28-30
4. Welche grundlegenden Prinzipien können Sie in diesen Versen erkennen (Prinzipien, die auch in anderen Ihnen bekannten Bibelstellen zu finden sind)?
5. Beantworten Sie nun auf dem Hintergrund dessen, was Sie in den obengenannten Bibelstellen erkannt haben, die folgenden Fragen: a) Was möchte Gott mir in bezug auf sich selbst klarmachen? b) Was möchte Gott mir in bezug auf andere klarmachen? c) Was möchte Gott mir in bezug auf mich selbst klarmachen? Und wenn ich all das bedenke, was soll ich nach dem Willen Gottes *tun*?

Zuversicht

1. Welche Gedanken und Bilder verbinden Sie mit dem Wort *Zuversicht*? In welchen Situationen in Ihrem Leben haben Sie sich sehr zuversichtlich gefühlt? In welchen Situationen sind Sie nicht sehr zuversichtlich gewesen?
2. Ist *Zuversicht* dasselbe wie *Stolz* oder wie *Tapferkeit*? Wie würden Sie jedes Wort definieren?
3. Überlegen Sie, in welchem Zusammenhang zum Thema Zuversicht die folgenden Bibelstellen stehen. Gehen Sie mit einem ganz neuen Ansatz an diese Verse heran, und achten Sie vor allem auf a) die Gebote und Wertmaßstäbe Gottes, b) das Beispiel eines anderen Menschen, von dem Sie lernen können,

c) eine Verheißung von Gott, an die Sie sich halten können, d) eine Warnung, die zu beachten ist, oder e) eine Herausforderung, der Sie sich stellen sollten.

- ▷ 2. Chronik 26
- ▷ Psalm 27
- ▷ Jeremia 9,23-24
- ▷ Apostelgeschichte 27,21-25
- ▷ 2. Korinther 5,6-10
- ▷ Philipper 1,6
- ▷ 2. Timotheus 1,12
- ▷ Hebräer 10,35
- ▷ 1. Johannes 2,28-29; 5,14-15

4. Welche grundlegenden Prinzipien können Sie in diesen Versen erkennen (Prinzipien, die auch in anderen Ihnen bekannten Bibelstellen zu finden sind)?
5. Beantworten Sie nun auf dem Hintergrund dessen, was Sie in den obengenannten Bibelstellen erkannt haben, die folgenden Fragen: a) Was möchte Gott mir in bezug auf sich selbst klarmachen? b) Was möchte Gott mir in bezug auf andere klarmachen? c) Was möchte Gott mir in bezug auf mich selbst klarmachen? Und wenn ich all das bedenke, was soll ich nach dem Willen Gottes *tun*?

Empfohlener Zeitplan

- Psalmen: *36 Wochen* – eine für den Überblick und Psalm 1-5; je eine für die Kapitel 6-10, 11-16, 17-18, 19-22, 23-27, 28-32, 33-35, 36-38, 39-41, 42-45, 46-50, 51-54, 55-59, 60-65, 66-68, 69-72, 73-75, 76-78, 79-82, 83-86, 87-89, 90-94, 95-101, 102-104, 105-106, 107-109, 110-114, 115-118, 119:1-88, 119:89-176, 120-129, 130-136, 137-140 und 141-145; eine weitere Woche schließlich für Psalm 146-150 und die Zusammenfassung (Der Gesamteindruck).
- Sprüche: *13 Wochen* – eine für den Überblick und die Kapitel 1-2; je eine für die Kapitel 3-4, 5-7, 8-9, 10-11, 12-13, 14-15, 16-18, 19-21, 22-24, 25-26 und 27-29; eine weitere Woche schließlich für die Kapitel 30-31 und die Zusammenfassung (Der Gesamteindruck).
- Prediger: *4 Wochen* – eine für den Überblick und die Kapitel 1-3; je eine für die Kapitel 4-6 und 7-10; eine weitere Woche schließlich für die Kapitel 11-12 und die Zusammenfassung (Der Gesamteindruck).
- Hohelied: *2 Wochen* – eine für den Überblick und die Kapitel 1-4; eine zweite Woche für die Kapitel 5-8 und die Zusammenfassung (Der Gesamteindruck).
- Jesaja: *21 Wochen* – eine für den Überblick und die Kapitel 1-2; je eine für die Kapitel 3-4, 5-6, 7-9, 10-12, 13-18, 19-23, 24-27, 28-33, 34-35, 36-39, 40-41, 42-43, 44-45, 46-48, 49-50, 51-53, 54-57, 58-60 und 61-64; eine weitere Woche schließlich für die Kapitel 65-66 und die Zusammenfassung (Der Gesamteindruck).
- Jeremia: *14 Wochen* – eine für den Überblick und die Kapitel 1-5; je eine für die Kapitel 6-10, 11-15, 16-20, 21-24, 25-29, 30-31, 32-33, 34-36, 37-38, 39-43, 44-45 und 46-49; eine weitere Woche schließlich für die Kapitel 50-51 und die Zusammenfassung (Der Gesamteindruck).
- Klagelieder: *2 Wochen* – eine für den Überblick und die Kapitel 1-2; eine Woche für die Kapitel 3-5 und die Zusammenfassung (Der Gesamteindruck).
- Hesekiel: *9 Wochen* – eine für den Überblick und die Kapitel 1-9; je eine für die Kapitel 10-17, 18-24, 25-28, 29-32, 33-34, 35-39 und 40-44; und eine letzte Woche für die Kapitel 45-48 und für die Zusammenfassung (Der Gesamteindruck).
- Daniel: *6 Wochen* – eine für den Überblick und die Kapitel 1-2; je eine für die Kapitel 3-4, 5-6, 7-8 und 9-10; eine weitere Woche schließlich für die Kapitel 11-12 und die Zusammenfassung (Der Gesamteindruck).
- Hosea: *4 Wochen* – eine für den Überblick und die Kapitel 1-3; je eine für die Kapitel 4-7 und 8-10; eine weitere Woche schließlich für die Kapitel 11-14 und die Zusammenfassung (Der Gesamteindruck).

- Joel: *1 Woche*.
- Amos: *3 Wochen* – eine für den Überblick und die Kapitel 1-2; eine für die Kapitel 3-6; eine weitere Woche schließlich für die Kapitel 7-9 und die Zusammenfassung (Der Gesamteindruck).
- Obadja: *1 Woche*.
- Jona: *2 Wochen* – eine für den Überblick und die Kapitel 1-2; eine zweite Woche für die Kapitel 3-4 und die Zusammenfassung (Der Gesamteindruck).
- Micha: *3 Wochen* – eine für den Überblick und die Kapitel 1-2; eine Woche für die Kapitel 3-5; eine weitere Woche schließlich für die Kapitel 6-7 und die Zusammenfassung (Der Gesamteindruck).
- Nahum: *1 Woche*.
- Habakuk: *1 Woche*.
- Zephanja: *1 Woche*.
- Haggai: *1 Woche*.
- Sacharja: *4 Wochen* – eine für den Überblick und die Kapitel 1-4; je eine für die Kapitel 5-8 und 9-11; eine weitere Woche schließlich für die Kapitel 12-14 und die Zusammenfassung (Der Gesamteindruck).
- Maleachi: *2 Wochen* – eine für den Überblick und die Kapitel 1-2; eine zweite Woche für die Kapitel 3-4 und die Zusammenfassung (Der Gesamteindruck).

Altes Testament, Psalmen – Maleachi, insgesamt: *131 Wochen*.

Mack Thomas

Gesprächsführer zur Bibel

Altes Testament, Teil 1 (1. Mose – Hiob)
gebunden, 384 Seiten, Best.-Nr. 273.149
DM/SFR 29,80; ÖS 218,00

Neues Testament
Einstiegsfragen und Anregungen zu jedem Kapitel des NT
gebunden, 540 Seiten, Best.-Nr. 273.150
DM/SFR 39,80; ÖS 295,00

Der Gesprächsführer zur Bibel ist ein hilfreiches Werkzeug zum effektiven Bibelstudium in der Gemeinde, im Hausbibelkreis und in der Stillen Zeit. Über 11.000 gesprächsfördernde Fragen und Anregungen in den Bänden zum Alten und Neuen Testament sollen nicht nur die Bibelstunden in Gemeinde und Hauskreis beleben, sondern auch dabei helfen, das Wesentliche jedes biblischen Buches und Kapitels zu erfassen und aufs persönliche Leben anzuwenden.

Hendricks, Howard G. und William D.

Bibellesen mit Gewinn

Handbuch für persönliches Bibelstudium
gebunden. 360 Seiten, Best.-Nr. 273.088
DM/SFR 29,80; ÖS 218,00

Wie würden Sie Ihr persönliches Bibelstudium bezeichnen? Seien Sie ehrlich. Wenn es Ihnen wie vielen anderen geht, dann finden Sie die Zeit, in der Sie die Bibel lesen, eher langweilig. Sie wundern sich vielleicht manchmal, wenn Sie Zeitgenossen treffen, die offensichtlich richtig begeistert sind über die Entdeckungen, die sie während ihrer Stillen Zeit machen.
Was ist ihr Geheimnis?
Die Autoren wissen, daß es eigentlich kein Geheimnis ist, wie man die Bibel mit Gewinn liest. Sie zeigen auf lebendige Weise, wie man »Methodik« in sein Bibellesen bekommt und damit auch persönlichen Nutzen für jeden Tag.

(Besonders zu empfehlen als Ergänzung und Weiterführung zum Gesprächsführer der Bibel!)